GRAVITARE

关 怀 现 实 ， 沟 通 学 术 与 大 众

与哀伤共处

李昀鋆 —— 著

SPM 南方传媒　广东人民出版社
· 广州 ·

图书在版编目（CIP）数据

与哀伤共处 / 李昀鋆著. -- 广州：广东人民出版
社，2025.3（2025.4重印）. -- ISBN 978-7-218-18322-0

Ⅰ. G444

中国国家版本馆CIP数据核字第20247V7T41号

YU AISHANG GONGCHU

与 哀 伤 共 处

李昀鋆 著

出 版 人：肖风华

书系主编：施 勇　钱 丰
责任编辑：龚文豪
特约编辑：柳承旭　叶 子
营销编辑：黄 屏　张静智
责任技编：吴彦斌
特邀合作：番茄出版

出版发行：广东人民出版社
地　　址：广州市越秀区大沙头四马路10号（邮政编码：510199）
电　　话：（020）85716809（总编室）
传　　真：（020）83289585
网　　址：http://www.gdpph.com
印　　刷：广州市岭美文化科技有限公司
开　　本：889毫米×1194毫米　1/32
印　　张：13　字　　数：300千
版　　次：2025年3月第1版
印　　次：2025年4月第2次印刷
定　　价：88.00元

如发现印装质量问题，影响阅读，请与出版社（020-85716849）联系调换。
售书热线：（020）87716172

谨以此书献给甘瑞珍，
你不知道我有多爱你
（我也宁愿你永远不知道）

推荐序一

　　丧失亲人的哀伤是人类自远古以来就一直存在的一种最深层的情感。哀伤学者说，哀伤是爱的一种形式，是爱的代价。然而人类文明至今依然无法把这种情感清晰地表达出来。它似乎只能体验但难以言传，于是失亲者和社会之间永远隔着一道无形的墙，对年轻的失亲者来说亦是如此。由于那道无形的墙，年轻人的哀伤往往被忽略，他们得不到抚慰，反过来却被社会赋予了很多期望，例如节哀、"走出来"、坚强等。

　　李昀鋆博士的《与哀伤共处》在这道无形的墙上打开了一扇窗，它让人们可以更为深刻地看到并理解"墙内"的年轻人在哀伤过程中所面对的巨大挑战、难以言述的痛苦、难以想象的经历，以及艰难而令人敬佩的创伤后成长的心路历程。同时它也向年轻的失亲者揭示了，在我们的生命中，哀伤是可以与之"和平共处"的。

　　这是一本珍贵的关于爱与丧失，关于人性与韧性，并以纪实为基础的研究性著作。它不仅可以直接帮助到无数有需要的年轻失亲者，同时也可以帮助心理健康工作者为年轻失亲者提供更好的心理抚慰。无论对年轻失亲者还是心理健康工作者来说，这都是一本不可多得的案头书。

　　李昀鋆博士在这本书中将自己所经历的刻骨铭心的失母之痛绽放成一朵充满爱、智慧、温度并富有启示的心灵之花。我真挚地祝贺李昀鋆博士在她卓越工作中所取得的成果，同时向她表达我深深的感谢，感谢她的付出，感谢她为我们的社会所做出的具有深远意义的工作。

刘新宪

哀伤咨询师，研究者

推荐序二

知道昀銮将要出版她的第一本书，我打心底里替她高兴。当她邀我写序时，亦是倍觉荣幸。

写这篇序时，适逢香港正有关于生死议题的电影上映，并引起热烈的讨论。以往被视为社会禁忌的死亡话题，今时今日受到大众的关注，也令我更深刻地感受到，昀銮的研究别具意义。很多人认为年轻人没什么经历，很难明白什么是哀伤。但其实在我过去将近20年的医院工作中，遇见过不少丧亲的年轻人，他们都找不到能够分享的人，以至将这份感觉藏得很深。而这两年在大学工作，我正好有机会和年轻人分享"与哀伤共存"这一题目，从他们的反思文章中可见，有丧亲经历的大学生并不罕见，只是我们少有谈起。

虽然认识昀銮的日子不算长，但我一直都知道她对哀伤辅导很有兴趣。记得第一次见面，正是她来办公室借一套有关生死决策的游戏棋子，我们慢慢就聊开了。昀銮给我的第一印象是极具亲和力。她笑容亲切，是个很有礼貌的女生。直至去年，我有幸成为她学习辅导课的导师，对她又多了一些认识和了解。

上课时，昀銮总是非常认真和细心，亦很勇于尝试。每一次讨论，她都表现得很积极，也很愿意踏出自己的舒适圈，这是我十分欣赏的。在克服语言障碍和文化差异上，她也下了很多功夫。

　　她总会在我乏力时给我发短信，是一个非常温暖的人。就像她在书中提及，她会在重要的日子发短信给她的受访者一样，文字里都是温度。

　　记得有一次，她在班上提起自己丧亲的经历时，表示并不介意提起母亲去世的事情，反而很希望将母亲介绍给大家认识。这件事深深触动了我，因为每一次跟学生提起哀伤辅导，学生们总会担心，怕向丧亲者提起去世的亲人会勾起他们伤心的回忆。昀鋆的这个分享正好响应了很多学生的疑问，就是因为害怕，让我们失去了关心丧亲人士的机会。虽然昀鋆说这项研究是出自她的私心，但我体会得更多的是她对母亲无尽的爱和思念。

　　近年来对哀伤辅导的报道越来越多，亦有更多的年轻人关注这个议题。但像昀鋆这样愿意做这方面研究的人并不多。这本书无论对她或是读者，都有一个疗愈的作用。

　　每个人的哀伤都是独一无二的，哀伤亦无对错之分。昀鋆通过自身的经历和细腻的文字表达了她敏锐的触觉和感受。这是一本充满爱和思念的书，也让更多人明白丧亲人士的感受，每一个故事都让我们对生命有不同的反思。

　　从死看生，让我们更明白生命的意义，亦让我们知道逝者留给我们真挚的爱。昀鋆的文字，将会带你进入一个生命的历程。

　　昀鋆，谢谢你给我机会写这个序言，我为你的坚持和努力感到十分骄傲！

李泓

香港中文大学社会工作学系讲师

推荐序三

从 2017 年 10 月认识昀鋆接受访谈开始，我多次有机会听到、读到她的研究分享。在将近 7 年时光过去后，我基本是一口气读完了这本书，不出所料，好几次都哭得涕泗横流。对，爸爸离世造成的哀伤没有消失，我只是逐渐找到了一些能让自己与哀伤和平共处的方式，所谓"时间可以治愈一切"，所谓"节哀顺变"……都是纯粹美好的愿望，在现实里不存在立足之地。这似乎是个让人沮丧的研究结果，那出版这本书有何意义呢？

这次我可以很笃定地说，无论有无类似的丧亲经历，读完这本书都能获得两方面的益处：

一是增长自己倾听、陪伴和疗愈的能力。正如昀鋆在书里引用的那句话"真正伤害人的不是事件本身，而是周遭人的态度与反应"。这项研究让我们意识到自己所处的文化环境存在着多么压抑人性的教导——"节哀"的意思就是节制哀伤，是劝我们要有意识地抑制哀伤，每当我们抱着好心，对处于伤痛中的朋友脱口而出"节哀"两个字，实际上是在对他们施加新的伤害。我想，完整阅读完这本书之后，你可以学会一些更恰当的表达爱和关怀的方法，用来爱身边那些正遭遇失去和哀伤的朋友。至少，帮他重建一个"哀伤永不止息"的预期，容许他的悲伤不断地、突然地发生，就是一种很有力量的陪伴。

　　另外，在我看来，这本书还有一种非凡的意义：让暂未经历至亲离世的大多数人，无痛习得一定程度的心智成长。包括我在内的44位访谈对象接受这些访谈，正面回忆、亲口讲述与丧亲相关的一系列故事、感受和思考的过程，很像电视剧里中箭后的治疗过程，先是咬牙忍住拔出箭头的阵痛，经历失血的虚弱和上药的刺痛，刻骨的痛感绵延多日才能换来伤口的结疤愈合。开启这个过程需要极大的勇气，因为它很痛。而有着相同丧亲经历的昀鋆陪伴我们来到7年后的今天，无疑承受了更难以言喻的哀痛。在这个"很痛"的过程里，我们经历了无数次拆毁和重建，逐渐学会了如何与哀伤共处，或多或少找回了一些曾经失去的意义，甚至变得比同龄人更加早熟，或者说坚定。如书中所言，只是我们交的"学费"太过于沉重了。

　　不过，现在昀鋆把她的这项研究付诸文字了，你有机会以一种"无痛"的方式走走我们之前的路，以旁观者的视角近距离观察哀伤，观察到更完整、更细节的面貌。也许你会像云小姐一样，因为必然的死别是一种客观存在，从而意识到这世上许多的存在，包括太阳、花、草，以及身边的人，它们的存在并非理所应当，能更加主动地珍视和维系这些你从前不在乎的事物和人。也许你能记住王先生内疚自己太晚理解父亲用水晶猪蹄表达关爱的故事，和他一样开始理解和包容他人和自己不同的思考问题的方式。也许你会通过这本书的阅读，获得一点点讨论或思考死亡的勇气，柏拉图曾说："哲学就是练习死亡。"当我们对死亡的态度从"避谈搁置"转变为"主动思考"，或许我们就能任由心灵去追求更多更高的智慧了吧？

总之，亲爱的朋友，不要害怕讨论哀伤和死亡，勇敢地翻阅下去，成为一个更懂爱人的人，多好呀!

陈小姐

本书第 10 位研究参与者

目　录

序言

哀伤会"过去"吗?

我爸走了之后，我觉得我的精神世界活在过去，没回到现在。活在现在的都是在处理 task（任务）……用我自己的话说，我的生活就像一个城中村，围绕着城中的这个破烂的大窟窿、贫民窟，盖了圈大楼房。我这辈子可能都是个城中村，外围再好，都掩饰不住它中心的那一部分，就是个大窟窿，城中村。

——秦小姐，30 岁，我的第 18 位研究参与者

14 年前父亲因为肺癌脑转移离世

自私的缘起：这是一个给自己找答案的研究

2016 年 1 月 12 日，在旁听我的博士生导师陈智豪教授的"与哀伤共存"课程时，他想要了解同学们的期待，我这样写道："我想知道要怎么与哀伤共处。我的哀伤似乎永远不会停止，我爱的人永远不可能回来了，而我每天都觉得好痛。"如果人生有选择，我不会选择把丧亲与哀伤作为博士论文的研究主题。可就像书中即将出场的 44 位年轻子女一样，当死亡选择了你的至亲时，你毫无还手之力；而哀伤自此隐秘地萦绕于心，随着时间流逝，甚至让你疑惑自己是不是不正常，为什么过了这么久还在痛苦。

我的人生以 2014 年 7 月 29 日为分界线，被清晰地劈开成了两段。那年的 7 月 25 日，正在学校自习的我突然接到家人的电话，得知母亲中风入院。当我匆忙赶到医院时，母亲已被送进了重症监护病房。那四天里，母亲始终处在昏迷之中，而我每天只有十几分钟的时间被允许守在她的病床旁。即使我固执地不肯离开医院寸步，幻想着飘离母亲肉体的灵魂会因为看到守候在外的我，知道我如此担心就会赶紧回去；即使我卑微地向自己知道名字的所有神灵祈求母亲可以醒过来，哪怕最后我要放弃学业变成照护者也没有关系。然而四天后，我还是失去了我最爱的妈妈。

　　我的人生好像突然被推入了一个永远醒不过来的噩梦。在外人看来，经历母亲离世的我很快放下了哀伤：葬礼后，我正常地继续着在复旦大学的研究生学习，考雅思，顺利申请到了香港中文大学的博士生，外表看起来一如从前。而实际上，我的哀伤从未"过去"，我没有一天不会想起母亲，没有一天不会因想念她而流泪（我甚至很自豪这一点，因为这代表着我从未忘记她），只是从未在他人面前展现这份哀伤。

　　这也是让我觉得分裂的地方：母亲的离世明明把我推进了爬不出来的痛苦深渊，为什么我的人生在表面上却依然风平浪静？现在的我还是从前的我吗？我应该怎样处理这份哀伤的痛？我的哀伤仿佛把我困在了一个有隐形功能的巨型透明气球里，气球就那样明晃晃地放置在马路中央，周围的人来来往往，但无论我在里面怎样哀痛、发狂，甚至嘶吼，他们即使看到气球，也看不见我，更没有人会撕破气球来救我。

　　所以老实说，这是一个自私的研究。研究的缘起来自我的私心：我想知道死亡、丧亲和哀伤究竟是怎么一回事；我想知道我的母亲现在究竟在哪里，过得好不好。我无法忘记她，或是放下她，也不知道该怎么独自一人继续活下去，我只能一辈子躲在无人的地方舔舐自己的伤口吗？我想要通过这个研究，给自己找一个答案。

不确定的开始：研究哀伤有什么意义？

　　即使下决心要做一个有关丧亲的研究，推动起来也不容易。最开始的挑战既日常又微妙，那就是我渐渐发现，我总是需要花很大力气向别人证明，研究哀伤是有意义的。一般而言，在学术圈，被人质疑研究课题的学术价值是常有的事。但毫不夸张地说，每当和其他人聊到我研究的课题时，几乎所有人都会诧异："为什么要研究丧亲？研究这个有什么用？时间过去，自然会好起来。"甚至到了后来，一些参与访谈的年轻子女也很直接地对我说，不明白我做这个研究的意义是什么。而回想起来，同年级其他研究老年人或流动儿童的同学很少会被问到这个问题。这也意味着无须过多口舌，大家都承认那些研究自有其价值。但是谈到丧亲，大家在骨子里还是相信时间会疗愈一切，只要给丧亲者足够的时间，哀伤自然会过去。

即使知道对方并无恶意，但不知为何，我总是有被人诘问的感觉，仿佛面前有一个文化大法官皱着眉问：你为什么要做一件这么出格的事情？你为什么要挑战我？

于是，为了捍卫研究的正当性，我努力在学术文献中寻找证据，核心论点是想要证明经历亲人离世会给丧亲者"身心社灵"的各个健康维度带来或长或短的负面影响，包括但不限于抑郁焦虑、创伤后应激障碍、社交退缩、自杀意图等。这些证据并不难找，然而在论证时，我总是觉得莫名心虚。一来是由于丧亲研究始终是小众研究范畴，当时的研究证据多来源于国外（因此未必适用于中国情境），且大多是不具有抽样代表性的小样本研究；二来我本人就是一个反例：即使内心从未放下母亲，但我的各项功能在丧母之后依然运转良好……所以这一时期的我也是困惑的：除了我之外，其他丧亲者的哀伤经验是怎样的？他们会不会实际上很快就放下了哀伤？这个研究真的有意义吗？但在一个视死亡、丧亲与哀伤为禁忌话题的文化情境里，无论是华人研究文献，还是日常人际交往，当时的我都没能从中找到解答这些疑惑的线索（我甚至从未遇到一个公开表露过有丧亲经历的人）。

后来，我完成了访谈，听到了44个不为人知的哀伤叙事，大致拼凑出了一群年轻子女在经历父母离世后与哀伤共处的经历。绝大多数年轻人袒露，实际上，在父母离世的很长一段时间里（甚至是多年来），他们的日常生活中充斥着各种激烈的哀伤情绪：反复出现的自杀念头、焦虑和不安、生命意义的消失、绝望，等等。比如，3年前父亲突然离世的**杨小姐**，我的第16位研究参与者，她这么告诉我：

> 我：你自己回过头看这三年的生活，你会怎么来形容？
>
> 杨小姐：生，不，如，死（一字一顿地说着）。其实我有想过轻生……一段时间，那两年当中……虽然表面上（停顿），我会跟别人融成一片，但是……只要我一个人回到家里，一静下来，我就在想着我在这个社会上还有什么用，连爸爸都留不住。我有好多次想过要轻生（抽泣）。但是后来有一次用刀子割自己嘛，刀子不快（笑），刀子是钝的，留下一点点小印子，那个时候有点痛，我一瞬间就会想到"不是还有妈妈嘛，不是还有弟弟嘛"……我……要是做了这样的事情，他们是不是就完蛋了？所以我就放下刀子，给了自己一个耳光，然后就继续发疯……

根据收集到的这些叙事，我完成了博士论文，但还想向前多走一步，想让这些"丧丧"的故事走到阳光之下，于是就有了这本书。我希望它能在一定程度上回应"研究哀伤有什么意义"的问题。

意想不到的发展：居然被哀伤理论安慰了

对绝大多数研究者来说，为一项博士研究回顾文献都是一个燃烧脑细胞的过程，这并不是说我轻轻松松就完成了这个挑战。当我开始阅读各种与丧亲、哀伤相关的理论书籍时，仿佛误打误撞被人推进了九又四分之三站台，发现了一个神奇的魔法世界。在这个世界里，我的经历不再是身边人支支吾吾的"那件事情"，而有了"合法"的名字，叫作 bereavement（丧亲）；我的情绪也不再是家人和朋友含糊其词的"难过"，而有着一个专属的名字，被称为 grief（哀伤）。

我开始了解到，尽管死亡与丧亲的存在与人类历史一样悠久，但相关的学术讨论直到 20 世纪之后才零零碎碎地兴起（原来中西方同样将谈论死亡视为禁忌！）。我也惊奇地发现，丧亲研究的起源竟然是精神分析学派创始人西格蒙德·弗洛伊德（Sigmund Freud）于 1917 年发表的《哀悼与忧郁》。他提出，个体如果想从丧亲之痛中复原，必须完成哀伤工作（grief work），即撤回投注在逝者身上的力比多，与逝者实现情感分离。而因依附理论（Attachment Theory）而声名显赫的约翰·鲍比（John Bowlby）亦将哀伤放在依附理论的框架下，认为哀伤实质上是人类分离焦虑的外显表现；每个人因孩童时期的经验会形成不同的依附类型，而这也会影响他们在亲人离世后产生何种哀伤反应，比如有着不安全依附类型的丧亲者更易出现较高水平的哀伤和抑郁（Bowlby, 1980）。也有一批学者将丧亲者如何走完哀伤的历程划成了不同阶段，其中最广为人知的是库伯勒 – 罗丝（Kübler-Ross）提出的哀伤五阶段论，将哀伤历程划分为否认和孤立、愤怒、讨价还价、抑郁、接受（但实际上她讨论的是癌症患者可能经历的五个阶段）。更有另一批学者逐渐意识到丧亲者的角色在当时的理论中过于消极（只能被动地等待时间的治愈），于是提出了哀悼任务的概念，丧亲者可以主动完成这些任务来走出哀伤。比如 J. 威廉·沃登（J. William Worden）在其极富影响力的著作《哀伤咨询与哀伤治疗》的第一版中，提出了四项哀悼任务，包括（1）接受丧失的事实；（2）体验和走出哀伤的痛苦；（3）适应一个没有逝者的世界；（4）撤回投注在逝者身上的感情，并重新投注在另一段关系上。

发展至此的理论也被称为"哀伤理论的传统视角"：它们都认同弗洛伊德的哀伤工作，将哀伤视为一个有尽头、有阶段的过程；相信丧亲者应当直面丧亲后的负面情绪，有意识地宣泄哀伤，否则就会出现病态哀伤反应（然而弗洛伊德本人一直主张哀伤不应当被视为病态）。尽管在学术文献中遇到了这些理论，让我的伤痛经验在这些大师的文字中找到了庇护之所，但我是否认同传统视角对哀伤的描述？它们又能否为我与哀伤的共处开出药方？

答案是否定的：面对母亲的离世，我很难认可要与母亲切断情感连接，亦做不到"放下"（哀伤工作的观点）；即使从结果反推出我的情感依附为不安全型，那又能怎样？难道我要去责怪母亲过去未能将我养育成安全型（依附视角的观点）吗？我的哀伤并没有显现出线性发展的轨迹，各种哀伤情绪是反反复复出现且难以预测的（阶段论的观点）；但即使我真的能做到撤回对母亲的感情，又怎么可能那么轻而易举地找到一个可以代替母亲的人（哀悼任务的观点）呢？甚至，弗洛伊德本人在写信给经历丧子的友人路德维希·宾斯万格（Ludwig Binswanger）时，也承认自己始终放不下逝世的女儿苏菲[①]：

> 虽然知道即使在经历这样的失去后，我们哀伤的急性期也会迅速消退，我们也知道应该保持伤心欲绝的状态，永远不会有替代品。无论是什么可能来填补我们的这个损失，即便它可以填补得一丝不漏，它依然属于别的东西。事实上，这才是事情本来的样子，这是我们想要不放弃这份永存之爱的唯一途径。（转引自 Mallon，2010，第六页）

诸位可以想象我读到这一段文字时的惊讶，即使是提倡"应该放下哀伤"的弗洛伊德，在真正经历了至亲离世后也坦承自己无法放下，对我来说，这是极大的安慰。事实上，近几十年来受建构主义等后现代思潮的影响，哀伤理论出现了新浪潮，开始对传统视角进行反思：（1）开始反思丧亲者的哀伤经验是否真的是可预测的线性轨迹，以及其终点是否必然是"适应"；（2）开始不再认为健康的哀伤适应一定需要丧亲者"放下"；（3）开始相信除了情绪层面的反应以外，哀伤也包括认知层面的反应；

[①] 苏菲在孕期中因西班牙流感的并发症而离世。弗洛伊德及其妻子未能见上苏菲最后一面，只能在葬礼上凭吊爱女。

（4）开始相信丧亲会对个体的身份认同产生影响；（5）承认丧亲后，个体亦孕育着成长的可能；（6）开始考虑丧亲对家庭和整个文化群体造成的广泛影响。（Neimeyer & Keesee，1998）

哀伤理论的新浪潮中出现了多种多样的理论。譬如，美国学者罗伯特·内米耶尔（Robert Neimeyer）开创性地提出了意义重构理论（Meaning Reconstruction Theory），指出经历至亲离世不仅会引发情绪上的一系列复杂反应，更会冲击丧亲者对于世界和自我的核心认知，譬如丧亲前认为世界是"具有预测规律的、安全的地方"，但亲人的死亡可能将之扭转为"这是一个充满恶意、残忍的世界"，造成个人生命叙事的断裂。因此，与哀伤共处的核心任务是重新审视和修订自己的认知架构，使得丧亲事件能被融入个人的生命叙事，从而转化丧亲之于个人的意义。而荷兰学者玛格丽特·斯特勒贝（Margaret Stroebe）与亨克·舒特（Henk Schut）提出的双重过程模型（Dual Process Model）以压力理论为基础来理解丧亲，指出亲人的离世会给丧亲者造成一系列连锁压力，既包括丧失导向的压力，即传统哀伤理论所强调的依附对象的丧失，也包括复原导向的压力，即因失去逝者原先承担的角色而引发的各种次级丧失（譬如母亲离世后，家里再也没有人为年夜饭张罗一大桌子菜了），丧亲者可在丧失导向和复原导向之间弹性地自由摆荡，只有极端沉浸在任意一侧才可能引发病态哀伤。丹尼斯·克拉斯（Dennis Klass）通过对美国丧子父母互助团体的长期观察，发现了与逝者保持持续性连接对于生者的重要性，进一步挑战了传统理论的基本假设。乔治·博南诺（George Bonanno）则提出，丧亲未必只给个体带来负面影响，丧亲者同样可能在经历丧亲之痛后展现出抗逆力,并建议如何激发出丧亲者"不易受到伤害"的一面可成为哀伤研究的新方向。

在学术文献之后:那些仍未解答的困惑

虽然我的伤痛经验在哀伤理论中找到了容身之处,那些在现实世界里无处倾诉的哀伤得到了抚慰,但困惑依然存在:西方哀伤理论是否适用于避讳谈论死亡与哀伤的华人社会?对于经历父母离世的年轻子女,哀伤理论是否能够充分解释他们的经历?又有什么研究方法适合解答这些疑惑?

首先,社会科学领域存在一个共识(其实也可称为常识),那就是中西文化之间存在巨大差异。西方社会强调个人主义、理性主义和自由主义。心理学家菲利普·库什曼(Philip Cushman)就曾指出,弗洛伊德的哀伤工作之所以至今仍然享誉学界,是因为这个极度个人化的理论为丧亲者和治疗师做出了承诺,只要切断与逝者的情感连接,就可以带来完全的痊愈;这对崇尚分离、独立的自我、控制命运的西方社会来说有着无法抗拒的吸引力。而扎根于西方文化的哀伤理论所推崇的是丧亲者应该有哀伤权(the right to grieve),譬如可以自由地决定于何时何地表达哀伤。

但华人社会则截然相反,刻在我们骨子里的是集体主义、情绪主义、灵性主义。对于中国人来说,哀伤是相互依赖的。哀伤从来都不是丧亲者一个人的事,而是笼罩于集体的影子之下。台湾学者蔡佩真也曾质疑"哀伤权是否存在于华人社会",因为集体主义取向给华人社会带来的是一套"凡事得识大体,考虑他人感受"的情绪表达规则,丧亲者即使在表达哀伤时也要考虑他人,如顾虑哀伤是否会破坏人际交往中的氛围，倾诉是否会给他人造成不安或尴尬等。另一个例子是，香港学者何敏贤及其团队在研发中文版的哀伤反应评估量表时，发现唯一与华人文化相关的选项（也是他们特意加入的）："我不愿意抛弃他／她"，在所有选项中得分最高。这也告诉我们，与西方理论不同，华人丧亲者强烈渴望着和逝者保持联系，很难说放手就放手。所以从这些细微处可窥见，发生在华人社会的哀伤要远比西方理论所设想的更复杂。

回到丧亲本身，主流研究多将丧亲经验视为个人的、内在的心理过程，但忽略了社会情境在其中扮演的角色。试想一下，当代有谁可以脱离家人、朋友甚至社交媒体施加的影响？同样，丧亲经验从来都不是一种发生在真空中的内在经验。快速消退的哀伤或漫长的哀伤、公开倾诉哀伤或将哀伤藏在心中、直面哀伤（如葬礼后日日探望墓地）或逃避哀伤（如亲人离世后很快投身工作／学业），都会因个人特质、家庭分工、人际互动、文化观念等各种因素的影响而在时间流逝中出现（甚至反反复复）。因此，想要真正理解一个人的哀伤，必须将其放回至哀伤所发生的"家庭－背景－文化"的社会情境当中，否则个人－内在取向会让身边人（甚至是专业人士）将复杂的哀伤经验简化为丧亲者性格坚强与否的判断，从而轻易地说出责备丧亲者的话语，甚至要求其放下哀伤。

主流研究的另一局限是，它们常常忘记了年轻人也会经历丧亲之痛。事实上，自弗洛伊德 1917 年提出哀伤工作以来，各种哀伤研究不断涌现，但大多将注意力放在丧子父母或丧偶伴侣上。直到 70 年后，第一部探讨年轻人哀伤的著作才得以问世：查尔斯·科尔（Charles Corr）和琼·麦克尼尔（Joan McNeil）编著的

《青少年与死亡》。在此之后，年轻人的哀伤开始得到关注，但他们的声音依然甚少出现在主流研究中。然而，参考西方社会的数据，我们能够大致推算出父母丧失在年轻子女群体中的流行率在3.4%—11%之间，并非像人们想象中那样稀少。对此，科尔曾直言不讳地指出，这与现代社会习惯性否认死亡的文化有关，"以青年为主的社会已习惯于否认或延宕老化的过程、死亡的必然性和哀伤的痛苦，这样的社会必不能允许思考这些伤痛经验发生在年轻人身上"。

此外，除了探索年轻人的哀伤经验，本书也会花大量篇幅展现他们在父母离世后的追寻意义（为什么去世的是我的父/母？为什么经历这一切的是我？）和身份改变（经历了父/母离世后的我是谁？我又要怎样度过接下来的一生？）。即使是在西方研究中，也甚少有学者将追寻意义、身份改变这两个来自新浪潮的概念与哀伤经验同时放入一个研究框架。因为这么做是极其冒险的（一旦收集到的资料不足，整个研究就直接泡汤）。然而在本书中即将呈现的丰富叙事，也是年轻子女对这个世界的自白：不！我们的哀伤从未过去；它如平静大海上漂浮的冰山，尽管看起来很沉默，但冰山之下既没有节哀（哀伤经验），也没有顺变（身份改变），反而在拼命地追问为什么（追寻意义）。

当进度条推进到选择质性还是量化时，我在脑海中想象了一下最终的研究场景。倘若选择量化，固然可以呈现出漂亮的统计结果，但即使采用纵向追踪研究，加入复杂的统计模型，研究结果也不外乎是：父母离世可能为年轻子女带来包括严重抑郁在内的诸多负面影响，甚至有自杀念头增高的风险，这尤其高发于葬礼结束至半年后的时间段；其哀伤反应会随着时间流逝而呈现降低的趋势，在次年逐渐趋于平稳，但在重要时间节点（如忌日、春节）会有强烈起伏；健在父母的关怀、家庭的正向沟通、朋辈的支持对于年轻子女的丧亲适应有保护作用。不可否认，上述结果能填充一些知识的空白，但也存在局限：量化研究本质上是将丧亲者简化为数据，经验简化为量表，脉络简化为线性关系，难以捕捉每个人及每段哀伤的独特性和复杂性。而质性正适合探讨复杂世界中的复杂现象，通过对资料的深入挖掘，展现量化无法呈现的资料厚度和解释。也可以说，研究者并不是站在专家视角或局外人的立场，对年轻子女的经历进行表面解释，而是尝试走进他们的生命。

因此，如果研究者想要设身处地了解、呈现关于某一现象深入细致的描述时，质性研究是不二的选择。更加吸引我的是，正如台湾学者萧瑞麟指出的，质性研究最重要的目的在于"使事物被看见"，包括看见过去没有被注意到的事物，或是以另一种方式"重新看见"过去习以为常的事物。通过质性研究，年轻子女的真实感受，包括他们对于丧亲与哀伤、父母与子女、生命与意义等议题的诠释，都有可能通过这个研究被更多的人看见（也或者是重新看见）。

开始一场疯狂赌博：我能完成研究访谈吗？

说实话，直到通过了开题答辩，我才后知后觉地意识到，现在自己已经走到了一个危险的境地：我完全不知道能否找到其他丧亲者，然后成功邀请他们接受我的研究访谈。我的博士生涯最后会不会因为无法找到研究参与者而直接打水漂?

为何我对研究招募如此没有把握呢? 主要是因为参照香港、台湾等地的过往研究,丧亲主题的质性研究招募并不是一件容易的事情,甚至许多研究最终被迫改为个案调查。譬如,台湾学者张淑容想要招募父母在初中时突然离世的年轻子女。然而截止到她的论文完成时,她在网络公开发布的招募消息也没有收到任何回应;最终访谈对象仅为 3 人,且都是通过熟人网络转介而来。

其实这也可以想象,像丧亲这样不可轻易对外人言说的禁忌话题,想要招募访谈对象的确不容易。就我自己的亲身经验来说,在读博第一年时,我曾经看到有一项博士研究通过微博招募丧亲者;当时的我其实无比渴望有一个机会能够把所有的一切都说出来,但那份关于母亲的哀伤记忆实在珍贵,以至于轻易谈及都让我感觉是对母亲的亵渎,对外人的吐露更是慎重再慎重,唯恐对方只是把它当作不够精彩的家长里短。于是,我当时通过私信试探,问那位博士生为什么会做丧亲研究(内心希望听到的答案是对方也经历了至亲的离世),但很可惜收到的回复是因为其导师为丧亲研究的专家(也可能对方的确是丧亲者,但并不愿意向我这个陌生网友袒露),所以我最后没有报名。

至于我自己的研究,提交了研究计划的初稿之后,我终于有了时间来思考如何解决招募的困难(此时手头上的重要事项只剩下开题答辩)。于是,我尝试在熟人网络里撒网,想着会不会刚好有朋友能够介绍合适的研究参与者,结果却是一无所获。朋友们的回复大致可归为两类:要么是他们也不知道身边有谁经历过丧亲(中国人将丧亲看作私事,不属于能在公共领域轻易谈起的社交话题),

要么是即使知道身边有人经历过丧亲，他们也觉得不方便开口帮我询问（或担心触碰对方的伤心事，或担心冒犯朋友）。

虽然随后我顺利通过了开题答辩，但这并不意味着我可以开始招募了，因为根据学术惯例，我还要得到香港中文大学调查行为伦理道德委员会的批准。委员会需要确保我的研究符合伦理规范，包括自愿参与、保密、不伤害等。在等待的过程中，我也开始尝试寻找提供哀伤服务的公益机构。当时我仅找到两家相关机构：一家是上海星星港关爱服务中心（2005 年成立，全国第一家为丧子父母提供服务的公益组织），另一家则是重庆市冬青社会工作服务中心（扎根于石桥铺殡仪馆，开展治丧服务）。前者的公开信息已多年未更新，我通过上海的社工朋友与星星港取得联系后，负责人给我的回复是"机构中的丧子父母不适合参与研究，无法协助联系"；而后者的社工表示可以帮忙转发研究邀请，但由于服务对象的流动性很大，无法保证招募结果。

大概过了三个月，我终于收到了伦理道德委员会的书面许可。鉴于前几个月的碰壁经验，预见到即使通过朋友介绍或机构转介来招募，效果也未必理想，于是我抱着试一试的心态，写了一封研究邀请信。我明白丧亲者其实很渴望有机会把哀伤光明正大地说出来，但同时又多半会害怕听者并不珍视他们非常珍惜的记忆。因此，不同于研究招募的传统写法（那种很专业但又很有距离感的信息陈述），我选择用一种温暖的、仿佛面对面说话的语气，希望告诉阅读那封信的丧亲者：哀伤在这项研究里不是一只纯粹客体化的"实验室小白鼠"；我知道当亲人离开之后，你从来没有忘记过她／他，也会时常因为各种触动想起她／他（听到了一首好哭的歌，在大街上瞥到了和她 / 他很像的人）；我愿意看见你的哀伤，想要邀请你分享你对逝去亲人的爱，而你的分享可能会让更多人不至于要用最痛彻心扉的方式认识死亡与哀伤，留下一生都无法治愈的遗憾。

或许是因为我不知道的天时地利人和，这封邀请信在微信公众号上发布后，当天立刻得到了大量阅读和转发，传播范围远远超过了我的预期：共有 191 位丧亲者填写了研究报名信息表，报名者来自上海、北京、广东、浙江等多个地方。这让我大大松了一口气，感觉推进研究有希望了。

面对来之不易的研究参与者，我当天立刻添加了他们的微信，郑重地表示了感谢（也因为害怕他们回过神来之后会反悔 [①]）。一些丧亲者也马上以文字讯息的方式，开始向我回忆他们与逝者之间的感情。由于我一早就准备花上至少一年的时间来收集数据，现在既有充足的访谈时间，又有足够多的潜在访谈对象，所以我大胆地决定先用线上访谈，尽可能多地接触丧亲者，避免错过能够提供丰富叙事的对象，再寻找合适的时机去他们所在的城市，在线下和他们见面。

根据我的研究计划，访谈的筛选标准设定为：（1）在青少年期和成年初期（大约在 10—30 岁）经历过父母的离世；（2）父母的离世时间超过半年；（3）接受访谈时处于成人初显期（大约在 18—29 岁），或尚未经济独立，或尚未结婚，或尚未养育子女。设立这些标准是为了更加集中地研究父母离世给年轻子女带来的影

---

① 确实有一部分丧亲者最终决定不接受访谈。

响，但在实际访谈的过程中，如果遇到了并不完全符合标准的丧亲者（比如接受访谈时已结婚生子），而他们的分享又能帮助我深化对父母离世这一经验的了解，我亦会将其包括在内。

具体来说，我的资料收集跨度从 2017 年 8 月 14 日到 2018 年 9 月 4 日，共访问了 44 位年轻子女：33 位为女性，11 位为男性；27 位丧父（其中 1 位是继父离世），15 位丧母，2 位经历了双亲的离世；21 位的父／母为预期自然死亡（比如因癌症去世），12 位的父／母为非预期自然死亡（比如因脑出血突然去世），8 位的父／母为非预期暴力死亡（比如因车祸去世），另外 3 位的父／母为自杀；15 位的父／母离世不到 2 年，29 位超过了 2 年（其中 10 位超过 10 年）。在父／母离世时，他们的平均年龄约为 19 岁，而接受访谈时，他们的平均年龄约为 25 岁，丧亲时间平均为 5.37 年。读者可参见附录一来了解这群年轻子女的大致情况。

尽管一些年轻子女非常希望我能在论文中直接使用他们的真名（在他们看来，这是对去世父／母的纪念），但大多数人还是十分注重隐私保密，甚至自始至终都未向我透露真实姓名或更多个人资料。基于学术研究的保密原则，我隐藏了所有年轻子女提供的姓名和其他可识别的资料，并依据接受访谈的时间次序，依次从《百家姓》中更换了姓氏来称呼他们。另外我也找到了一个折中的办法来纪念他们的父／母，那就是在博士论文完稿前，特意一一询问了他们父／母离世的日子。如果他们愿意告知，便会将其添加到我的博士论文以及所有出版材料中，用微小的方式作为不消逝的纪念。

安排访谈时，我通常会和年轻子女约定一个他们方便的时间。在访谈前一两天，我会主动再提醒一次，这样既可以给对方选择的自由（"如果你暂时还没有准备好，完全没有问题，我们可以再约时间"），还会增加一次和对方互动的机会，让丧亲者感受到你是真的在关心他们。在访谈开始后，我会先把研究的知情同意书发给年轻子女，详细解释在这段研究关系中他们拥有的权利、我要遵守的义务，包括他们所有的身份信息和访谈资料都会经过匿名处理，他们有权在任何阶段退出研究。[①] 我会特别留意地向年轻子女强调，在访谈中，如果有任何问题不想回答，他们都有权利不回答，可以直接告诉我"这个问题我不想回答"。征得他们的知情同意后，我会打开录音设备，开始访谈。在 44 位年轻子女中，唯有吕小姐一人最开始拒绝了录音。当时我尊重了她的选择，收起了录音设备，但表示仍然愿意陪她聊聊。由于吕小姐十分希望她的故事能够被记录到我的研究里，当我向她澄清了我无法借助简单的访谈笔记来完成分析，而需要详细的对话信息时，她最终同意了录音。通过"把年轻子女的感受优先"的各种细节安排，我想确保他们在接受访谈的整个过程中感到安全、舒适、有自主权，尤其不需要担心因为向一个"外人"说出了家庭私事而对现实生活造成负面影响。这些细节也能够增加他们对我的信赖感。

---

① 这意味着即使在研究的最后阶段（如我已经在撰写博士论文了），一旦有研究参与者要求退出，我都必须同意。事实上，有 2 位丧亲者在第一次访谈结束后表示希望退出研究，于是我删除了他们的所有数据（包括录音和其他所有记录）。而在签订本书的出版合同前，我亦先将这一消息告知了接受访谈的所有 44 位年轻子女，询问他们是否愿意在书中保留他们的故事。其中有 1 位参与者要求重新回顾她 / 他在书中出现的所有内容，在确认其个人信息绝对无法通过阅读本书而被识别后，同意保留了她 / 他的故事。所以最终本书的出版得到了 44 位年轻子女的知情同意。

正式访谈时，我当然希望尽可能地鼓励年轻子女来完整叙说他们的哀伤故事，因为他们选择哪些重点来描述、用什么次序或词语来描述，这背后都有独特的意义。但我很快意识到，如果让他们完全自由、开放地分享，他们通常的反应是不知所措，不知该从何说起。面对这些情况，我会使用事先准备好的半结构式访谈提纲来辅助他们回忆。通常，我也不会单刀直入地开始问严肃的问题，而是用两个相对简单的问题来破冰：（1）可否简单介绍一下你自己和报名的原因？（2）可否简单介绍一下你去世的亲人，你们的关系如何？这两个问题没有直接谈及死亡。关于报名原因的三言两语，可以很快打破访谈刚开始时的拘谨和焦虑，而后一个问题则会把重心聚焦在他们的亲人身上，丧亲者或许不擅长直白地描述哀伤，但他们总是希望有机会谈起逝世的亲人。

针对每位年轻子女的资料收集过程至少包括两次访谈，主线由探索他们的"哀伤经验""追寻意义"以及"身份改变"三部分所构成。第一部分，我试图尽可能还原从他们父母离世、葬礼，到丧亲后回归所谓的"正常"生活期间所发生的事情。我关心的既包括在这些时间里发生了什么事情，哪些场景令他们记忆深刻；也包括父母过世对他们产生了什么影响（身体、情绪、生活、家庭和人际关系等方面），他们发现有什么事情变得不一样了，他们又是怎样应对觉察到的变化。在第二部分，我们会集中在他们如何理解"为什么父母会离世"这个问题上，既包括年轻子女怎样思考这个问题，思考的过程是怎样的，如果始终无法接受，他们会怎样处理这份痛苦；也包括如果他们站在逝世父母的角度，又会如何看待自己的死亡。第三部分，我们聊的是他们经历丧亲后的身份转变,包括他们现在会怎样回答"我是谁",丧亲后他们做过哪些重大决定,这些决定和父母离世又有怎样的关系,他们现在对于恋爱、婚姻、工作、未来人生的期待和看法是怎样的,他们怎样理解人生的意义。

在第一次访谈时,绝大多数年轻子女都告诉我,这是他们第一次谈起自己的哀伤故事。我也逐渐发现,我们的访谈时间比起一般的质性访谈要长得多(我和年轻子女的对话通常至少有 1.5 小时,最长纪录聊足了 4 小时)。当时我访谈的频率大约保持在每天约一位丧亲者(很少在同一天安排两个访谈),这能确保我在每一次访谈中都尽可能保持全神贯注。奇妙的是,当时那种高强度、基本不间断的访谈节奏,帮我训练出了一种和别人聊哀伤的"神奇乐感",仿佛能够下意识地知道在对方表达一些情绪时我可以怎样去接住、回应。除此之外,相同的丧亲之痛也增加了我在与年轻子女对话中的敏感度,帮助我敏锐地觉察他们在诉说过程中的各种情绪,以及我可以怎样更恰当地给予反应。尤其是,同样经历哀伤的经验让我在面对年轻子女的眼泪时,不会感到害怕或不知所措,而能更接纳他们的哀伤和沉默,把握访谈节奏。

总体来说,在最开始的阶段,我主要以线上访谈为主[①],也就是我们都只能听到对方的声音,而没有任何眼神对视;绝大多数时候,这些访谈都是在夜深人静时进行的。我当时就发现,这样的安排会让年轻子女感到非常安全,一方面因为他们能够待在自

---

① 也有少数年轻子女或机缘巧合或专门来到了香港,于是我们面对面完成了访谈。

己熟悉的房间里接受访谈（不用担心其他人会听到），另一方面，语音对话的形式也让他们更加自在，不需要面对我的存在（某种意义上，我的角色有点像一个深夜电台主持人）。

在做了大约三个月的密集访谈后，我大致完成了与居住在上海、广州、北京等几个城市的年轻子女的第一次访谈。于是我开始准备亲自到这些城市，与他们进行面对面访谈。上海是我长时间求学的一个城市，相较之下我对它最为熟悉，于是我将第一站设在了上海（也准备顺道拜访居住在南京的一位年轻子女）。然而出乎意料的是，面对面访谈的效果非常不理想。尽管这些年轻子女和我进行了一次（甚至多次）访谈，建立了可谓融洽的信任关系，但看到对面有一个真实存在的活人（而非一个电话里听起来很温柔的声音），他们在聊到自己的哀伤时明显很不自然，经常会不知所措，逃避眼神对视。面对面访谈的深入程度远不及我们的线上访谈。另外，当我们讨论访谈地点时，仅有两位年轻子女邀请我去了他们的家里①（那样至少我们可以有一个较为私密和安全的环境），其余的人大多和我约在了咖啡店或餐厅；嘈杂的现场环境与众多的"现场观众"亦非常不适合敞开心扉来聊哀伤。我还想尝试约四位尚未进行过访谈的年轻子女见面（其中三位曾表示只愿意接受面对面访谈）。但当我抵达上海后，即便我不断调整时间配合他们的行程安排，两位年轻子女最终还是拒绝了我的访谈邀请，另两位则表示希望不要见面，进行线上访谈就好。

---

① 第16位研究参与者杨小姐坦诚地告诉我：她不知道应该如何告诉家人，自己和一个"外人"讲起了家里的这些事情。所以我猜测，这或许也是为什么很少有年轻子女愿意邀请我去他们家的一个原因。

当我回到香港后，立刻与导师讨论了这些令我诧异的巨大差异。为了收集到更高质量的访谈故事，我决定后续访谈都以线上为主，这一决定亦获得了导师的同意。

虽然质性研究主要以是否达到资料饱和作为决定停止访谈的评判原则，但在我的实际访谈过程中，一方面，线上访谈大大节省了我做访谈的通勤成本，让我在一年的时间里能与更多年轻子女进行深度访谈；另一方面，由于看到年轻子女几乎从未有机会和他人谈起自己的哀伤，所以尽管我清楚知道这一研究的目的不是提供哀伤辅导，但仍希望它能够成为可带来一点点安慰的哀伤"树洞"。就这样最后，我几乎与所有留下了有效联系方式的年轻子女进行了一次哀伤对话。

研究过程的一个反思：我是局内人还是局外人？

至此，很清楚的是，我个人的丧母经验是整个研究得以建立和推动的关键。然而根据西方丧亲研究的做法，保持客观的局外人立场是被极力推崇的。也就是说，即使一些研究者也是丧亲者，但他们会在访谈对象面前尽量保密，避免袒露其丧亲者身份。而这背后反映的是实证主义和量化研究的强大影响力，即相信研究事物是独立、客观存在的，研究者应尽量与研究对象保持距离，以避免其个人立场对研究对象产生影响（陈向明，2000）。受此影响，无论是在准备研究邀请信，还是进行初次访谈时，我都非常谨慎地隐藏着我个人的丧母身份，但内心也在思考：我是否会在年轻子女面前"出柜"，从局外人变成局内人？如果我做出坦白，又会对研究的推进带来怎样的影响呢？

第一种情形的坦白与第 18 位研究参与者秦小姐有关。当我根据她在报名表留下的联系方式和她取得联系时，秦小姐的第一个反应是："我对你一无所知，我为什么要相信你？"这句话一下子让我回忆起当时那个在微博私信里试探问"你为什么会做丧亲研究？"的自己，还有那份想倾诉但又害怕受伤的心情。于是我将自己填写的丧亲信息① 截屏发给了她，上面写着"母亲离世三年；部分能接受，依然很痛苦"，然后她才表示愿意接受访谈。

第二种情形的坦白发生次数最多。随着与越来越多的年轻子女对话，我清晰地看到中国文化中强调的节哀顺变有着超乎想象的影响力，再加上年轻子女对哀伤的了解又十分有限（不妨看一下书店或图书馆里有多少关于丧亲的书籍），这让许多年轻子女很困惑，甚至陷入自我责怪：为什么过了这么久我还在痛苦，还是接受不了？遇到这些情况，我会在第一次访谈结束时坦承自己的丧母身份，也会和年轻子女分享一些哀伤知识，或回答一些他们的疑惑。而且从我的立场来看，此刻我已经结束了访谈，不会再对访谈的走向产生影响。可是，当我的身份由局外人变成局内人之后，年轻子女通常会表现出更强烈的倾诉欲，会延长访谈，向我倾诉更多细节。这从侧面印证了丧亲者其实很难卸下自己的心防，即使我之前做了种种努力（譬如各种"把年轻子女的感受优先"的访谈细节），希望建立他们对我的信任感，但相较之下，他们还是更愿意对有相同丧亲经历的同路人坦承哀伤。而这也让

---

① 事实上，研究邀请信的第一位填写者正是我自己。这么做只是为了测试问卷设计的合理性，并了解填写的体验感。

我想到刘新宪老师①的分享:"那些失独父母很愿意跟我(即刘老师本人)分享,其他人都很难接近他们。但是因为我跟他们有相同的经历,他们会很信任我。我问什么,他们都会说。"

第三种坦白情形与第 19 位研究参与者**尤小姐**有关。我与尤小姐共进行了三次对话。同样,我在第一次访谈结束后向她坦白了我的丧母身份,她亦给了我积极的回应。当我问到她与父亲的关系时,尤小姐强调自己与父亲的感情很好,在母亲去世后家人之间也没有发生任何冲突。而当第二次访谈结束后,我无意中说起我的父亲很快就再次相亲,这时尤小姐才吐露,原来她的父亲也是如此:当母亲去世后,父亲像魔怔了一样,不顾子女们的反对和阻挠,很快通过老家亲戚朋友的介绍相了亲,还瞒着子女再婚。对于尤小姐来说,父亲的再婚实际上是比丧母之痛更隐秘的"家丑",即使面对坦白丧母身份的我,她依然无法启齿;而直到无意间知道我的父亲也想要再婚,她才愿意向我说出这些。然而,尤小姐是否还有其他故事未与我分享?或是其他 43 位年轻子女是否还有其他更隐秘的哀伤故事?这两个问题是我无从知晓的。它们的存在本身也在重申:想要真正获得丧亲者的信任,是一件极其困难的事情,即便研究者是局内人,也需要更多建立信任的时间和极强的觉察能力,不仅要觉察到丧亲者说了什么,更要能敏感地去反思他们没说什么。

---

① 刘新宪老师是一位失独父亲。他的儿子刘丹 10 年前因病突然离世,自此之后他开始对哀伤研究感兴趣,并通过自学取得了美国注册哀伤咨询师的资格证,并与北京师范大学的王建平教授合著了《哀伤理论与实务:丧子家庭心理疗愈》。2020 年 7 月 25 日,刘老师参加了我在网络上公开进行的博士论文研讨会,并私底下与我取得了联系。

而我也在整个研究过程中逐渐发现，我的身份一步步从"局外人"（至少假扮自己是）变成了"局内人"；甚至在后期，我会认为自己在某种意义上成了"同行者"，我和年轻子女之间看起来客观分明的界限开始变得模糊。许多年轻子女在所有访谈正式完结后，依然和我保持着联系，尤其是当他们对哀伤感到痛苦和无措时，会主动向我倾诉。我也会在日历上记下对他们来说重要的日子，包括父/母的忌日、他们自己的生日、春节、清明节、母亲/父亲节等重要的日子；在很长一段时间里，我会在这些特殊日子给他们发送一条消息，让他们感受到有人同样也记得（譬如以下节选）。

清明节的消息

今天是一个满屏都在谈论清明节的特殊时刻，甚至《新京报书评周刊》说今天是"一年中距离死亡最近的日子"。在刷屏的文章中，很喜欢"奴隶社会"的推送《生是偶然，别是必然》，是一位女儿在父亲离开100天后写的点滴感悟。里面写道："平日里，妈常说起'百年以后'，既是对我们的一种提醒，也是对必然归宿的一种淡然。我总觉得这个时刻的到来，好像真的需要一百年，离我十万八千里遥远。我曾以为，就算那一天真的来了，也是自然规律，在所难免，那就坦然接受。然而，我错了，没有亲历以前，任何想象其实都是苍白一片。"

而"所有的道理都知道，但要亲历才真懂"。嗯，是呀，"生死不可选，中间的过程才显得重要和珍贵"。因为知道了我们自己离开的那一天的必然，我们今天才会知道如何选择活。愿我们可以带着对离开的人的爱，惜取眼前人，惜取现在时。

父亲节的消息

Hi，节日快乐。其实有时候会觉得节日是社会加给我们的，我们好像没有权利去 say No，但有时候又觉得至少这样的节日会让这一天和其他的 364 天不一样。这一天是属于他的，死神带不走，也改变不了。Take care and be peaceful.

中秋节的消息

月饼节快乐。谢谢你可以信任我，和我分享你最柔软、细腻、珍贵和浓烈的故事。现在我的研究开始进入一个新的阶段，访谈暂时告一段落，我窝在一个冷到不行的英国海边小镇布莱顿整理着我们的故事。希望它会变成一个有血有肉、有理有据的样子。远方的我喜欢的人们，生活有时候有点孤独，但是孤独的我们并不是孤单的（lonely but not alone）。

不常出现但是始终都在的昀鋆敬上

春节的消息

Hi，我是节日会"浮出水面"的昀鋆，你最近怎么样，还好吗？

嗯，春节对于一些人来说是父母催婚的困难日，对于一些人来说是欢快的假期，但是对于另一些人来说意义更加复杂一些，我们或许会愈发想念那一个人，想念原本整整齐齐的家庭，想象自己或许原本一样可以有的甜蜜的负担。或许有时候我们需要的不是安慰，而是承认，承认我们的生活没有像这个世界承诺给我们的那样和谐和完美，生活总会有点"丧"，有点糟糕，还会有点复杂。面对这样的生活时，不要害怕啊，因为很多人和你一样（至少我就常常害怕和焦虑）。愿我们新的一年里都可以顽强一点，活得认真而恣意！嗯，有个朋友给了我一句话，被我诠释为 move on with grief（带着哀伤继续生活），虽然我目前还做不到，但真心祝愿在新的一年，我们都能慢慢找到和过去的经历共处的方式。

爱你的昀鋆（我是说真的）

　　当我为了出版本书，想要找回和年轻子女的访谈细节时，有年轻子女把我们过去所有的微信对话记录整理好，一条一条发给了我，并且告诉我，即使过了快七年（从我们在微信上第一次打招呼开始算起），即使她在此期间换过手机，也从来没有想过删除我们的聊天记录。也有年轻子女告诉我，当我把博士论文的最终版发给她后，她把整本论文全部读完了（558 页！），还把所有提到她母亲的段落截图打印了出来，贴到了日记本上。还有更多的年轻子女，当我不确定地问他们是否能为同样经历父母离世的其他年轻人写一段话时，他们不仅答应了，而且真诚又细腻地分享了他们感受到的哀伤是什么，以及有哪些方式可以更好地与哀伤共处，所以最后才有了《针对年轻子女自助的实践建议》（见附录三）。

　　回过头来看，或许重要的不是我究竟是以局外人（一个客观的哀伤记录机器），还是局内人（一个同样哀伤的年轻人）的身份来推动这个研究。在研究后期，我开始将这个研究称为"我们的故事"。因为它不再仅仅关乎我失去母亲的遗憾，更是 44 位年轻子女和我在彼此同行中，通过不断互动共同建构的故事。我们的故事试图回答的是，在一个避谈生死的社会里，失去父母的哀伤是否真的像旁人想象的那样会"过去"。尤其是在中西方社会里，年轻子女的哀伤都是学术研究或社会话题中的敏感话题。西方丧亲研究常常关注的是年轻人的抗逆力／韧性，而对我们的哀伤"视而不见"；或直接套用主流理论，而对年轻人的独特性"听而不闻"。针对这些，至少我们的故事完成了一次艰难而有意义的尝试，并突破过往研究的局外人立场（即仅对丧亲现象进行表面的解释），而是走进（而不是走近）年轻子女的生命，听到（而不是听说）我们和逝世父母之间的故事，突出了属于年轻子女自己的声音，使得我们的哀伤得以被看见。

所以从下一章开始，我想邀请你进入"我们的故事"。或许在阅读过程中，重要的不是你站在局外人还是局内人的立场，因为（不幸但又无法逃避的一个真相是）我们所有人都将是、正是或曾经是，与哀伤共处的人。

第一章
年轻子女的哀伤经验：隐藏而永不止息

我父亲火化以后，我捧着他的骨灰。也不叫骨灰，应该叫碎骨，你知道吗？就是有很多没碎的骨头。当时我的第一反应就是，因为火化出来（骨灰）还是热的嘛，我手上……我终于又抓到我父亲了，虽然是骨灰，但好歹也是我父亲啊。突然间我感觉心里有那么一丝丝的踏实，对这个（骨灰）还真没有一点（恐惧），有人说对骨灰有些恐惧，我还真的没有，握在手上反而感觉有些踏实。

——王先生，34岁
4年前父亲心源性猝死

第一节　导论

何小姐，母亲 3 年前突然离世，是我的第 21 位研究参与者。[①]
第一次访谈时，何小姐告诉我，其实自从母亲 3 年前突发心梗去
世后，每天晚上她都会梦到母亲，梦中的母亲虽然一开始还是健
康的，但梦要结束时却总要突然离开。这些哀悼之梦让她对睡觉
感到恐惧，开始失眠，但即便如此，何小姐也从未将自己的情况
告知过任何人。

　　我：爸爸知道你这两年的情况其实没有别人看起来那么
好吗？

　　何小姐：不知道。其实我身边的人都不知道，即使像我
舅舅、舅妈，还有我大姨，他们对我都很好，但是毕竟他们

　　[①]　出于对哀伤和研究参与者的尊重，我会尽量避免让年轻子女和离世的父母
沦为研究中的"平面符号"，避免只将他们的哀伤回忆当作学术研究的工具。因此，
在研究发现的呈现上，我会在确保与研究相关的基础上，尽量保持他们叙事的完整
性。而当每一位年轻子女首次出现在本书中时，我都会说明他们的丧亲背景，并将
他们的称呼加粗显示。而再次出现时，则仅会点到姓名或与丧亲相关的主题。此外，
本书所记载的丧亲时间，均以我与年轻子女开始哀伤对话的时间为准（全书同）。

在家乡。我在这边是什么情况，都不跟家里说，谁都（不说），不跟谁说。嗯，对，我的这种状况，我从来没和任何人说过，也没和我家人说过，没和我爸说过！我也觉得梦见（母亲）还是挺好的，目前的话，至少能记得她的样子。

事实上，何小姐并非年轻子女中的个案。在与这些子女对话的过程中，有一个相同主题在不同叙事中反复出现：不论他们本人是男性还是女性，不论离世的是父亲还是母亲，不论具体的死亡方式为何，几乎所有的子女都叙说了一个极其相似的经验，那就是**这份哀伤几乎从未和其他人分享过**：他们从未把这份哀伤告知过另一位父母或其他家人，面对身边的朋友也是闭口不谈；甚至在访谈结束时，绝大多数子女会告诉我，我是这个世界上第一个，也是唯一一个听到这些故事的人。

就这样，"隐藏的哀伤"成为这些年轻子女哀伤经验的**首要主题**，他们的哀伤从未对外展现过，让周围的人都以为他们就这样平缓地接受了父母离世的事实，开始了新生活。然而，根据年轻子女的叙说，哀伤在面对社会情境时或许是隐藏的，但却从来不曾缺席。而这一份真实又剧烈的哀伤随着时间推移而弱化后[1]，受到子女的主动召唤或各种社会情境的刺激，很难到达真正意义上的终点。因而，"**永不止息的哀伤**"成为这些年轻子女真实哀

---

[1] 这里需要特别指出，这一时间远比你现在脑海中浮现出的那个数字更久。在参与本研究的 44 位年轻子女中，有 11 位参与者的丧亲时间超过 7 年，其中的 6 位子女响应研究招募信息时，将哀伤状况选择为"部分能接受，依然很痛苦"，这足可反映哀伤在这些年轻子女生命中的持久存在。

伤的核心主题。

　　本章我将采用叙事分析的方式对年轻子女的哀伤经验进行追溯，首先呈现一个年轻子女为何以及如何在几乎所有人面前把个人的哀伤隐藏起来的"集体叙事剧本"。揭开这一哀伤的面具后，我会继续描述他们真实的伤痛又是何等刻骨铭心、永不止息，并希望借助这种经验的铺陈，建立在中国文化背景下理解父母丧失这种经验的基础。

第二节　隐藏的哀伤：年轻子女哀伤经验的首要主题

　　丧亲之痛从来都不是一种发生在**真空状态中**的经验；要想真正认识哀伤，必须将其放回至社会情境之中。"隐藏的哀伤"这一主题也不例外。在接下来的部分，我将围绕着年轻子女隐藏哀伤的经验，探索这一经验具体是如何在社会情境中建构起来的：第一，年轻子女如何在不同的情境下选择主动隐藏哀伤；第二，社会情境如何反过来参与"隐藏的哀伤"这一经验的构建之中。

一、年轻子女在社会情境下的主动隐藏

（一）从临终到葬礼的压抑哀伤

　　如果要探索哀伤在社会情境下的公开表露，那么从亲人临终到葬礼无疑是最应该得到关注的一个场景，因为在中国人的日常生

活经验中，和"死"相关的词汇都是忌讳提及的。因此从常理来推断，这一时段应该是年轻子女的哀伤最能被允许表达出来的"**合法性情境**"。同时，就儒家思想对"**孝**"的期待来说，子女因不舍父母而流下泪水不单单是个体情感的表达，更被视为重要的规范礼仪。子女如果此时表现得镇定、冷静、没有眼泪，则可能被在场的亲朋好友责备为不够孝顺，甚至冷血。基于上述文化常识，我们或许会提出一个假设，既然此时的"哀伤规则"是用眼泪的多少来表现子女对于父母有多孝顺，那么这些伤心的年轻子女在父母临终前和葬礼上应该会真实地表达自己的哀伤情绪。然而令我吃惊的是，即便在这样一个被允许哭泣（甚至可以说被要求哭泣）的场景下，他们中的绝大多数并没有崩溃或者哭泣，反而"没有反应""哭不出来"，在葬礼上，他们也会刻意隐藏自己真实的哀伤，塑造出"我没事"的坚强形象。

张小姐，2年前父亲因肺部感染诱发休克而离世，是我的第24位研究参与者。张小姐告诉我，其实自从父亲去世后，自己一直在假装"很独立、很坚强"，但内心"老是想着过去有多么多么好，还会不断地去想他（父亲），还活在过去，走不出来"。尽管就死亡方式而言，张父属于预期自然死亡，但是对张小姐而言，她却是被突然告知父亲将不久于人世，因为从父亲确诊患癌到治疗，再到濒死的整个过程中，家人①从未向她透露过一个字（甚至将她父亲的病情告诉了她的朋友，以拜托这些朋友帮忙隐瞒）。

---

① 绝大多数年轻子女很少会对"家族"和他们自己的"核心家庭"进行区分，在他们的叙事里提到的"家人"，尤其是在丧礼过程中，通常指的是包含亲戚朋友在内的扩展式大家庭，而不仅仅是自己的父母或兄弟姐妹。

关键事件1：获悉父亲生病时的强装镇定

大二那年的暑假，张父在家一直咳嗽，张小姐还陪父亲去医院看过病，但是始终"没有想那么多"。而在同年的中秋节，她给父亲打电话，接电话的不是父亲，而是一个阿姨。当晚她就接到了母亲让她回家的电话，但当时母亲只是搪塞说"你爸爸特别想你了"。所以直到跨进病房的前一刻，也没有人告诉她究竟发生了什么。进病房后，她看到了"病床上躺着一个人，他的眼睛也肿了，然后脸很白，五官肿了，身体也浮肿了。我就觉得天哪，那是我爸吗？"在毫无预备的情况下看到完全变了样的父亲，张小姐选择在所有人面前压抑自己的反应，竭力表现出镇定："其实我那一刻真的是不断掐着自己，就是不能向所有人展示我很软弱。"

张小姐：爸爸当时很虚弱，而我则是，**不想让爸爸妈妈看到我很伤心**，因为我知道，如果当时我情绪崩溃的话，我妈妈肯定更难受，我爸爸肯定也很难受。在那里可能有四五个亲戚，这些亲戚看到就……也可能会觉得，我像普通的女孩子一样，很脆弱。其实就是，我不想他们戴着这样的"有色眼镜"来看，**我不希望他们觉得我是一个很脆弱的人**。

关键事件2：一家三口共处时的压抑痛苦

当其他亲戚都离开了，病房里只剩下张小姐一家三口的时候，父母依然没有向她详细说明病情的严重程度。虽然张小姐心里开始担心，但也没有真正意识到此时的父亲其实已经生命垂危了。

直到父亲离世后又过了很久，母亲才略微告知了一些相关细节，原来"我给我爸（中秋节）打电话那一次，其实那时候我爸正被拉去病房抢救，已经下了病危通知书了"。而当母亲问张小姐，如果父亲去世了该怎么办，不想让母亲担心的她选择压抑自己的痛苦，笑着回答。

> 张小姐：有一天（从医院）回来之后，我妈问了一个问题，嗯，就是如果你爸爸这次走的话，你怎么办？其实当时我是笑着回我妈妈的。我说没关系，我说**我就当我是单亲家庭长大的孩子呗**。我说现在单亲家庭的孩子那么多……因为我当时是为了**不让她担心**嘛，自己心里肯定是很难受很难受的。那时我就一直以为我爸实际上没有什么大问题，他只是因为（身体）有些不好，就去抢救一下，应该是输几天液就可以回家的那种。

关键事件3：目睹父亲去世后的没有反应

于是，仍然心怀希望的张小姐决定和母亲一起照顾父亲。第二天，张小姐在去医院的路上给父母买了早餐后，还很开心地跟母亲说，以后每天早上来的时候，都会带早餐来医院。但就在父亲吃完早餐，准备起身上厕所时，"他（父亲）一直是躺着，不能坐起来，他的肺部不好嘛。当他一坐起来那个时候，他就不行了，就不行……那个血就往上面流，就按那个急救铃，医生来了就心肺复苏……然后……"此时母亲哭到崩溃，张小姐说，她的反应和母亲截然不同："那当时我就……我没有反应……感觉那个时候已经形成了一种很强的自我保护意识。"当时医生看到张小姐没有哭，似乎还很正常，就让她赶紧去复印父亲的身份证，办理死亡证明。而事后她用"奇怪"来形容自己当时对医生布置任务的反应：

> 张小姐：当时我想的是，怎么办？我说，今天是国庆假期，打印室、医院的那些文印室都关门了，我去哪里复印呀？我当时想的是我要马上执行那个医生的命令，然后医生跟我说，你去外面复印。当时（我）一路上跑得好快，我就怕我复印慢了，给医生带来什么不方便。当时，**我真的一点点都不相信，一点一点都不伤心……**

关键事件4：父亲去世后只哭了两分钟

看到得知消息的亲戚们陆陆续续赶到医院，张小姐选择有意识地压抑了自己逐渐能够感知的哀伤，而只是给了自己两分钟哭泣的时间："悄悄出去就哭了一会儿，就这样，只哭了两分钟，就一下把眼泪收回去了。"张小姐告诉我，她做出这样"一定要扛住"的决定，是因为当时她看到母亲已经哭到崩溃，而她也想到亲戚可能对自己家庭做出的**"孤儿寡母"**的负面评价：

> 张小姐：我妈妈哭得很崩溃，但是我站在那里拍着我妈妈，我一滴眼泪都没有掉！……就去抱着我妈，让她不要哭了，就说，嗯，妈妈，以后（我）会好好照顾你的之类的……我就是怕所有的人都会觉得以后我和妈妈是两个人，就是相依为命的那种**没有依靠**的母女俩。我不希望他们这样认为……

我希望，我爸爸得病或者我爸爸离开了，而我能够成为我妈妈的一个新的支柱……不想让别人觉得我们俩这样就很惨、很弱，很没有依靠，不希望别人这样子看我们……看我们家，所以就觉得一定要扛住，就这样。

关键事件 5：父亲进火化炉的"我没有事"

在筹办葬礼的过程中，当时还在读大学的张小姐出面办理了选墓地、火化等一系列事情，因为担心母亲到这些地方，"她的那个情绪就绷不住了嘛"。张小姐说，从父亲临终到葬礼的整个过程里，"除去自己偷偷抹眼泪"，她的哀伤真正在众人面前爆发的时刻，只有当父亲即将被送进火化炉时。然而即便是在这个濒临崩溃的时刻，张小姐依然没有放纵自己：

张小姐：（父亲进火化炉时）所有人走过去看他，然后我就想，怎么就最后一眼了呢？陪了我那么多年的人怎么就……最后一眼了呢？……但是我觉得我还保存着一点理性……然后想，不行啊，这里人好多。我告诉自己不能哭，不能让他们看到我怎么样……他们说要找人去扶（我），我说不要你们扶，**我又没有事**，我没有事……

回顾张小姐叙事中的五个关键性事件，我编制了表1-1，试图梳理"主动隐藏哀伤"这一主题是如何在张小姐与人互动时、出于何种考虑的情况下，被一步步建构出来的。

表1-1　从临终到葬礼：压抑哀伤

事件	场景	人物	问题	行动/思想	解决
获悉父亲生病时的强装镇定	刚刚知晓父亲身患重病；在病房	张小姐、张父、张母和四五个亲戚	毫无预备的情况下，在众人面前面对在病房的父亲	不想让父母担心，不想让他人看到自己的脆弱	掐自己来保持镇定
一家三口共处时的压抑痛苦	和母亲一起照顾父亲；在病房、在家	张小姐、张父、张母	张母问如果父亲去世了怎么办	心里难受，假装坚强地笑答："没关系。"	留在医院，照顾父母
目睹父亲去世后的没有反应	父亲去世，母亲崩溃；在病房	张小姐、张母和医生	医生需要开死亡证明，让张小姐复印父亲的身份证	焦虑国庆假期文印室不开门	担心母亲，跑到医院外复印
父亲去世后只哭了两分钟	亲戚陆续赶到；在病房	张小姐、张母和亲戚	母亲崩溃	担心母亲，一滴眼泪都没有掉，担心成为"没有依靠"的母女俩	抱住母亲，向母亲承诺会照顾她
父亲进火化炉的"我没有事"	筹办父亲的葬礼和火化；父亲要被送进火化炉；在火葬场	张小姐、张母和亲戚	担心张母的情绪；舍不得父亲	选墓地和火化都由张小姐出面；不能在众人面前哭	拒绝亲戚，"不要你们扶，我没有事"

　　张小姐"我一滴眼泪都没有掉！"的叙事，较为完整地呈现了一个年轻子女从父母临终前到最终的葬礼，为何以及如何隐藏自己哀伤的过程。同时，回顾张小姐的叙事，我们可以觉察到年轻子女主动隐藏哀伤的一连串特别之处。

　　首先，父亲、母亲，甚至亲戚，以核心人物的身份出现在了她的叙事结构当中，影响着解决结果。这揭示了要理解年轻子女隐藏哀伤的这一主题，须将这一看似属于个人的决定放到社会情境中，需要考虑"他者"对于哀伤的影响。

其次，虽然张小姐解释说自己形成了"一种很强的自我保护意识"，但是她也不明白为什么自己在目睹父亲去世后，没有像母亲一样崩溃大哭。客观上说，也正是因为这一"不伤心"的反应，让她代替母亲承担了治理丧事的任务，间接地为"隐藏的哀伤"这一主题创造了可能。

最后，在现有研究中，参加葬礼或是参与葬礼的筹备工作常常被认为是一个能够协助适应哀伤、完成哀悼的策略，然而张小姐的叙事却与这一研究结论相悖——也就是葬礼不仅没有协助宣泄哀伤情绪，反倒成为塑造"隐藏的哀伤"的一个场景和动力。

上述"不同寻常"的哀伤经验同样并非张小姐独有的经历，而是能够在其他年轻子女的哀伤经验中产生共鸣。因此接下来，我会引用其他参与者的叙事，响应上述主题，以期更深入细致地了解在父母临终到葬礼的过程中，年轻子女为何压抑哀伤。

第一，就**"他者"**与隐藏哀伤之间的关系而言，杨小姐的叙事与张小姐产生了强烈的共鸣。杨小姐，3年前父亲突然离世，她选择压抑哀伤的决定中，参与其中的他者不仅囊括了活着的家人，还增加了已经离世的父亲。

> 杨小姐：我就记得我爸走的时候，我当时回到家，**我一滴眼泪也没掉**，扶着他的棺材时都没掉。我记得那几天里**我就哭过一次**，为什么呢？因为会有哭丧嘛，那一天所有人都

在哭，我就趁着那一天能把自己所有的情绪释放，去哭一下，我妈也在哭。但那两天，我一直告诉自己，"你不能情绪失控，因为爸爸想要看到坚强的小孩儿，**爸爸最讨厌你哭哭啼啼的**"。因为我以前很爱哭嘛，爸爸说话大声一点，我就哭，他就总说我没用，然后那个时候**我就骗我自己**："爸爸不喜欢不坚强的小孩儿。你要乖，你要忍住，再痛你也要忍住，你不能在弟弟面前……**就这么不坚强，那他们怎么办**。"

可以看到，在年轻子女的叙事中，隐藏哀伤并非只考虑了他们自己内在的感受，而是权衡了自己的哀伤反应与"家庭"，甚至是"家族"之间的张力关系，比如考虑如果表达了真实的哀伤会造成何种影响。类似这种"他者"对于个体哀伤经验的影响，在西方研究中仍然是被低估的，西方学者已将哀伤经验建构成了一个高度个别化的历程，也就是丧亲者应当有自己的哀伤权利，包括有权决定自己对丧亲的不同态度。而在与西方文化存在较大差异、更推崇集体主义的华人社会，哀伤并非是独立的，而更具有关系性和相互依赖性。在本研究中，年轻子女叙事中反复出现的"他者"也支持了哀伤具有关系性特征的这一假设。

第二，就"**不伤心**"的哀伤反应而言，实际上，因为听到父母逝世消息后或在葬礼上哭不出来，而认为自己很"奇怪"的并非只有张小姐一个人。**曹先生**，1 年半以前父亲因肝癌晚期去世，是我的第 26 位研究参与者。当父亲最开始查出肝癌晚期时，医生就说他很可能熬不过端午节，因此曹先生在端午节以及之后的治疗过程中都十分紧张。而就在曹先生即将大学毕业的前夕，他突然在早上四点接到了母亲的电话："你快回来，你爸快不行了。"
当曹先生匆忙办理离校手续、收拾行李、赶飞机的整个过程中，
母亲也都是说"情况还好、还好"。但当他下飞机后，来接机的
表哥不小心说漏了嘴，原来父亲"早上十点左右时，就已经快不
行了"。赶到家后，曹先生说自己哭不出来，甚至因此对自己和
父亲之间的感情产生了"自我怀疑"：

> 曹先生：我回家见到我爸躺在那里的时候，我没有哭，我
> 不知道为什么哭不出来……嗯，就很想哭，就在穿孝服的时候，
> **我觉得我他妈这个时候应该哭的，但是我就是哭不出来。**我不
> 知道为什么是这个样子……我现在都没有想明白我怎么可以这
> 个样子……我说，哭不出来难道是因为我以前跟父亲的关系没
> 有那么亲近吗？嗯，就……其实我觉得也不会，因为这件事情
> 也哭过不少次，对……真到那个时候反而哭不出来，我觉得很
> 奇怪，**就是会有一点自我怀疑。**

要解释这个年轻子女自己都觉得很"奇怪"的反应其实并不
复杂，理查德·拉扎勒斯（Richard Lazarus）与苏珊·福尔克曼
（Susan Folkman）建构的认知压力理论为我们提供了一个可能的理
解。这一理论将亲人的死亡视为压力源，哀伤反应则被理解为"面
对压力时的反应症状"。当父母丧失打破年轻子女原有生活的平
衡时，所造成的压力远远超过他们能承受的负荷，此时"逃避"
只不过是子女在面对强大冲击时的一个再正常不过的反应。而借
由逃避表现出的哀伤反应，又分为否认和抑制。

如果我们采取认知压力的视角，年轻子女在得知父母死亡消息时的"不相信"和"不伤心"，其实是他们在否认死亡、抑制哀伤，也就是面对压力的正常反应。当我们把这一反应进一步放置到社会情境中时，当父母一方去世、另一方崩溃，在原有的家庭系统陷入瘫痪、家庭面临危机的状态下，虽然年轻，但是将近成年或已经成年的子女很有可能无意识地将自己原本崩溃的哀伤"隐藏"起来，并自动补位，肩负起治理丧事的角色，以此维持自己的情绪、整个家庭系统，以及丧事治理的正常运转，而这样的解释也符合家庭系统理论，并再次支持了上一部分"他者"参与到年轻子女隐藏哀伤之中的发现。

第三，就"**葬礼**"与隐藏哀伤之间的关系而言，沈先生的叙事也与张小姐产生了强烈的共鸣。**沈先生**，3 年前父亲因主动脉夹层突然去世，是我的第 14 位研究参与者。他告诉我，当时医生为父亲安排了三天后的手术，但在第三天的中午，正当他给父亲喂午饭时，父亲吃到一半，"就不太好，就突然……不在了"。沈先生那几天并没有预料到父亲的病如此严重，"还挺乐观的"。而当父亲去世后，沈先生只是在医院哭过，之后就"特别麻木"。

　　我：那个麻木是什么感觉？

　　沈先生：就觉得所有的……当时不是要**处理那些事情**嘛，我应该也是有一份责任在里面的，所以就要去做一些事情，要帮助招呼客人之类的，就那样跟着走。后面那几天，**其实我应该是没有怎么哭的**。我哭，可能就是回到学校之后……我同学说，说我在睡觉时……睡梦中痛哭。

我：当时（在葬礼上）是什么让你哭不出来？

沈先生：你看，就是其他人都在哭。然后我觉得……我就觉得那个事情（葬礼）总要进行下去吧，**那总得有一个不哭的人**，总得有一个清醒的人吧，所以就强迫自己，把自己的这种情绪往下压。

葬礼对丧亲者宣泄哀伤情绪可能产生负面功能这一点，在主流哀伤研究中少有探讨。有学者认为，葬礼除了埋葬逝者遗骸的功能之外，也承担着分离和整合的心理功能，认为葬礼一方面借助仪式在社区中宣告逝者的死亡，为丧亲者提供发泄情绪的场合，为结束与逝者的关系创造机会；另一方面也被用来维持原有的社会秩序，并向丧亲者确保世界仍然会正常运转。还有学者把葬礼理解为个体在死亡经历中找寻意义的一种努力，认为葬礼实际上是在向丧亲者保证，即使是面对死亡，逝者的生命依然存有意义。但与这些学术理论的假设相反，在年轻子女的叙事里，葬礼似乎没有办法实现上述协助适应丧失的功能，繁重的治丧任务反而促使这些子女必须以葬礼为先，隐藏对于完成任务没有益处的哀伤，暂停真实哀伤情绪的宣泄。

基于上述，我绘制了图 1-1，实时总结了已有的研究发现。

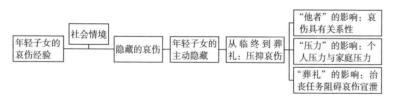

图 1-1　已有发现的实时总结

（二）葬礼过后，面对家人的避谈哀伤

在中国，丧亲者在葬礼结束后的哀伤经验犹如迷思（myth）一般存在着：心碎后，你们接下来的生活怎么样？现在是否还在想念他／她？是否依然还会难过、流泪呢？……而无论是在现有研究或实务资料中，都很少谈及这些问题的答案。

在与年轻子女对话时，我发现避谈哀伤的界限不仅止步于社群，更囊括了其核心家庭。事实上，绝大多数的年轻子女即使面对家人，尤其是另外一位父母时，也极少分享自己的哀伤。在这一意料之外（也让人担忧）的发现中，中西文化的差异性再一次显现出来：即使面对家人，这些年轻子女也很少会开诚布公地告知自己的哀伤感受，因此葬礼之后，他们的哀伤在家人面前依然是"隐藏的"。

1. 为他者考虑的不说

陈小姐，父亲 2 年前因肺癌去世，是我的第 10 位研究参与者。在她大三的那年，父亲被诊断出了肺癌。家人在集体商议后并未告诉父亲实情，但也进行了积极的治疗：住院、吃中药调理，甚至去算了命，"有很长的一段时间，我们都觉得，他（父亲）应该可以这样拖下去"。但是一年后，父亲的病情突然恶化。陈小姐立刻向当时实习的机构请假回家，帮母亲一起照顾父亲，但最后父亲还是去世了。尽管当时陈小姐尚未大学毕业，没有稳定的收入来源，但就像张小姐一样，她理所当然地把自己视为母亲的照顾者，"我当时心里的感觉就是，以后妈妈一定要靠我照顾，我们家只有我一个了……"相较于母亲哭到崩溃的反应，陈小姐

也说自己只痛哭过一次，其余时间大体上都是正常的，"只是话比平常说得少一点"。

父亲的葬礼结束后，陈小姐在家待了几天，很快就回去继续实习了。而小姨在电话里告诉她，留在家里的母亲会无缘无故地哭起来，不愿意主动地和别人打交道。之前陈小姐还在家时，阿姨会叫她们母女俩一起吃饭，但当她离开后，母亲就不再和阿姨一起吃饭了，每天就是自己一个人在家吃。正是因为听到母亲这些强烈的哀伤情绪，陈小姐决定尽量避免在母亲面前提到父亲，甚至连她回到老家去墓地看望父亲时，也是单独一个人去，没有告诉母亲。

> 陈小姐：我是一个人去（墓地）看（爸爸），如果妈妈去的话，一定会在那边哭得一塌糊涂。
>
> 我：你为什么不想告诉妈妈呢？
>
> 陈小姐：也不是不想告诉她，是怕我告诉她之后，她又想起这件事。所以我现在比较**有意识地在她面前少提爸爸的事**。可能我觉得时间还不够久吧，要等到她可以比较平静地接受这件事情，不会这样一提到就哭得停不下来。

这样在母亲面前"隐藏哀伤"的结果是，在父亲去世后的第一个春节，当陈母和陈小姐两个人一起去墓地探望父亲的时候，陈母小心翼翼地问陈小姐："爸爸走了，你是不是不伤心？"原来在母亲的眼中，陈小姐"看起来还是正常的，不像一个没有爸爸的女儿"。陈小姐当时有点生气了：

陈小姐：当时（我）就问她（母亲），你想要我怎么样？你觉得我不伤心，那是我自己故意装出来的。**你想要我什么事都不做，也在那里哭？**如果我还特别特别伤心，控制不住的话，那我们家到底靠谁？我们家就要这么一摊烂泥一样，就这么下去吗？我爸希望看到这样的情况吗？我也不知道是不是我的心比较硬还是怎样，就是觉得既然已经在客观上接受我爸走了这个现实，**那我最应该做的，不就是照看好现在还在的人吗？**后来她（母亲）也觉得自己糊涂了，怎么会问这样的问题。

表1-2　面对家人：为他者考虑的不说

事件	场景	人物	问题	行动／思想	解决
与母亲的"零"哀伤沟通	父亲去世后和母亲的互动	陈母、陈小姐	母亲陷入崩溃	避免刺激母亲	在家里避讳提到父亲
父亲去世后迅速恢复正常生活	父亲去世后	陈母、陈小姐	父亲去世，家里失去了支柱	既然接受了父亲去世的客观事实，就要照顾好活着的人	代替父亲照顾好母亲
面对母亲隐藏哀伤引起的误会	父亲墓地前	陈母、陈小姐	母亲认为陈小姐对于父亲的去世并不难过	感到委屈	和母亲澄清自己表现的原因

回顾陈小姐的叙事，详见表1-2，可以清晰地看到，陈小姐没有跟母亲分享过自己的哀伤，她主要的考虑是试图照顾因丧夫而崩溃的母亲。但实际上，陈小姐并没有表面上看起来那么"不伤心"，她告诉我，在看到一些和父亲十分相像的人时，她也会因为思念而止不住地哭泣。但这些情绪，陈小姐自始至终都没有和母亲提起过。

陈小姐：电影《相爱相亲》里那个三口之家。那个女儿不像他（陈父），是那个爸爸特别像，也是那种脾气特别好的，很像他。**我就从头哭到尾**，一看到那个爸爸的角色出现，我就开始哭。人家都在那里笑，因为这部电影没有讲太多亲人过世的情节，别人都在那里笑，我在那里……因为票基本卖完了，我买的是倒数第二张，在最角落的位置……有时候在街上看到一个人，身材比较像爸爸，我就像按了一个按钮一样，哭出来了。

由于考虑到母亲的哀伤状态，陈小姐决定避免谈及自己的哀伤，这一逻辑再一次印证了我们所提出的，年轻子女的哀伤强烈受到他者的影响。引用其他年轻子女的叙事，"不说"现象的另一面是，年轻子女会因为不想让他者担心自己而选择隐藏哀伤。背后的动机直接来源于中国传统文化中一句常常用来指引家人分享的俗语准则，也就是"报喜不报忧"。沈先生就这样向我解释为何他从未将自己的哀伤告诉母亲：

沈先生：但你不会想要把……**报喜不报忧**，就是你所烦恼的事情，是不会去跟母亲讲的。对，她没有办法支撑你。也不是没有办法支撑吧，就是……这个事情，你跟她说了，她的那种担心让你觉得有时候挺内疚的，所以就多一事不如少一事。

然而，无论是因为担心家人的状况而选择隐藏哀伤，还是因为担心自己真实的哀伤会让家人担心，这两者其实并无实质性区别，都体现了"他者"在年轻子女分享哀伤与否这一主题上有着关键性的影响力。

2. 为自己考虑的不聊

王先生，父亲 4 年前心源性猝死，是我的第 8 位研究参与者。那一天的上午，王父还打电话给王先生，问："你晚上准备吃什么？"但到了中午，王先生却突然接到了一个电话，被告知父亲快不行了。而一个月前父亲还进行了体检，结果显示一切正常。王先生事后试图了解父亲去世的原因，但这需要尸体解剖才能定性，"后来因为各方面原因，还是放弃了，没有进行解剖"。虽然王先生说，自己接到电话时完全不能接受父亲病危的消息，"第一反应就是，这不是真的吧？应该是一场梦吧？然后可能就一直是这么一个……这么一个状态吧……就觉得这一切不是真的"。但即便如此，像张小姐一样，王先生同样没有"允许"自己沉浸在哀伤中，而是有意识地压抑自己。王先生说，直到父亲出殡、火化、下葬、立完墓碑等一系列治丧程序走完之后，自己才慢慢意识到原来父亲真的去世了。在我们的对话中，王先生明确地告诉我，他花了一年零四个月的时间，将最开始"愤怒、震惊"的痛苦转化为正面的情绪。当我们聊到面对哀伤以及跟母亲的互动时，王先生这么回答道：

> 王先生：**极少聊到**……因为以我的角度，**我不会主动提这个事情**，我妈也不会主动提，那这个事情肯定聊不起来。

　　我：但是妈妈那个时候应该有很多情绪吧？

　　王先生：应该会有吧，但是可能那个时候**我自己的情绪都没有处理好**，当时可能没有……没有更多的空间容纳她的这种情绪……那一段时间的话，（母亲）情绪肯定就是崩溃，就是一直哭嘛，什么事情也不理，什么也不知道，就这么一个状况。身体其实倒还好，身体上没有发生严重的问题，主要是精神上。然后慢慢地，肯定也就（是）时间嘛，慢慢就调整过来了。但她是如何调整过来的，我就不得而知了，也许她用了她的方法，或者有什么其他的（方法），**我也不太清楚**。

　　杨小姐在这一主题上的叙事和王先生非常相似。三年前，杨小姐凌晨三点多在睡梦中被姨妈的电话吵醒，被告知父亲"走"了。"当时接到电话的时候，我蒙了，整个人都蒙了。我不敢说他死了，我只说离开人世了，我一直问他是怎么回事，他是不是以后不能说话了？"杨小姐清楚地记得自己把这个问题重复了十几遍，但是姨妈"为了用这样的词来让自己心里好受点，或者不敢接受事实"，只是不断用"父亲走了"这句话回答她。事后杨小姐才知道，原来父亲那天晚上和母亲吵了一架，之后就说心口疼，去了离家不远的医院。当时看病的人多，急脾气的父亲不愿意排队挂号（杨小姐也猜测素来节俭的父亲是心疼钱，小病总是愿意忍），转身要走，谁知道他一转身就晕倒了。大姨父马上把父亲背到其实只要两分钟就能走到的抢救室，但医生说已经无法抢救了。

　　因为杨小姐的家乡有保留全尸进行土葬的传统习俗，于是"当时连什么原因都不知道"，家人直接找车把父亲的遗体运了出来。

学过几年医的杨小姐也只能根据父亲以前说会胸口疼，猜测他的死因是心梗。杨小姐告诉我，**父亲去世后的两年里，自己基本上是蒙的**，浑浑噩噩地过日子。而这样的情况，杨小姐从未告诉过母亲和几个弟弟，原因是她想要先处理好自己的哀伤：

> 杨小姐：我有情绪，**我有悲伤情绪**。我遇到事情了，我不把我的悲伤情绪转化给你们，**但是你们也不要来打扰我**，让我自己去处理好吗？对，然后我现在发现，他们也会有自己的悲伤情绪，但是他们并不希望是"噢，我是自己去处理的"，而是希望有家人在那里，（在）身边，去陪你一起处理这个东西，哪怕去发现问题……因为像我爸爸走的那两年，头一两年，我是没有回家过年的。我就纯粹是自己不想回去，不想看到那种悲伤，**我知道我妈很难过，我也知道我弟弟他们很难过**，可是我就是完全考虑不到一家人在一起什么的。那个时候，更多的时候，**我会考虑的是我失去了父亲**。然后呢，我很难过，我要自己去怎么怎么样。我不要回到那个家去，看到那个伤心的地方……但是到现在为止，大家都好像能直面这件事情，噢，他走了，但是每个人的内心深处，都把自己的悲伤隐藏起来了。

表1-3　面对家人：为自己考虑的不聊

事件	场景	人物	问题	行动/思想	解决
与母亲不聊父亲和自己的哀伤	王先生在父亲去世后和母亲的互动	王先生和母亲	母亲最初情绪崩溃；王先生的情绪也没有处理好	没有空间容纳母亲的哀伤	不主动提起父亲，避免聊到哀伤

事件	场景	人物	问题	行动/思想	解决
躲避家人，独自处理哀伤	杨小姐在父亲去世后和家人的互动	杨小姐、母亲和弟弟们	每个家庭成员都在经历哀伤	希望先单独处理自己的哀伤，彼此不打扰	过年不回家，避免触景生情；先处理自己的哀伤

梳理了王先生和杨小姐的叙事结构（见表1-3），我们可以看到与"为他者考虑的不说"不同的是，在"为自己考虑的不聊"之中，年轻子女有意识地优先选择了"自己"，也就是此时的"不聊"是他们应对个人哀伤的策略："**我自己的情绪都没有处理好，没有更多的空间容纳她的这种情绪**"（王先生）、"**我不把我的悲伤情绪转化给你们，但是你们也不要来打扰我，让我自己去处理好吗？**"（杨小姐）。而需要先澄清的是，"为自己考虑的不聊"这一发现并不意味着"他者的影响"被推翻，恰恰相反，这样的多元现实能够帮助我们尽可能详细地描绘年轻子女哀伤现实的整体样貌，而且正是因为发现了"为自己考虑的不聊"，我们才能够感受到年轻子女在哀伤经验中的**主体性**。

3. 简单对话中的轻轻带过

尽管面对家人时，年轻子女在绝大部分时间里都尽量避免谈及哀伤，但在与他们的对话中，我发现他们还是留下了一条"门缝"，那就是在简单对话中轻轻带过。

金小姐，父亲半年前因心脏病手术感染而去世，是我的第29位研究参与者。最开始金父因为心脏病转院去另一个大城市治疗，虽然手术很成功，但术后恢复却很不理想，"整个身体的机能都在下降"。在"拖"了两个月后，父亲再一次因为未知的细菌感染引起发烧，这一天晚上，医生对已经意识不清的父亲进行了电击，"就是留了一口气"。第二天，医生把她和妈妈叫去医院，建议她们"如果想回家的话，就可以回家了"。而金小姐在此之前始终觉得，"如果说可以治的话，我还是愿意一直给他治下去"。于是，她马上就追问医生，"我说如果……我们想在这……继续治。然后那个哥哥（医生）就……因为也相处了两个多月嘛，就又跟我说，他说，**就是可以回家了**，然后我就明白了他的意思（哽咽）"。陪父亲治疗的两个月，虽然不断在医院和住所之间来回奔波，不断接到父亲的病危通知，但是金小姐用了"挺有奔头"这样颇为积极的词语来形容自己。父亲去世后，虽然金小姐也说自己和母亲仍然留有许多遗憾，例如父亲没有留下最后的遗言，但是当我问及是否尝试过和母亲聊起这些时，金小姐却告诉我，自己只是"轻轻带过"和父亲有关的话题，并且也不想和母亲聊这些。

我：那妈妈有跟你讨论过爸爸离开这件事情吗？

金小姐：**没有很正面地讨论过**。

我：什么样叫正面？

金小姐：不会很认真地说，坐下来，我们聊聊这件事情……可能生活中的一些点，原来有他（父亲）的时候是这样的，然后现在没有他则是那样的。比如说，原来都会有人去接我妈上下班，我爸会去接她，但是现在没有。有的时候就突然说到这个点，就会讲一下。

我：那你们聊到他的时候，两个人的感觉是什么样子的？

金小姐：嗯，都不会表现得特别难受或者怎样，都比较照顾对方的情绪。可能，就像我们俩在看电视，电视剧里就刚好演到这种类似的情况，**然后就是我看看她，她看看我，也没发生什么事情，就接着看下去了。**

…………

我：我觉得很好奇的一点是，在我做过的访谈里，其实很多人不会跟家人去聊，但你刚刚又说，如果再来一次的话，还是不能聊。我就很想知道，是什么阻碍了我们，让我们都不去说这件事情？

金小姐：**不想让大家都很痛苦吧**（哽咽），觉得如果说了的话，可能也会比较痛苦。

因为担心家庭成员彼此的情绪，所以使用浅尝辄止的话题聊起逝去的亲人，这样的发现在曹先生和母亲的哀伤互动上也得到了确认：

我：你跟妈妈，你们在爸爸离开之后，你们两个人有一起聊过吗？聊过爸爸吗？

曹先生：特别专注这个主题的聊天，没有，基本上没有。一般都是平常聊天的时候带一下。比如说，呃，我平常比较爱喝酒（笑），因为我爸也是嘛，然后有时候我妈就会调侃一下说："**跟你爸一样，一天到晚就知道喝酒。**"嗯，对，**就主要是生活中可能会提一下**，但是专门去谈，好像没有……而且可能觉得专门谈的话，两个人的情绪都会绷不住。

表1-4 面对家人：简单对话中的轻轻带过

事件	场景	人物	问题	行动／思想	解决
金小姐不会正面聊的哀伤分享策略	父亲去世后和母亲的互动	金小姐和母亲	电视剧里播出了亲人去世的情节	不想让大家痛苦；不会表现出难过	金小姐和母亲彼此对望，不说话，等待时间过去
曹先生担心彼此情绪的哀伤讨论动机	父亲去世后和母亲的互动	曹先生和母亲	没有专注地聊过哀伤	担心两个人的情绪绷不住	在平常生活中用小话题带过

简单总结一下年轻子女在葬礼后面对家人的哀伤经验。首先可以清晰地看到，他们的哀伤在绝大多数时候仍然是隐藏的，而且这一决定也是他们主动做出的。但是在这种情境下，与"从临终到葬礼"的情境相比较，一方面"他者"依然对年轻子女的哀伤经验有明显的影响，另一方面，此时个人和社会情境的影响因素也开始增多了：既出现了能够体现年轻子女"主体性"的主动不聊，也出现了能够体现"家庭因应"的回避策略。

基于上述，我绘制了图1-2，实时总结了已有的研究发现。

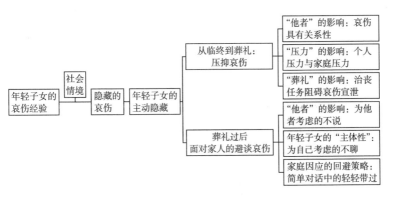

图1-2 已有发现的实时总结

（三）葬礼过后面对他人掩盖哀伤

当问及有无对其他人真实分享过哀伤时，并不意外的是，年轻子女选择了隐藏。曾有学者用洋葱来比喻中国人的社群分享，也就是像**洋葱的最外层**一样，中国人在普通朋友面前，通常只谈论表面的、外围的话题。同时在华人社会，死亡、丧亲与哀伤这些都属于"不可以放在台面上"的禁忌话题，这就让年轻子女在面对他人时，不知该如何开口说出自己的伤痛，甚至会掩盖自己的哀伤。

其中，我发现了两类尤其值得关注的现象：第一类现象是，即使正亲身经历着哀伤的痛苦，绝大多数年轻子女也不会将这一情况和身边的人分享，或寻求帮助；第二类情况则是，当身边的朋友恰好谈论到和父母有关的话题时，许多年轻子女会用谎言或是模糊的回答予以回应，刻意掩盖自己的哀伤。如果说前者代表的是年轻子女采用"回避"的策略，不主动提起自己的哀伤，但其他人仍然可能知晓或是关心他们的哀伤适应状况；那么后者就意味着，年轻子女在用"躲藏"的策略来掩盖哀伤，身边的朋友、老师、同事，甚至是社会工作者，从头到尾并不会知道真正困扰年轻子女的痛苦究竟是什么。

1. 回避策略以避免分享哀伤

严先生，6 年前父亲因脑梗突然去世，是我的第 27 位研究参与者。严先生上大学一年级时，父亲某天晚饭后躺在床上休息，突然口吐白沫。母亲立刻拨打了 120 急救电话，将父亲送到了医院。医生为父亲进行了静脉注射，"当时大家觉得应该没有什么太大的问题"。但出人意料的是，父亲仅苏醒过一次，然后便陷入了重度昏迷，被转诊到了市三甲医院的重症监护室。当时医生诊断父亲为"脑干血管严重堵塞，堵了大约 4/5"，无法进行任何治疗。当天凌晨四点半，严先生接到了二姐的电话，"那时候感觉我爸可能坚持不下去了，然后因为我是我家……Sorry（严先生哭了）……唯一的儿子，要让我爸见我一面"。当时他身上只有大约 200 元钱，假也没有请，就立马奔去火车站了。重症监护室每天的花费约是 7000 元，"我家又坚持了大约四天时间，就坚持不下去了，就放弃了"。于是家人将父亲接回了家中，而在家里，繁重的护理任务也让一家人很疲惫，基本上没怎么休息，"所以内心有一种想法是，我想尽快地结束这一切，但是又希望能够挽留住父亲，可又无能为力，就很痛苦"。两天后，父亲去世。当我和严先生谈起这六年来他如何处理这些痛苦情绪时①，他这么回答我：

　　我：那这六年里，你是怎么一步一步去处理自己那些痛苦情绪的呢？

　　严先生：嗯，写日记。因为这些东西，我觉得**我不会跟普通朋友讲**。嗯，对，**很好的朋友我也不会去讲**。我在大学期间应该只跟一个朋友讲过，嗯，是我大学的同班同学，因为我去过他家一次，当时他父亲应该是受了点工伤，做完手

---

　　① 严先生是极少数在我面前毫不掩饰地大声哭泣的男性研究参与者，也是这一点让我对他记忆深刻。

术卧病在床。我看到他家的那种拮据（状况），我知道我们**是同一个世界的人**，我知道（那种）痛苦他能懂，我跟他讲，我在他面前流过泪，我在他面前喝醉，我在其他人面前从来（没有说过）。

我：所以其实到现在为止，你的同学里没有人知道你的事情？

严先生：我觉得有些人可能知道，但就是说，大家会感觉，嗯，这可能是比较忌讳去聊的一个事情，对吧？所以大家可能不会说，我不知道他们在背后会（不会）……但是至少当着我的面，应该不会touch（触碰）这个东西，基本的礼貌，对吧？

如同严先生提到的，无论是面对普通朋友还是亲密朋友，他的哀伤都是隐藏着的，除了一位被他认为是"同一个世界的人"的朋友曾经得到过许可的"通行证"。事实上，许多年轻子女的经历是极其相似的。沈先生也告诉我，当他赶回老家，料理完父亲的丧事后再次返回学校，他也不会和身边的朋友谈起自己经历了什么，而唯一一次例外，也是因为朋友恰好同样有父亲突然身患重病的经历。

我：所以你从来也没有跟朋友讲过这件事？

沈先生：对，回去之后没怎么讲。后面的话是，嗯，就是因为有一个朋友，他爸爸是那个，**也是脑出血**。我们的关系特别好，他后面知道这个事了，有一次就叫我去喝酒了，就这样。

即使选择倾诉的对象不是同样经历过父母丧失的"同类"，

年轻子女通常也会慎重地选择将哀伤说出口的对象。王先生就告诉我，即使已经可以正面转换自己的哀伤情绪（也就是过了一年零四个月之后），他也最多只愿意和"至交"谈起父亲离世的事情。

王先生：一年后的话，看情况，如果是至交的话，聊这个事情，我可能会跟他去说一下，但如果不是至交的话，可能也不会多说。

我：是什么原因让你觉得还是不要说比较好？

王先生：因为我觉得这是我**个人相对隐私**的一个问题，你跟我也不是很熟，或者你没有进入到我**内心的核心圈子**里来，我为何要跟你说？这就如同讲你有多少家产，或者一些隐秘的事情，如果不是你的核心圈子的话，你何必跟他讲？一样的道理。

表1-5　面对他人：回避

事件	场景	人物	问题	行动 / 思想	解决
严先生只和有同样经历的朋友分享过	父亲去世后和朋友在哀伤分享上的互动	严先生、父亲也受过工伤的朋友	严先生六年里的确也因父亲的突然离世而痛苦	"我知道痛苦他能懂"	在这个朋友面前流泪、喝醉过
沈先生只和有同样经历的朋友聊过	父亲去世后和朋友在哀伤分享上的互动	沈先生、父亲脑出血的朋友	沈先生返校后没怎么和朋友说过	他的父亲"也是"生病了	和这位朋友喝酒，讲述父亲的事情
王先生慎重选择分享对象	父亲去世后和朋友在哀伤分享上的互动	王先生、至交	王先生在哀伤调整后的分享标准	丧亲是隐私；分享对象是否进入了我的核心朋友圈	点到为止的分享

2. 躲藏策略以假装父母健在

在中国的文化情境之下，如果说面对家人时年轻子女会选择避谈哀伤是"情理之外"的话，那么面对非亲非故，更不是生活核心圈的他人时，他们会选择避谈哀伤就是"意料之中"了，是合乎中国文化的"人情世故"。就像严先生所相信的，"在公开场合很不适合被谈论"。在某种程度上，年轻子女的叙事告诉我们，这样的"回避"策略是被他们所接受的，是个人有意识的选择（但这一结论必须放置在他们当下所处的社会情境中来理解）。然而在得出这样的结论之前，我们需要更加谨慎地探索这一现象。也就是在面对他人时，此时此地是具有双重面向的：年轻子女所面对的不仅仅是哀伤情绪分享与否的主题，还有他们是否会**诚实地响应父母健在与否**的议题。

冯小姐，8 年前母亲在长期治疗后去世，是我的第 9 位研究参与者。冯小姐小学六年级时，因为医疗事故，弟弟患上了 1 型糖尿病，需要每天注射胰岛素，花费巨大。也正因这种经济压力，父母在她高二时开始闹离婚，父亲将弟弟带去他做生意的城市，而两个月之后弟弟去世。"我记得很清楚，我刚到高二暑假的时候，我妈妈就病倒了。"

母亲一开始是在县医院治疗，但是医生查不出病因。"那时候就已经没有钱了……我爸爸已经不理我，那时候我找不到我爸爸，联系不到他"，当时年仅十多岁的冯小姐只能找亲戚借钱，但几乎没有人借钱给她，唯一例外的只有外公。当时冯小姐拿着外公给的几万元，带母亲到 DO（冯小姐家乡隶属的市级城市）的医院继续治疗，然而直到母亲最后去世，病因始终不明。治疗了两个多月后，一天中午，"当时我就想说，我们可能还要住一段时间，然后就是各种各样的，给她（母亲）买一些生活用品什么的"，然而母亲开始神志不清，医生判断她已经撑不到第二天了。

于是当天晚上，还只是高中生的冯小姐只能向亲戚们求助："我应该怎么办啊？我妈已经神志不清了。"亲戚让她找车把母亲送回老家，而母亲最后是在车上去世的。冯小姐说，母亲临终的时候已神志不清，所以看起来很平和，至少不是很痛苦。

冯小姐将母亲的离世形容为内心的地震，虽然地理意义上的余震可能过了一两年就会停止，"但是我们这种类型的，永远都会，就是你一触碰它就会、就会起来"。而对她而言，最容易触发内心余震的情境是她被邀请去家庭美满的朋友家做客，"因为别人太幸福了。我去跟别人聊，然后就会被问到，你妈妈怎么样啊？"于是为了应对这些问题，冯小姐建构出了自己的回答策略：

> 冯小姐：比如说我跟别人打交道，别人可能出于对我的关心，就会问你们家有几兄妹啊？从这一刻开始就已经触动了我，我不知道怎么去回答。像我们这样的人，对于这种情形，可能头一两次不知道怎么处理，而到了后来我就会编一些事情，也不是说去撒谎，（而是）**编一些事情**，有的时候可能会把自己的家庭说得很圆满，就是理想化的那种，**说得很圆满**。

而除了这类**"没有恶意的谎言"**的躲藏策略之外，**"模糊"**的回答也是许多年轻子女会采用的应对方式。曹先生告诉我，当朋友们有时很开心地聊到父亲时，他还是会觉得"缺了点什么"。
于是当我顺着这个话题，问他是否向朋友坦白说过父亲已经去世
时，他回答说：

> 曹先生：不会，没有告诉过别人。
>
> 我：那如果他们问到呢？
>
> 曹先生：会……但是一般也不会具体地问你爸怎么样，只
> 是问你家怎么样。这个时候你会说，就是假装他好像在的那
> 种回答，没有必要点破他不在了。非常正常地跟他讲就好了，
> **不会说他走了这件事**。
>
> 我：是什么让你避开了呢？
>
> 曹先生：没有必要啊，大家各有各的生活。其实人跟人
> 之间，我感觉，**不会太理解**，不会太互相理解。你跟他们说，
> 其实也没有什么用。虽然你也不指望能在他们这边得到什么
> 回应，但没必要……就是没有必要。

何小姐甚至告诉我，无法将丧母这个现实说出口已经成为她
的困扰。当何小姐从学校请假回老家，处理完母亲的葬礼后，她
没有把真实的请假原因告知室友和身边的同学；而当面对朋友，
甚至是之后开始交往的男朋友，她也始终说不出"母亲已经离世"
这句话。

> 何小姐：我妈去世的时候，当时我请了半个月的假。但
> 是当我回到学校之后，连我舍友、我身边所有的人，**我都没**

有说是因为这件事情……然后，包括我在这之后再认识新的朋友，大家肯定会在无意之中讨论到自己的家庭，**我也从来没有说过我妈妈去世了**……即使我后面有……就是交男朋友之后，我也没有对我的男朋友说这件事情。对，虽然我现在跟他分手了，但在当时我们相处那段时间，我也没有对他说过这件事情……到现在也是，其实我觉得我以后步入婚姻那个阶段，总有一天对方会知道的，**但这个话我就是说不出口**。所以我觉得，我怎么样能对人说出这个话，**是我需要迈出的一步，需要走出来的一步**。

表1-6　面对他人：躲藏

事件	场景	人物	问题	行动/思想	解决
冯小姐面对他人提问时"没有恶意的谎言"	母亲去世后和朋友在哀伤告知上的互动	冯小姐、他人	因为他人关于家庭的提问，内心被触动	"我不知道怎么去回答"	编一些谎言，将自己的家庭说得很圆满
曹先生模糊地回答他人的提问	父亲去世后和朋友在哀伤告知上的互动	曹先生、朋友	因为朋友谈到父亲而触动	相信人与人之间无法感同身受	模糊回避丧父事实
何小姐说不出口的丧母事实	母亲去世后和朋友、恋人在哀伤分享上的互动	何小姐、朋友、男朋友	长时间请假回家处理母亲葬礼；交往了男友	不知道为什么始终说不出口	认为这是自己走出丧母事实的重要一步

基于上述，我绘制了图1-3，实时总结了已有的研究发现。

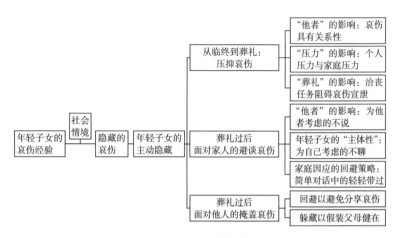

图1-3 已有发现的实时总结

二、社会情境在子女经验中的参与构建

经常被学术研究忽略的是，社会情境在个体的哀伤经验中，并非仅是充当背景板一般的消极参与；恰恰相反，根据年轻子女的哀伤叙事，实际上社会情境也在配合、引导甚至教导着他们将哀伤"锁在柜子里"。与年轻子女的哀伤对话，填充了社会情境在此时此地的两个关键性组成：**家庭和同辈**。也就是说，即使在隐藏哀伤这样一个看似年轻子女主动选择的叙事中，他们身边的家人和同辈也在以或隐蔽或公开的方式，对他们选择哀伤的表达做出"**干涉**"，进而参与到了"隐藏的哀伤"的建构中。

（一）避讳公开哀伤的家庭

1. 家庭从告知死亡开始的隐瞒

和张小姐类似，尽管许多子女在父母离世时即将或业已成年，但是家庭却从一开始就选择隐瞒消息，甚至一些子女是在葬礼结束后才被突然告知父母已经离世。而这样从告知死亡开始的家庭隐瞒氛围，让很多子女在哀伤过程中，"在家里避讳去表达你非常负面的情绪"（褚小姐），继而决定隐藏哀伤，独自面对。

褚小姐，5年前父亲因肝腹水后期去世，是我的第11位研究参与者。褚父之前长期患病，最开始是肝硬化，之后发展成了肝腹水；但是在父亲离世的全过程中，最让褚小姐难以接受的并不是年少丧父，也不是父亲不愿意让女儿们见到自己临终时的病容，而是母亲和其他家人共同把父亲已离世的消息隐瞒了两个多月。

关键事件1：家里所有人一起编借口

5年前，过完元宵节后，褚父前往北京动手术；当时陪同他的是二伯，"告诉我们，说（手术）效果还不错"。手术之后，父亲没有直接回YI（褚小姐家所在的城市），而是返回了IL（褚父的老家）。紧接着，突然有一天，母亲在未告知褚小姐和妹妹的情况下，坐飞机去了IL，"然后很久没有……就没有回来"。之后，当母亲回到YI后，也没有说当时在老家发生了什么。

> 褚小姐：家里所有的人，包括妈妈、奶奶、伯伯什么的，比如你打电话回去（老家），就会有各种各样的借口，跟你说（爸爸）不方便接电话或者怎么样，就是联系不上，就是不告诉你这个消息……所以我和我妹妹可能是到了这件事发生两个多月以后，才知道这件事（父亲已经过世了）。

关键事件 2：母亲扛不住了最后告知

事后过了很长一段时间，褚小姐才知道原来当母亲赶回老家时，父亲的病情恶化得很快，一直在输液，整个人非常消瘦，皮肤严重水肿到一蹭就会破。母亲说当时之所以全家人一起编借口，是因为"我爸爸的个人意见，我爸并不愿意让我看到他那个样子"。然而当母亲在老家处理完了父亲的葬礼，回到 YI 之后，仍然没有立刻将父亲去世的消息告诉女儿们。直到又过了一个多月，同时要面对女儿们不断地追问和处理自己丧夫的哀伤，有一天母亲终于扛不住了，"她也觉得这样下去，以后也不合适"，于是在某一天的中午突然把实情告知了女儿。

> 褚小姐：嗯，怎么说呢，因为这件事情是没有办法瞒下去的。如果一直打电话一直问……打电话联系肯定是联系不到人嘛，联系不到，**你就会反复去问**。然后她自己，相对于我们来说，其实她跟爸爸的感情会更深，她自己也会撑不住。因为我妈那个时候，**她的负担反而很重**，自己首先要面对这样的事情，然后去面对我和妹妹去追问她这样的结果。所以她最后其实是……**我觉得我妈扛不住了**。她也觉得这样下去，以后也不合适。然后，所以，就是可能是……她就在某一个中午突然扛不住了，然后跟我们说。

关键事件 3：哭着上学却说不出口

褚小姐最开始难以相信，"怎么说呢，有些事情当时是觉得，我没有见到就不愿意相信"，另一个反应就是难过和难受。那天中午，褚小姐和母亲、妹妹三个人一起在家里哭了两个多小时，但即使情绪没有完全平定，褚小姐依然回学校继续上学，"最后在公交车上也一直哭，哭到了学校"。而当语文老师看到褚小姐哭得这么伤心，过来关心她时，褚小姐却无法开口说出发生在自己身上这样翻天覆地的转变。

> 褚小姐：但是到了学校以后，**其实这种事情我是不愿意，就是跟别人说嘛**，后来平定自己的情绪，接下去上课之类的。对，但其实我记得，我那天中午到了学校以后也是哭得很难受，然后那时候语文老师就过来、过来问嘛，说是谁欺负你啊，然后（我）哭得更惨，**但是也没有办法跟她说这样的情况**。

关键事件 4：家庭中小心翼翼的避讳氛围

虽然说出了丈夫去世的消息，但母亲并没有把事情的经过告诉两个女儿，"最开始的话，当然是只知道这个消息"。而之后，母亲也只有在自己哀恸时，才愿意和女儿分享，"其实她说这些**事情**的时候，往往都是她比较难受，或者比较想要寻求支持，自己觉得不行了的时候才会跟你聊那样的**事情**"。当时母亲回老家时，带着一个手持的摄像机，拍摄了一些父亲最后的影像，但这些影像她也是等到过后很久才愿意给女儿们看。褚小姐告诉我，避讳的家庭氛围让她一方面会有意识地避免在家人面前表达"**负面的情绪**"，另一方面也会敏感地观察其他人的情绪。

> 褚小姐：其他情绪方面的影响，我觉得应该主要就是两

方面，**除了跟家里人避讳表达你非常负面的情绪以外**，还有一种就是，**你会非常细微地去观察她们的情绪**。那个时候就是觉得，嗯，一旦她们不开心或者怎么样的时候，我就会对这种情绪特别敏感。

虽然对家庭（甚至可以说是家族）隐瞒的处理方式很不满，但是褚小姐无形之中习得了避讳态度：在我们对话哀伤的过程中，从头到尾她没有使用过一次"死"这个字，只是分别提及过两次"去世"和"离开"，但却说过 77 次"事情"用来代指。而且，虽然当时褚小姐发现自己承受不了这样巨大的冲击，也曾试图寻找途径去发泄"这种情绪"，很希望能够"找人聊一聊这种事情"。但是她下意识地排除了家庭这个选项。

> 褚小姐：包括妈妈、妹妹什么的，因为这件事本身对于她们来说是一件很悲痛的事情，你去跟她们分享"我觉得我接受不了"，那她们怎么办？她们要顾及你，那她自己的情绪可能就没有调整好。所以这是没有办法跟家里人说的原因。

在面对朋友时，褚小姐同样也将哀伤视为一种负担："我觉得可能告诉她们，也是给她们增加负担。"对于刚上高一的她来说，家庭和学校就构成了社会支持系统的全部。于是到了最后，和其他的年轻子女一样，褚小姐选择主动隐藏哀伤。而她仅两次表露过自己真实哀伤的情形，一次是在得知消息的一个月后写给语文老师的一篇周记中；另一次则是一年之后，得知好朋友的父亲因意外突然去世时。

　　回顾褚小姐从父亲去世到获悉真相，再到避讳提及哀伤这一过程中的关键性事件，我编制了表1-7，试图梳理家庭是如何参与到褚小姐"主动隐藏哀伤"这一主题的建构中的。

表1-7　家庭：从告知死亡开始的隐瞒

互动		串联			
个人	社会	过去	现在	未来	场景/地点
打电话回老家，询问父亲的状况	家里所有人一起编借口	父亲病重	父亲病情恶化		父亲在外地的老家
褚小姐和妹妹一起被留在家里	母亲一个人飞回老家	父亲去世	在老家举行葬礼		父亲在外地的老家
反复问父亲病情	母亲扛不住了，最后告知	父亲去世	母亲在这一个多月里继续守口如瓶		父亲去世的消息曝光
只能安慰母亲	母亲难受和想要寻求支持时，才愿意谈起父亲最后的日子		母亲哀伤时需要女儿们的支持		家庭里的哀伤分享
小心翼翼观察家人的情绪；避讳提到父亲	家人之间小心翼翼地避讳谈到父亲		在家人和朋友面前不提父亲，主动隐藏哀伤	生活中避讳谈到死亡，用"事情"进行回避	褚小姐现在的生活

　　褚小姐"发生两个多月吧，才知道这件事"的叙事，较为全面地呈现了一个年轻子女如何在与家庭的互动中，从家庭隐瞒死亡消息开始，再到感受到小心翼翼的家庭氛围，最后一步步习得避讳谈论死亡与哀伤，将自己的哀伤隐藏起来的脉络过程。

2. 哀伤刻意被避开的家庭规则

丧亲心理学泰斗肯尼斯·杰·多卡（Kenneth J. Doka）曾在其影响深远的著作《被剥夺的哀伤》中指出，社会为丧亲者制定了一系列哀伤规则，包括规定丧亲者应该有怎样的反应、丧亲者可以哀伤多久等。根据与年轻子女的哀伤对话，我发现"刻意避开哀伤"是这些丧亲家庭中的首要规则。

邹女士，父亲 12 年前因肝癌晚期去世，是我的第 36 位研究参与者。在邹女士 18 岁的那一年，邹父身体长期感到不适，于是去医院检查胃，但是"查来查去也没什么毛病，就是一点小毛病，吃吃药"。但是一天晚上，父亲突然吐血，被送往医院后，发现之前一直检查错了部位；而此时的父亲已经是肝癌晚期，没有办法进行手术。三个月后的一天，她在学校上课，班主任突然冲进来让她收拾书包去医院。虽然老师什么都没说，但是邹女士什么都知道了，"教室里面，我觉得没有办法发作出来，我就很安静地把书包整好出来"。而赶到医院时，父亲已陷入昏迷。尽管邹女士很想要陪在父亲身边，但是家人坚持让她回家。她再一次见到父亲时，就已经是在火葬场了。父亲离世后，邹女士"心情很不好，但是依然很克制"，晚上躺在床上时，眼泪才掉下来，第二天又正常继续去上课。在高考体检时，她的眼睛因为一直流泪而无法闭上，医生诊断为面瘫，推测病因是精神压力过大，而另一种迷信的说法是，面瘫是因为"吹了鬼风嘛，就半边脸不能动"。因此，当我问及家人是否揣测过女儿的面瘫和去世的父亲之间是否有关系时，她告诉我，那个时候在家里，"父亲"这两个字是提都不能提的禁忌。

　　邹女士：其他的亲戚，包括我母亲，也很少提及（父亲）……**大家就假装什么都没有发生过**，继续生活。然后那时候我也小，我也不提，就这样一天天地过，不会提到，爸爸这两个字都不会提出来。**大家都在刻意避开**，就当作很正常地接受，一直都是这样的。这么多年，家里面其实都很少……除了某些日子会提……（家里）人少了一个，有些话没人讲，就憋在心里面，然后难过的时候也不敢讲，怕妈妈生气。

　　虽然早些年，邹女士很乖地遵从着这样避讳的家庭规则，但是后来，她开始试图打破家庭内这样约定俗成的默认规则，尝试在家庭（以及家族）里讨论伤痛，"我希望想告诉她（母亲），我这些年过得并不好，想把自己千疮百孔的内心给她看看"。但是母亲始终很"抗拒"这一话题，其他家人则"不会关心你晚上流了多少泪"。

　　邹女士：**我母亲很少提及**，只是在两个人吵架不开心时会说："哎哟爸爸都没有了，你还不听我的话？"……我跟她讲那段时间很痛苦，因为我觉得我自己算是（心理学）学了点皮毛吧[①]……（母亲）听了以后，给我的答复不是说"噢，我知道你很痛苦"，而是"**我比你更痛苦**"（重音）。她是说"你不苦，因为你有我；而我很苦，我没有男人"。她觉得我不缺什么，因为她给了我双份，但是她不会觉得她的双份给了

_____

　　① 在读大学期间，邹女士主动辅修了心理学作为第二学位。而这一决定在某种程度上也可被视为她处理自己哀伤的因应策略。

我很多束缚……就只是停留在两个人表达了一下（的程度），对现在没有什么帮助……**现在在家庭聚会上，这个话题都不太能触及**。触及的话就是"哦哦，（你）真的是很不容易"，就只是关心这个结果，但不会关心这一段时间你的情绪怎么样，只是看到：你真的很努力啊，做这样一份工作，现在结婚生子多好，你爸爸肯定会很欣慰的，并不会来关心你到底……**不会关心你晚上流了多少泪**……

面对如此刻意避开哀伤的家庭氛围，邹女士更多是独自一人经历着哀伤，母亲甚至把父亲所有的遗物都藏起来了，"现在什么东西都没有，照片也没有，因为都在妈妈那边嘛，妈妈也都（把它们）藏起来。嗯，就只能想一想（无可奈何地笑），什么东西都没有，真的"。父亲离世后的这12年里，邹女士非常渴望有人能够真正了解她的哀伤，但是和其他年轻子女一样，她甚少在其他人面前深入触碰哀伤的话题，唯一一次则是得知闺蜜的父亲同样被发现患有癌症，正在接受早期的治疗时。除此之外，邹女士告诉我，只有当时还是她高中同学的丈夫让她深受打动。

邹女士：这个时候会跟同学偶尔聊起，就是一些比较要好的朋友，但是大家给我的回复永远是"你真的是蛮不容易的"，**然后没有人跟我说"你好像那个时候很难过吧"**，就只是看到你努力的结果。只有我先生那个时候跟我说过"挺难受的"，**也是非常打动我的**。

回顾邹女士在父亲离世后所经历的一系列家庭刻意避开哀伤的关键性时间，我编制了表1-8，试图梳理家庭是如何参与到邹女士"主动隐藏哀伤"这一主题的建构中的。

表1-8 家庭：哀伤刻意被避开的规则

互动		串联			
个人	社会	过去	现在	未来	场景/地点
邹女士在父亲去世后，因为精神压力大和长期流泪而面瘫	家里人不会提及父亲，假装什么事也没有发生	父亲去世后大家继续生活			邹女士高考体检
邹女士尝试和母亲讨论哀伤	母亲抗拒	邹女士遵循家庭规则	邹女士尝试打破家庭内的避讳		邹父去世几年后
邹女士尝试和其他家人讨论哀伤	其他家人不回应邹女士的情绪感受	邹女士遵循家族规则	邹女士尝试打破家族内的避讳		邹父去世几年后
邹女士不常提自己的经历，只是偶尔和朋友提及	只有现在的丈夫当时承认并同理了她的痛苦		非常被丈夫打动	很难和母亲讨论，虽然认为父亲去世依然影响着自己和母亲的关系	朋友间的哀伤分享

3. 家人主动告诫隐藏丧亲身份

如果说在前两种情境中，家庭更多是以一种消极、回避，甚至是暗示的方式参与到隐藏哀伤的建构之中，那么在第三种情境里，家庭则扮演了更加积极的角色，主动告诫年轻子女在他人面前要隐藏丧亲身份。

水小姐，14年前父亲因为癌症去世，是我的第39位研究参与者。在水小姐17岁时，父亲在治疗癌症十年后去世了。父亲最早在体检中查出患癌，当时就像其他的家庭一样，家人们并没有向当时还在读小学的水小姐解释细节，"我只是知道我爸得了一个比较严重的病，动了个手术之后，情况好转"。到了治疗的第九年，此时父亲已是癌症晚期，病情开始恶化，家族经过商议之后，决定尝试医生推荐的新疗法，没想到父亲对药物有反应，很快就离世了。

父亲临终前，水小姐刚好在考试，因此家人等到她考完试回家才告知了这一消息，"当时可能哭了几天吧，后来反正就接受事实，因为还是那句话嘛，你时刻做这个准备，准备了将近十年，所以说，这个时刻真正到来的时候，可能自己心里早已有那个准备了"。如同其他年轻子女一样，因为观察到母亲在丧夫之后的哀伤，"以前可能难过半个小时，现在怎么着也要难过十分钟"，考虑到母亲，直到今天，水小姐在家里也不会提起父亲，更不会和母亲特意聊起。

让我对水小姐印象深刻的是她对个人信息保密的谨慎程度。当我飞往上海进行实地访谈，希望约她见面时，水小姐最后拒绝了我的见面请求，坚持只通过网络电话进行访谈。在对话时，水小姐也非常谨慎地处理着透露给我的信息。除了她的哀伤叙事，我唯一知道的只有她提供的昵称，任何其他具体信息均一无所知。此外，尽管并非意外但也依然让我吃惊的是，水小姐告诉我，在所有需要填写家庭信息的表格里，她在父亲那一栏填写的都是"退休"。对此，水小姐的解释是，在父亲去世之前，她实际上已经填完了高考所需的表格，而下一次需要再填的时候，已经是四年后大学毕业时；水小姐说如果自己此时改填"病故"，大家可能会追问细节。

> 水小姐：（其他人）就会问你，（父亲去世）大概是什么时候的事情，然后我就要从头来跟他们讲，对不对？从头开始讲的话，人家可能会更好奇，那你怎么从一开始就没写呢？这个事情要解释一大圈，**所以我觉得很麻烦，我干脆现在就全部都写退休好了**。

而这样"隐藏丧亲身份"的处理方式，在水小姐看来既规避了人际互动方面的麻烦，也避免了别人的询问挑起"你以前经历过的那个难过的点"。然而当我们更深一步讨论这一话题时，水小姐也谈到，当时家里的长辈主动告诫她，不要在学校里和其他人谈起父亲去世的事情：

> 水小姐：这个是家里长辈（说的），当时我记得很清楚，就特意跟我说，说你不要自己去学校说啊……他们（家里长辈）也有这个担心，可能怕我心理上出现什么问题，他们就是这样子跟我讲，说**他们不会主动去跟别人讲，我自己也不要主动去跟别人讲**，就是这样。所以我感觉，因为毕竟是很少数很少数的人知道，所以说我自己，嗯，受外界的影响其实没有多大。

在水小姐的解读里，长辈们之所以这么说，是因为担心其他人会用不一样的眼光看她，"如果是在北方的话，可能会觉得你们家里的这个支撑，或你家里的依靠不在了，就是怕我可能会受到别人的歧视，或者其他一些不公正的对待"。

表1-9　家庭：主动告诫隐藏丧亲身份

互动		串联			
个人	社会	过去	现在	未来	场景/地点
	家里未告知详情	父亲体检查出患癌			水小姐小学时
	家里等到水小姐考试结束后，才告知父亲已病故	父亲的病情开始恶化，家族尝试新疗法	父亲离世		水小姐高三时
水小姐避免在家里提到父亲	母亲非常悲伤	父亲离世			父亲离世后
水小姐在信息表的父亲一栏一直写"退休"	家里长辈告诫不要说起父亲去世		拒绝和研究者见面，个人信息绝对保密	维持隐藏现状	父亲离世后

而有相似顾虑和告诫的并非只有水小姐一家。**孔小姐**，父亲6年前突发心梗去世，是我的第25位研究参与者。孔小姐告诉我，母亲也会提醒她，在认识新的异性时，不要主动告知父亲已去世的情况，刚开始隐瞒一下比较好。

> 孔小姐：我妈妈现在会觉得，她周围有好的男孩子，或者比较年轻的，她可以安排他们和我聊聊天，这也不算相亲吧。她就觉得现在还不到这个阶段（告知父亲的事情）……还是

隐瞒一下比较好，她会有这种想法。她觉得我在刚开始接触（他们）的时候，不要主动说出来比较好，但不是最后都要隐瞒……最后肯定会知道。

在孔小姐的理解里，这是因为现在相亲的程序里经常设置了一些择偶要求，比如"不要单亲家庭的"，而母亲的告诫是希望她不会在一开始就被对方排除在外，而能有机会和更多的异性见面，加深了解。面对相亲市场里的这类规则，"我（孔小姐）只能说这（丧父的身份）是潜在的，会被视为劣势的一个方面"。

基于上述，我绘制了图1-4，实时总结了已有的研究发现。

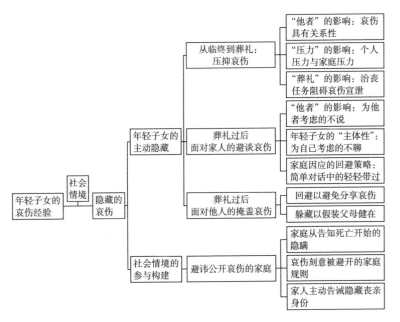

图1-4　已有发现的实时总结

（二）同理哀伤无效的同辈

叙事治疗师杰西卡·马勒（Jessica Muller）相信"人类本质上其实很喜欢说故事"；通过对他人叙说自己的故事，个体能够从无次序中建立起秩序感；再加上许多研究已反复证明的"**朋友之于年轻人的重要意义**"，我们可以想象，年轻子女在面对父母死亡时，十分需要向朋友叙说，以获得支持和安慰。但正如前文提及的，年轻子女在面对他人时却是掩盖哀伤的。在与他们对话时，我发现许多子女并非在父母离世后立刻三缄其口；事实上，他们曾尝试过向朋友倾诉，然而同辈的响应却多为"**同理哀伤无效**"。也正是这样负面的互动经验，让年轻子女决定放弃尝试，不再轻易开口。

1. 无法感同身受的朋友

钱小姐，父亲 2 年前因肝癌去世，是我的第 2 位研究参与者。2 年前，钱父在 7 月 5 日那一天因便血来到医院，结果检查出了肝癌。因为癌症已是弥漫性的而无法进行手术，医生说父亲还剩下不到半年的时间。而就在前一年，父亲因为出轨已和母亲离婚，钱小姐也告诉我，她和父亲的关系并不亲近，一方面是因为从高中开始，父女见面的时间就很少了，感情并不深；另一方面，也是因为父母在协议离婚期间有过很多不愉快。因此，"如果是我妈妈去世，我就（会很）崩溃……后来我有一个闺蜜①，她妈

① 钱小姐在我们第二次访谈的时候将她的闺蜜介绍给了我，也就是第 42 位研究参与者云小姐。

妈今年9月9日的时候（去世）……我当时就说'我的天啊'。就觉得我比她幸运一些，妈妈去世真的是太可怕，就感觉'天塌了'"。

治疗75天后，父亲去世了。钱小姐也谈到，当父亲还在医院的时候，虽然知道他患有癌症，有所预期，但自己始终想象不到父亲去世的情形，"我没有想过，就是他（父亲）在的时候，你是不会想到他没了是什么样子的"。而当她真的开始意识到死亡意味着什么时，"就再也看不见那个人啊……他的微信你一点开，你再说什么也没有用，没有人回你了呀，或者是你回过去也没有人接你了呀，过年少一位啊"。钱小姐将自己的哀伤经验形容为"后遗症比较大"：她不断做梦梦到父亲、心情突然不好，还连续头晕了一个月（她猜测是心理影响）。而当我们谈到与他人聊起哀伤这一主题时，钱小姐告诉我，她并没有很避讳地去谈，但是也明白没有相似经历的朋友是无法理解的。

> 钱小姐：我其实在两年之内只有跟她（云小姐）聊而已，还有跟家里人聊。其实其他朋友**没有办法理解你这个事情**，人家不能理解的话，你就不要让人家能理解，我能感受到他们很努力地去理解这件事情，但是我又不希望他们这么努力，因为不要遇到这个事情，不要这么早（经历）这件事情才是最好的……对于**没有经历过这些的朋友**，我觉得，就是一种感情交流吧，就是朋友之间很平常的聊聊，因为希望他们在听到这件事情的时候**没有痛苦嘛**，那我尽量简短，不要那么长，不要让他痛苦的时间（变得）那么长。

表1-10　朋友：听到哀伤时无法感同身受

互动		串联			
个人	社会	过去	现在	未来	场景/地点
钱小姐不避讳，但也没必要深入聊	朋友很努力地去理解这件事情，但是无法理解		只和经历过的人深入聊	和朋友聊时尽量简短	钱父去世

2. 冷漠并不在意的同辈

戚先生，父亲12年前被人杀害，是我的第34位研究参与者，也是所有子女中唯一一位父母因暴力而死亡的。当他上小学五年级时，一天晚上父亲出去与朋友喝酒，却在回家路上被人杀害。第二天，戚先生和姐姐中午放学后回家，发现家门口聚集了好多人。有一个亲戚迎过来，试图带姐弟俩去自己家吃午饭，"当时我和我姐就很迫切想知道到底发生了什么，就是不顾他的阻拦，要冲回家里面"。然后母亲说出了父亲被杀的消息，三个人抱头痛哭。下午，母亲原本要带两个孩子去警察局见父亲最后一面，但被亲戚们拦了下来，"（对母亲）说不能让他们（戚先生和姐姐）去看，可能怕给我们心理上留下阴影"。因此，戚先生没有见到父亲最后一面。虽然父亲的案子属于恶劣的刑事案件，但是至今仍未被侦破。当谈到父亲去世造成的影响时，戚先生告诉我，他明显发现自己变得内向，不愿意和身边的人交心。

我：为什么你会有跟别人交不了心的感觉？

戚先生：其实我也经常在想这个问题，我也不知道为什么，就是感觉好像……可能无法去和大家交心。

进一步讨论时，戚先生说他曾经尝试改变无法交心的这个"问题"，因此在本科时，他主动和室友们说起了丧父这桩伤心事，但是当时室友们表现的却是"不耐烦"。

> 戚先生：当时我在思考，为什么我不能跟大家交心呢，大一的时候，就感觉好像是有点没有达到那种亲密程度，就感觉一个寝室的（同学就该）像兄弟一样，是吧？但是我感觉好像是有一点隔阂，（不能）去敞开心扉说。我就觉得，可能是我自己心里还有点戒备，我想把自己这些事情（父亲去世）说开，但是感觉好像他们**有点不耐烦**的那种，就没有继续说。

在我们对话的时候，戚先生已经本科毕业，正在就读研究生。他告诉我，现阶段的自己已经放弃了和同辈再次敞开心扉谈起这件事情的想法。

表 1-11　同辈：听到哀伤时并不在意

互动		串联			
个人	社会	过去	现在	未来	场景／地点
戚先生主动和室友分享丧父经历	室友表示不耐烦	戚父被杀，对儿子造成巨大影响	戚先生自觉无法和他人交心		戚先生本科时
戚先生不再试着和研究生的同学分享了				不尝试分享	戚先生研究生期间

郑小姐，3 年前母亲因遭遇海难去世，是我的第 7 位研究参与者，她的经历与戚先生十分相似。3 年前为了给郑母庆祝生日，郑

小姐的父母一同前往附近的海边度假；不料却遇到风暴潮，母亲不幸离世，父亲也险些遇难。当天，姨妈马上通知了郑小姐，不过说的是"我爸爸病了，她（姨妈）没有跟我说我妈妈怎么样"。当时她正在外地的大学读大二，马上飞回家后才知道原来出事的是母亲。当时家里没有给她任何缓冲的时间，仅仅过了一夜，就开始紧锣密鼓地筹办葬礼，"当时我最大的感觉就是（葬礼）好仓促，就包括要给她选照片……"在为母亲挑选遗照时，郑小姐想要把母亲以前拍过好看的照片翻出来，细细挑选，但是"他们挑了一张不太好看的遗照……就想要速战速决，让我非常不满"。此时，父母两边的亲人还因为整件事情牵扯的经济利益而陷入激烈的争吵，把年仅 19 岁的郑小姐逼到了无路可逃的境地："当时真的是年纪太小了，因为我妈妈把我保护得太好了，所以我当时就很傻很天真……也不懂怎么去应对这种亲人的中伤……当时我一脸蒙，什么都不知道……不过我挺感谢这件事情让我明白，人可以变得多么丑恶。"当我问起她是否和朋友聊起过整件事情时，郑小姐告诉我：

> 郑小姐：很少，因为跟朋友没什么好聊的。
>
> 我：她们知道发生了什么？
>
> 郑小姐：知道，她们的反应很诡异，可能她们也没有经历过，所以也不知道怎么面对。有一个同学还很大声地跟她妈妈打电话，**当着我的面**，就还……但是她不是那种人。她跟我的关系还挺好的，还跟妈妈很亲密地撒娇，我就觉得很**别扭**。还有一个同学就是闭口不谈，怕刺激到我。她的反应我是理解的，换作我也会这样，但是没有人来跟我谈。

我：你希望那个时候她们稍微好一点的反应是什么？

郑小姐：稍微好一点的就是，不要提跟妈妈有关的东西，不要当着我的面，给你自己的妈打电话（重音）。这一点是显而易见的。我一直不理解她为什么要这么做，她情商不低。所以我到现在都不理解。

在现实生活中无处可以倾诉哀伤，让她选择将哀伤放到某些社交软件上，通过网络宣泄一下痛苦，但郑小姐也说只是让"他们（网友）随便同情一下"。所以当我问她为什么愿意和一个素不相识的陌生人（我）分享这些最隐秘的哀伤时，她给我的答复是"我也真的很想讲"。

郑小姐：我有试过跟别人讲，但不知道该跟什么人讲，就是这样子。所以我今天过来也完全是……我也真的很想讲，也不只是想要帮你的什么研究（笑），**而是我真的很想讲。**

表1-12　同辈：听到哀伤时没有反应

互动		串联			
个人	社会	过去	现在	未来	场景/地点
郑小姐感觉别扭	朋友反应诡异：当面和母亲撒娇，或闭口不谈	郑母去世	郑小姐因为家人争吵而痛苦		郑母去世时
郑小姐在社交软件上宣泄	网友随便同情一下				网络
郑小姐接受访谈邀请		郑小姐试过分享，但没有合适对象		不随意分享	

基于上述，我绘制了图 1-5，实时总结了已有的研究发现。

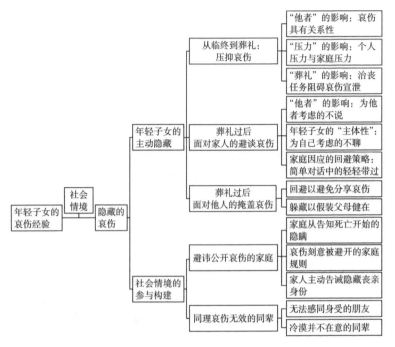

图1-5 已有发现的实时总结

第三节 永不止息的哀伤：年轻子女真实哀伤的核心主题

当我听到这些真实的哀伤叙事时，一个十分有意义的发现是，阶段/时期论这类广为流行的哀伤概念，很少能够与他们的叙事发生清晰的共振。当摘下了理论的"有色眼镜"，站在年轻子女的视角观察时，我发现他们的哀伤经验更类似计算器运算中的循环（loop）：父母丧失如同一段在他们人生中只出现一次但会连续运行多次的代码，哀伤的初始循环在年轻子女内在的运行告一段落后，因为子女的主动维持或各种社会情境的刺激，他们的哀伤又会重新开始运行，甚至陷入无限循环之中，继而形成了一份**永不止息的哀伤**。

一、哀伤的初始循环

（一）哀伤循环的延迟开始

根据本章第二节的发现，我们已经获悉，从临终到葬礼，年轻子女的哀伤反应并不会即刻出现。事实上，一些子女自己也察觉了这一点，他们告诉我，自己真正感受到哀伤要等到过了一段时间后，也就是哀伤的到来有"延迟开始"的特征，"我觉得我经历崩溃阶段，大概是在一个月以后，可能每个人都不一样，肯定不会马上（经历）"（钱小姐）。个别年轻子女甚至告诉我，他们的哀伤会延迟至多年后，才开始感受到哀伤的存在。秦小姐，父亲14年前去世，她很坦白地告诉我，自己其实是在近几年才真正面对哀伤，并将这几年的状况描述为"极其难过"。

> 秦小姐：**其实我也是这几年才真正开始面对的**。像本科、硕士那几年，基本上没什么精力面对，光面对他（父亲）给我留下这家的烂摊子，都够我受的了。真正的痛苦是在……我说实话，是在你**外围的一些事情变得稳定下来之后**，自我

的东西被放大了，就特别痛苦。我跟你说，我最痛苦的时候其实是这几年，还不是那几年。那几年顶多是发发牢骚的感觉，"哎哟，这你咋不帮我一下呢？又咋办咋办"，**但这几年真的是，我觉得极其难过……就是把那些任务都处理完了以后，**你要开始真正面对那个感觉的时候，它就全部出来了。

学界有延迟哀伤（delayed grief）的概念，并将之界定为亲人去世后没有立即感到哀伤，而是过了一段时间后才出现负面的情绪体验，但没有讲明具体的推迟时间，也很少有研究探索如何具体化这一概念。而关于年轻子女看似"延迟了"的哀伤经验，有两点值得我们特别注意：第一，如果子女需要立刻承担治丧工作，由于他者与压力介入了个人哀伤的表达之中，那么，年轻子女的确可能延迟哀伤循环的开始；第二，即便年轻子女是在几年之后才感受到哀伤（也就是从客观指标来看属于延迟的哀伤），然而在实际介入过程中，专业人士亦不能忽视这一哀伤产生并维持的社会情境，如秦小姐所提到的"这家的烂摊子，都够我受的了"，而做出"责备丧亲者"的评估。

（二）哀伤反应的集中爆发

1. 与抑郁症相似的哀伤反应

失眠和食欲减退

尤小姐，母亲7年前因脑出血突然离世，是我的第19位研究参与者。她告诉我，当母亲过世后，她有将近半年的时间几乎每夜都入睡困难；睡不着时，都在"胡思乱想"，非常焦虑，试图想明白为什么这件事情会发生在自己身上，以及自己未来要怎么办。那段时间里，尤小姐出现食欲减退的症状。

> 尤小姐：事情发生之后半年之内吧，每天晚上都很难入睡，到了凌晨还是很难入睡。就是其实已经很困了，但**你就是睡不着**。然后你睡不着的时候呢，就会胡思乱想。就会想，这个事情发生在我身上，是这么悲惨的事情，然后情绪积聚下来呢，你就会觉得有点神经质，可能会**歇斯底里**。
>
> 我：睡不着的时候，你会想什么？
>
> 尤小姐：可能有点自怜自艾啊，觉得这个事情发生之后怎么去面对以后的生活呀，然后就觉得自己好像被世界抛弃了的那种感觉……**那是很焦虑的**，就是天天晚上都睡不着。有些时候，可能就是通宵都是不睡的……吃东西什么的也是没有胃口。

丧失精力

云小姐，母亲 10 个月前因肺癌去世，是我的第 42 位研究参与者。在母亲治疗期间，当时处于大四毕业关键时期的她为了照顾母亲，推迟了研究生的申请计划。云小姐告诉我，在母亲 9 月离世后，她其实原本有充裕的时间申请去澳大利亚留学，但是由于她当时明显感觉到整个人的力量仿佛全部被抽空了，对曾经无比憧憬的出国读书也失去了兴趣，于是她选择了"暂缓"。

> 云小姐：我妈刚走的时候，我真的就是，突然一下子感

觉自己的能量全部没了。连倒一杯水喝都觉得做不到，就是那种感觉，对。后来慢慢好了一点吧……当时我其实可以……因为澳洲每半年都有一次开学嘛。其实我本来是可以……因为我妈9月份已经走了，时间还蛮充裕的，完全可以申请2月份开学。但我当时想了想，还是想给自己一些时间，所以就再拖了半年。我当时连想都不敢想，我觉得我完全没有心力去做这件事情——就是去出国。我以前什么事都没有的时候，天天憧憬着要出国，要好好读书，但是到那之后，连去想出国的这个事情，我觉得，哇，天哪，好难啊，我一点都不敢想。这件事情之后，我感觉所有的能量都没了。

自残或自杀念头

何小姐也告诉我，自从3年前母亲离世后，直到我们第一次对话时，她几乎每天都会梦到被母亲一次又一次地抛弃，或者被迫和母亲分离。因为这些梦，她根本不想睡觉，但她也从未将这些状态告知家人或其他人。当我问起如果不和别人分享的话，她都是怎样处理时，何小姐才无意间和我分享了她差点自杀并拨打自杀热线的故事：

> 何小姐：我记得有一次我哭着下了地铁，哭着走在去学校的路上，在天桥上，回到学校，在宿舍里面。当时就……就是上学期的事情，**就觉得自己不想再继续活下去了**，然后就尝试过，打那个自杀……有一个什么自杀热线，有点想过那个来着。但是最终还是活下来，没有尝试，对。

失去兴趣

朱小姐，我的第 17 位研究参与者，5 年前父亲在打篮球时突然倒地离世，死因估计是高血压病史。在前两次访谈中，她几乎全程都在止不住地哭泣；在本研究中这种情形是很少见的，因为大多数参与者会在第一次访谈时难以控制情绪，容易触动强烈的哀伤，但到第二次访谈时通常就会稳定很多。

> 朱小姐：（抽泣）我有一个很好的朋友。以前我们就是很闹的那种，我们两个中午在一起就会很闹、很开心，或者在上学的路上追逐打闹。那个时候（父亲去世后）**就是中午也不想讲话**，一直听她讲话，然后也不想做任何反应。我就希望我们很安静地去吃个饭，然后再安安静静地回来。她又很努力地找我讲话，其实很多时候我会觉得很烦，你没必要总是这样跟我……努力去跟我讲话，我就说不如我们就安静地待着。我根本没有迎合她的欲望——聊天的欲望，都是她在那里跟我讲。

强烈的悲伤

比起"强烈的悲伤"这样的书面用语，年轻子女更习惯如此描述："痛苦""我的心好痛""特别的疼""我的心脏就像被石头磨一样""心碎的感觉"。冯小姐在描绘 8 年前母亲逝世后的感受时，形容自己经历着"被苦难痛苦缠绕"的感觉；而这些感觉在其他人眼中是隐形的，因为当时冯小姐并没有丧失生活的功能，依然能继续日常生活。

冯小姐：其实我是觉得，在那个期间，我应该是有抑郁的，包括我现在有的时候情绪会不稳定，应该也是因为太抑郁了。可能别人觉得我挺好的，还能正常吃饭之类的，但**我有的时候会很痛苦**，我晚上爆哭的时候，我痛苦到极点的时候，就会想我为什么会这样子。有的时候，也不是说单纯地想我妈妈，而是觉得太痛苦了，就自己的内心……自己放不开自己。大部分遇到苦难的人都会这样子吧，都会有这种**被苦难痛苦缠绕**的情绪，大部分都是有抑郁的。

2. 与丧亲相关的特定反应

第四版美国精神疾病诊断标准（DSM-IV）工作小组主席艾伦·弗朗西斯（Allen Frances）曾说道："经过四十年丰富的临床经验，我依然无法用两周时间来区分到底是正常哀伤或是轻微忧郁症的症状。若任何人宣称有这样的能力，我都会质疑。"根据与年轻子女的哀伤对话，我发现了一些明显与丧亲相关的特定反应，或许有助于协助实务工作者辨明两者。

愧疚

根据现有的研究，愧疚、内疚或感到自责是存在于哀伤经验中的普遍现象。本研究证实，大多数子女的哀伤叙事中亦出现了相似主题，而其出现主要受到了三类社会情境的触发。

第一类社会情境与他们**所诠释的父母离世原因**有关，也就是许多年轻子女认为自己有一定的责任。譬如沈先生告诉我，他为自己和家人当时所做的医疗决策感到深深的愧疚，因为 3 年前父亲因为主动脉夹层住院，两天后就去世了；而当时在医院"基本上就是处于没人管的状态"。但沈先生在事后查询病症时，却讽刺地发现，就在同一个城市的另一家医院，恰好成功治疗了一起相同病例："人家当天送到那家医院之后，就可以接受治疗，然后可以得到很好的医疗。"所以沈先生告诉我，由于愧疚感，自己和家人每次去墓地看望父亲时，就会买特别多的纸钱烧给父亲。

> 沈先生：完了之后，每次就有那种**愧疚感**，其他人都是稍稍烧那么一点纸就行了，我们去之后就买一大箱，买一大箱纸。完了之后，嗯，买各种，反正现在殡葬用品我们都会买很多，就觉得这算是一个补偿吧……**就是他这个病其实是完全可以治好的**，但就是由于我们的疏忽，还有一些原因，就这个。

类似的原因追溯不仅止步于父母临终时，许多年轻子女甚至会追溯过往，对过去的决定生出懊恼和悔恨。比如杨小姐始终对父亲3年前的突然离世感到耿耿于怀，将其诠释为自己的错：当时为了逃避感情不睦的父母而选择报考离家很远的城市，进而使得父母的关系越来越糟糕，间接造成了父亲糟糕的身体状况。

> 我：听起来你还是会有很多自责，责怪自己。为什么呢？
> 杨小姐：我觉得**自己做得不够好**，自己很自私。我只管着自己逃避，觉得眼不见心不烦，自己不在就看不到他们吵架。没有去解决问题，我让问题越来越大……像我作为孩子，

尤其是我和大弟弟，**我们会觉得是我们的错**，因为我们在外面嘛，离他太远了。除了这种自责，还有就是遗憾，没有听到他说最后一句话，没有看到他最后一眼。他倒下的那一刻，**我甚至都不在**，我看到的就已经是……他倒下了，躺在那里好几天了。

第二类社会情境与父母临终时**子女未能做到的事情**有关。譬如杨小姐提到父亲去世时，身为女儿的自己却不在场，就是许多年轻子女愧疚感被触发的一个情境。然而将这些所谓的"未能做到"放回至他们完整的叙事中，会发现这些愧疚通常是非理性愧疚，也就是他们主观认为自己做得不够好，客观上未必如此。譬如张小姐对自己在父亲临终时的未尽之事感到强烈的愧疚："我老是感觉，我自己没有很好地陪我父亲走完他最后的一段旅程，就一直处于自责之中。"然而实际情况是，家人直到父亲下了病危通知书的那一刻，才告知她父亲已病危的实情；并且从父亲临终到葬礼，张小姐为了保护父亲、母亲和自己的家，一直压抑着自己的哀伤，"我一滴眼泪都没有掉！"但即使在这样的努力下，她依然将自己形容为"一无是处"。

张小姐：我就觉得作为女儿，为他做的事情，我就不会觉得我那么的……我不是那么一无是处的人。

我：为什么一直说自己一无是处？

张小姐：因为我就是觉得，像妈妈的话，她真的陪伴爸爸很多很多呀。因为这种煎熬啊，病危或者是在他生病的好几个转折点之后，我妈妈一直陪着他。而我一直在外地读书，根本没有办法回来，没有办法陪着我爸爸。我就觉得我作为女儿，我应该一直陪着他呀，但是我没有在他生病的时候……我就没有……

第三类社会情境与子女现在幸福的状态有关，也就是他们中的一些人会为现在活得很开心或没有因为思念父母而哀伤，就此产生愧疚之情。朱小姐告诉我，自从五年前父亲在篮球场上倒下后，她就不再看篮球了，甚至在家里看电视时，看到电视频道转播篮球比赛，哥哥也会立刻转台。当她进入大学后，男朋友热情邀请她来看自己打篮球时，朱小姐最开始感到强烈的身体不适，而当她逐渐发现自己享受看打篮球时，立刻产生了强烈的愧疚感。

朱小姐：我知道自己没有忘记他（父亲），但是我又觉得有些……像是我忘记他一样的感觉，就会令我自己很不舒服，很愧疚。

我：比如说哪些点？

朱小姐：就像很随意地去看篮球赛，其实我知道我是没有忘记他的，但是我觉得既然没有忘记他，**就应该要做到所有事情都没有忘记他**，但是我并没有做到这一点，我就觉得很不舒服。还有可能让我纠结的是，其实我跟我男朋友在一起挺开心的，**有一点忘了爸爸**的那种感觉，我就又会觉得，就像以前我经常会想起他，其实搞得自己也挺难过的。我现在就感觉沉迷于自己的生活、自己的事情，也不会去想起（他），或者感觉想念他的次数比以前少很多。所以我就……也觉得很对不起（他），**就是这个人怎么可以被忘记的感觉**。

孤独

由于复杂情境因素的影响，如在家人和朋友面前不得不隐藏哀伤、同辈对这一份尚未经历过的丧失难以感同身受、年轻子女个人对于哀伤和死亡的一无所知等。因此，当年轻子女在经历哀伤初始循环时，他们会感受到急剧加深的孤独。比如**蒋小姐**，1年前父亲突然休克去世，是我的第13位研究参与者，她将父亲去世后这一年比喻为"掉在一个井里"。

> 我：那个时候，那种无助的感觉是什么样的？
>
> 蒋小姐：很像掉在一个井里……所有人好像对你……没有人伸出手，**或他们甚至连手也拉不到**。
>
> 我：那个时候，虽然也有很多人愿意给你支持，但好像是帮不上？
>
> 蒋小姐：没有人，因为那种状态，不一样的点在于，怎么说呢……那种支持不能换回那个状态的改变。所以你要很理性地知道所有的东西都改变不了，但就是很想有人告诉你这件事是假的、会过去之类的，可没人会那样子说。

躯体症状

事实上，当亲人离世后，个体可能会出现一些反应，包括躯体症状或是偏差行为，它们会影响丧亲者的生活功能，但从表面上看与哀伤并无直接关系。有学者将这类反应命名为"伪装的哀伤"（masked grief）。哈佛大学人类学家、精神医学家凯博文（Arthur Kleinman）在中国针对抑郁症进行观察与访谈后，也提出中国人通常更偏向于生理症状，并否认任何心理症状。而这类躯体症状的描述也出现在了年轻子女的叙事中，比如钱小姐告诉我，父亲两年前刚去世时，她头晕了一个月。

> 我：你还记得你妈妈跟你聊天的时候 ①，你当时的反应，与你爸爸真的去世之后相比，有什么变化吗？
>
> 钱小姐：我觉得是后遗症比较大。当时就是……70多天里，我也没有想好这个问题，然后我也挺……当时挺抗拒去医院（看爸爸）吧，就是不想面对，但做梦之后，就会心情突然不好，然后当时那一个月，可能**是颈椎的问题**，也可能是心情问题，我头晕了一个月，躺着也会晕。

（三）哀伤情绪的减弱

哀伤理论认同的一点是，哀伤有一个急性期。即使对于年轻子女来说，这个时间段（我们这里界定为哀伤反应的集中爆发）可以延续多年，但是最终各种强烈的哀伤情绪会逐渐减弱。例如，吴小姐将这一过程比喻为"温水煮青蛙"，"其实现在，我爸的一些声音啊，一些音容笑貌，在我印象中其实也已经没那么清晰

---

① 在正式带钱小姐去医院看望父亲，并告知她前夫患有癌症之前，母亲先是试探性地和女儿讨论了一下生死问题："你怎么看待生死的问题？"而钱小姐当时给母亲的回复是："人肯定会死，只是早死晚死的问题。"

了。所以我觉得这真的是一个**温水煮青蛙**，就是一个过渡的过程吧，慢慢的一个过程"。然而度过哀伤急性期的过程并不是单单"慢慢减退"四个字可以描述的；据他们的回忆，这一过程是被动和艰难的，渐渐产生了"耐药性"。

被动

随着哀伤理论的不断发展，学者们逐渐意识到丧亲者能够积极地修复丧亲的负面影响，而非消极地等待时间来"治愈"。然而对于年轻子女来说，由于在父母去世时，他们还只处于青少年或成年初期，且大多对于哀伤甚至是心理学一无所知。因此在那样一段黑暗的日子里，他们能做的只是被动的等待。

> 小魏小姐：**因为那时候太小了嘛**。很多东西就比较无能为力，然后呢，也是很绝望的那种。就是那种……你会觉得日子啊，就只有去等待它变得更好，你没有任何办法主动地出击，去给自己找一些释放的出口，让自己走出来。你一直在绝望的等待……唉，我觉得是这样的，因为那个时候真的很小。
>
> 我：你说那个时候绝望的等待，你感觉是自己在等什么？
>
> 小魏小姐：**就是等这个时间快点走**。我不想要再经历，就是不想，我不想再经历那个状态，（经历）当时的一切。

类似的描述不仅出现在尚在青少年期的**小魏小姐**的叙事里。27岁的**潘先生**，母亲1年半前因为胰腺癌去世，是我的第44位研究参与者。他同样叙说了当自己面对哀伤时的无能为力：

潘先生：对这个事情来说，**你没有什么特别好的方法**，能够很好地一下子把这个问题划过去，做不到。因为你只能不断地慢慢去适应、去消解这样的一个情绪，你所要面对的是一个比较痛苦的过程，然后慢慢让它变成你生命（的一部分）。就是它没有办法完全被消除，它只能变成你生命的一部分，然后你习惯了这样一个东西的存在，可能就慢慢能接受了。

艰难

在旁人诠释为"时间能够治愈哀伤"的背后，年轻子女所感受的"痛苦"却远没有表面看来那么简单，"当我再次见到我妈妈的哥哥，他就觉得我的变化很大（和父亲葬礼上的表现相比），就跟他印象中那个软弱、只会哭的女孩相差很大，他就觉得挺欣慰的。我就觉得（抽泣），你都不知道我中间经历了什么，就只会看到这些让你开心的结果"（朱小姐）。在哀伤消减的过程里，当对父母的渴望／依赖一遍一遍被唤起时，年轻子女只能通过主动克制寻回父母的期待来适应。在不断地挣扎／失望过后，他们逐渐完成了和父母的分离。因此，单从这个角度来看，这些子女的哀伤过程和弗洛伊德所提倡的"哀伤工作"（即丧亲者需要打破与逝者之间原有的连接）是吻合的。

褚小姐：我最开始，**基本上有一个念头一直在脑袋里**，一直走不掉。后来就是当你遇到自己没有办法决定的事，一下子又会突然想到这样的事情，后来可能随着时间慢慢过去，当有一些难过的情绪、突然想要寻找外部支持或者依靠的时候，就会突然想到这个。可能慢慢地，这个克制的能力就会比较强，最开始时会很崩溃，频率会很高，后来慢慢就会好一些，然后想到的内容也会更积极一些，就有一种"哇，他会支持我，我也可以自己去解决这样的问题"，**到后面就会好一些**。

"耐药性"

在这样循环往复的过程中，年轻子女除了被动、艰难地等待之外，也发现自己仿佛一点一点在产生"耐药性"，开始对哀伤"麻木"。比如 17 年前母亲因风湿性心脏病离世的**华小姐**，是我的第 28 位研究参与者，她向我讲述了这一过程。

> 华小姐：我也是今天刚刚想到的，我觉得自己就是像那种**暴露的葡萄**，或者是一个里面装满了水的气球。最开始的时候，就比方说不能听到"妈妈"这两个字，一听到就好像有一根针（把你）刺破了，然后你心头一紧，就开始……就像你表面上不哭，但内心其实已经开始流泪了。后来久而久之，就是……太多次了，而且就是因为这种痛彻心扉又没有办法解决，你再哭，她也回不来了。另一方面你又开始**厌倦自己哭泣**，这个时候可能会产生一些防御机制吧，**你就开始变得麻木**，就好像有一层盔甲或者一层老茧之类的。最起码你不会再疼了，你就不那么敏感了。

基于上述，我绘制了图 1-6，实时总结了已有的研究发现。

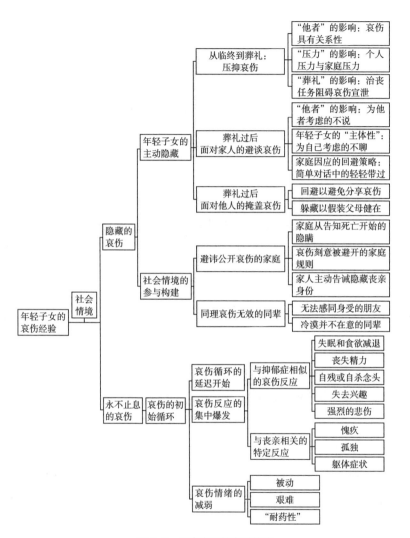

图 1-6　已有发现的实时总结

二、哀伤的连续循环

当复杂多样的哀伤逐渐减弱后，并不意味着进入尾声；根据年轻子女的叙事，至少截至他们目前所处的成人初显期，哀伤依然以连续循环的运作方式存在着。而次级丧失的触动、人生低谷的提醒、突然想念的维持，是三类最容易重启哀伤循环模式的"开关"。

（一）次级丧失的触动

现有研究认可，伴随亲人离世而出现的次级丧失，譬如安全感的丧失，是丧亲者因应哀伤中的次级压力。就中国文化而言，一位身兼家长和家庭主心骨等多重身份的父/母遭遇死亡，很可能在子女接下来的生活中触发"多米诺骨牌"效应。在子女的诠释里，我发现父母丧失的哀伤经验，甚至在本质上就是"由她离开之后所引发的一系列各种事件吧"（李女士）。这也意味着，哀伤初始循环的结束并不意味着他们走出了哀伤。因为层出不穷的次级丧失，他们的哀伤甚至具有了"终身性"的特征。

周先生，母亲10年前因为车祸而意外去世，是我的第5位研究参与者。他告诉我，母亲的离世让他的成长过程中充满了对外在世界的极度不安，他在年幼时甚至因为太过害怕，睡觉的时候要抱着一把刀睡。这种恐惧延续到了现在，"我害怕一切，害怕所有人，以恶的眼光来看待这个世界……后来我在大一的时候跟同学或者室友说话，每次说到激动的时候，我就会握紧拳头"。这也是他诠释出来的自己与身边没有经历过父母丧失的同辈之间最大的不同。当我们讨论到，母亲去世时究竟是哪一个环节对他造成了如此大的伤害，他告诉我是"后来（母亲去世后）的一系列事情"。

周先生：是后来一系列的事情。因为，嗯，以前听到过一首歌，小时候听得挺幸福的，**"有妈的孩子像块宝"**，到后来听这首歌的时候会流泪。在下午放学的时候，去县城上课，别人的爸爸妈妈有可能会一块儿来。我从早上等到了下午也没人来接。后来老师给我爸打电话，我爸说他忘了。**这是若干事情里的一件事**。后来有同学的妈妈在高考前给她的女儿送鸡腿什么的，妈妈给予的，有可能是爸爸无法给予的。这种东西我看在眼里，虽然（表面上）说什么没有就没有呗，但内心有一种失落或者一种不可言语的情感，已经在堆积了。

母亲过世时，周先生还在读小学；父亲不久之后就再娶，继母有一双儿女。组建了新家庭后的周父在照料儿子时"只能说（给你）吃饭，给你钱生活，衣服他不会给你买，他只是让我找我的后妈，让她给我买"。周先生有一个疼爱他的亲姐姐，但是在他的心里，母亲的关怀是不可替代的，"打那之后再也不会有了。姐姐再爱我，也给不了我妈妈的那种感觉；爸爸再爱我，也给不了我妈妈的那种感觉。或许我姐姐会在我后来每次过生日时给我打电话，问我想要啥，会这样说，我很开心。但是她从来不会像妈妈一样就在我旁边"。在这样的信念之下，之后每一个次级丧失（如生日时母亲的缺席），都会触发他负面的哀伤体验。

（二）人生低谷的提醒

"有的时候遇到一个坎过不了之类的，我就会特别想她"，我的第1位研究参与者**赵小姐**，4年前母亲去世，她揭示了另一个关键性的触发情境：当年轻子女处于人生的低谷时，他们会格外想念父母。用他们的表达就是："当时很丧的状态""不太顺利的人生阶段""特别委屈的时候""不开心的时候"等。

当我和褚小姐讨论这个话题时，她告诉我，当生活过得不顺利时，她特别容易想起父亲，她认为这或许和父亲的帮助者角色有关。某种程度上，褚小姐的诠释回应了周先生的经验：父职／母职不单单停留在青少年期，同样会延伸至成年前期。

> 我：那些痛苦的时候，一般是因为什么？是因为什么事情吗？或者想到什么？
>
> 褚小姐：一般的话，就是因为觉得出现了一些超出自己能力的事情，或者说那一阶段就觉得过得不太顺利，感觉自己是"水逆了"之类的（笑），就是想要得到帮助的时候，就可能会想……可能也因为爸爸之前在生活里本来就是这样的角色，所以现在缺失了以后，遇到这样的情况，会格外渴望有这样的角色出现。

另一类情境是，哀伤被融入他们的生命叙事时。比如尤小姐告诉我，她也是在"特别受委屈的时候"特别想念母亲，因为这些低谷会让她意识到"自己真的好可怜呀"。相比于父母双全的同龄人来说，年轻子女的经历容易被诠释为"很惨"。而此时人生低谷对他们来说更多是一种提醒，让他们猛然觉察到自己生活的不如意。

我：你一般什么时候特别想她（母亲）？

尤小姐：我特别受委屈的时候，会想到自己真的好可怜呀；又会想到，唉哟妈妈不在；又会想到，自己还要受这份（罪），那个时候，就觉得所有的感觉一起压过来，就有点崩溃了……就会想起来，我妈妈在的时候应该是怎么样的，我妈应该会安慰我。我这样想完了之后，又会想我妈妈现在已经不在了，也没有人再来安慰我了。这时候我就觉得特别委屈，那我可能就会……哎呀，哭得稀里哗啦……

（三）突然想念的维持

同时，我亦发现，许多年轻子女并不是因为父母丧失所引发的功能缺失，也不是因为自己当时的不顺，而只是单纯地思念父母，只是因为怀念着已经不在人世的她/他，而陷入哀伤的再次循环。

潘先生在母亲去世后，偶然在知乎上认识了一位"同类"："那个姐姐，她妈妈是得肺癌去世的，也是刚上大学的时候。"而这位姐姐也是他当时能够聊一聊哀伤的同路人，"跟小伙伴说，他是没办法理解你的"。潘先生由此意识到，不断突然出现的对亲人的想念，是丧亲者余生中都要适应的"功课"。

潘先生：她当时也是说，亲人离开之后的一周、一个月、一年、这几年的时间，**你会突然在某一件事情上想到这个事情**。比如说你突然在吃饭的时候想起来，她爱吃这个菜；你突然在做家务的时候想起来，她曾经告诉过你应该这样做。这种东西都在……我后来的适应时间里，它在一步一步地重现。这个时候，它又变成一个无处不在的东西，开始慢慢地向你涌过来。她当时就跟我说，这个才是你后面需要去花很长很长，甚至花近乎余生的时间，去慢慢适应的一个状态。

这些想念甚至会形成稳定的周期。张小姐告诉我，在父亲离世后的两年时间里，她保持着周期性地思念父亲的"惯例"。当哀伤情绪开始减弱，她担心周期会变长，但回过头去检查记录时，却又发现这个周期并没有变化过。

　　我：爸爸走了之后，你最开始的时候是什么样子？现在是什么样子？你觉得这两者有变化吗？

　　张小姐：我觉得最大的变化就是，对我爸爸的那种，**思念他的那种周期有变长**。因为**刚开始肯定是每天都会想**，后面就每星期都会想，但现在已经固定到了**每一个月一定会想一次他**。其实之前一两年的时候，会很想……我自己觉得可能到了后面三年，这个周期会慢慢地变长吧。但是，因为我自己还是会特别想念他，或者心里特别有感触的时候，**还是会做一些记录嘛**；但是我发现其实没有，其实会很固定，还是一个月、20天或者半个月左右。那个周期没有变长，只是我自己的意识里觉得它好像变长了，但从那个记录的日期上发现，那个周期还是跟原来一样，并没有变长。

这种周期性的想念里也有张小姐自己的主动维持，当她发现有一段时间没有想起父亲时，她会感到"很自责，很难受，很压抑"。

所以，在我们后来探讨到何谓"走出哀伤"时，张小姐的诠释是"就觉得……再想他的时候，不会是那种很压抑、很负面的情绪，我觉得就算是走出来了"。

第四节　本章小结

根据哀伤理论的研究，不仅丧亲者所处的社会－文化情境对于他们的哀伤经验有着塑造的作用，并且哀伤反应和过程在本质上同样具有建构的特性。通过本章的讨论，我们已经初步探索了年轻子女在父母过世后的哀伤经验，既看到了他们在这一哀伤经验中的**主体选择**，也发现了**社会情境**是如何参与到他们选择的建构当中；既看到了他们哀伤**被隐藏**的一面，也发现了哀伤**永不止息**的一面。当我们触及了在"节哀顺变"之外，他们真实的哀伤究竟是何种模样之后，也就为接下来探索年轻子女是如何在父母死亡这一"不合时宜"（untimely）的经历中追寻意义做好了准备。

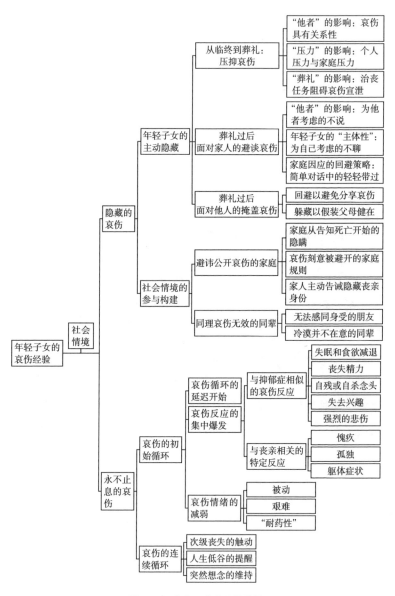

图1-7 本章研究发现的总结

第二章

年轻子女的追寻意义：转失序为有序的努力

那个时候就会很想不通，为什么？凭什么？我有时候在想，爸爸人那么好，那么仗义。我想过他为什么要走，就是想不通，我们这么……已经是这样（惨）的情况下了，为什么老天爷还要对我们这么不公平？他走的那一年，我二十岁生日刚过，我就说你送我的这个成人礼真的是……我马上就要实习，马上就可以开始工作，我马上就能为这个家分担些什么了，他（爸爸）马上就可以不用那么苦了。我想不通为什么……

——杨小姐，24岁

父亲在我们第一次访谈时离世3年，死因未知，猜测是心梗

第一节　导论

有学者在梳理了大量相关研究后提出，追寻意义是亲人离世后比较普遍的现象，尤其是当亲人的死亡方式难以被现有认知解释，容易被诠释为不合时宜时，丧亲者很可能会花费大量时间和精力，进行持续的探寻，试图为死亡的发生找到一些原因、解释或意义。显然，通过上一章年轻子女叙说他们的哀伤经验，我们看到，父母丧失所引发的那份隐藏而永不止息的哀伤，强烈冲击了他们原本与同龄人一样的生活经验；而这些痛苦也让年轻子女们如同开篇杨小姐那样发出了疑问："为什么老天爷还要对我们这么不公平？"

本章的任务聚焦于探索年轻子女是如何尝试着回答由父母离世所引发的一系列问题，也就是当面对"不该经历的也都经历过"的父母早逝时，他们是如何在哀伤和苦难中追寻意义的。首先，根据年轻子女的叙说，我意识到父母丧失之于年轻子女所引发的连锁反应，已然超越了单纯情绪层面上的哀伤，更意味着认知结构的**失序**（dis-order），而这份无法被融入生命叙事的失序，正是触动他们开始追寻意义的动力。接下来，我将描述并分析他们会如何围绕这一认知结构的失序追寻意义，也就是他们是如何尝试着转失序为有序。然而，并非所有的"问天"都能找到答案，许多年轻子女始终无法将失序融入连贯的生命叙事中，我将如实呈现此时的他们缘何想不通，同时又会有怎样的"自救经验"。最后，根据本次田野调查中唯一一次不期然见证一位年轻子女在追寻意义过程中的"顿悟时刻"，我将讨论这一经验能为研究和实务带来的新认识。

第二节　失序的认知结构：年轻子女开始追寻意义的动力

认知被颠覆的叙说在年轻子女的经验里极其广泛地存在着。年轻子女们反反复复地告诉我，父母过早的离世对他们来说是何等大的冲击，"不公平"是其中最常出现的描述，更具体来说，其中被诠释出的不公平覆盖着两类主体：离世父母和他们自己。

就死亡之于**离世父母**的不公平而言，也就是"Why her/him？"（为何是她/他？），如同开篇的对话，杨小姐当时抽泣着告诉我，父亲离世的时候还很年轻，不到 50 岁。虽然杨小姐也承认父亲的饮食习惯不好，平时也会抽烟喝酒；但是对照中国人常说的传统信念"好人有好报"，她很难接受善良的父亲会英年早逝，认为命运的安排很不公平，"好人有好报这个说法真的是很可笑呀，谁说好人一定会有好报的？**好人还有可能会早死**"。尤小姐也告诉我，母亲的离世摧毁了她先前对生命应有秩序的信任。中国人常说"生老病死"，但是在年轻子女的经验里，离世父母还没有来得及"老"，甚至有些时候连"病"都缺少了，就直接跳到"死"了，"我觉得事情应该是有一个完美的过程，就是说人的生老病死，我觉得人这一生，就应该是在完成了什么样的事情之后，才可以谢幕的，对吧？"而母亲在女儿尚未成家立业时就猝然离世，甚至没有机会亲眼看到女儿养育下一代，这些母亲错过了的身后事，让尤小姐为母亲感到既遗憾又不公平。

就死亡之于**他们自己**的不公平而言，也就是"Why me？"（为何是我？），由于现代社会的期望寿命不断上升，年轻子女大多预期父母"至少活到七八十岁"（尤小姐），至少能够陪伴自己走过成家立业、结婚生子的人生阶段。这一愿望却在"不对的时间"破灭，再加上接下来的许多次级丧失的触动，年轻子女常常将父母丧失诠释为自己"悲惨的命运"，认为老天爷对自己格外不公，"别人家的妈妈，同龄人的妈妈都还在，然后你妈妈（不在了）……对，无论是对她还是对我，都是一种不公平。我就觉得上天就是……大家都有的东西，然后把我的剥夺了"（尤小姐）。他们也会对日常生活中各种提醒丧父/丧母状态的情境非常敏感。杨小姐和我分享了一个故事，同事曾热心地邀请她去参加家庭聚餐，即使当时父亲已经离世三年，但当看到同事一家人整整齐齐时，杨小姐还是没忍住，当着所有人的面哭得稀里哗啦。

> 杨小姐：凭什么就要他（父亲）离开？我觉得好不公平啊！为什么？就是感觉别人过得很顺利，一帆风顺，凭什么就要我来经历这些？我也没有做错什么，也没有说我和我妈对

我爸有多不好，就像是一种老天要惩罚你的不好这种感觉……并没有啊，我们一家的关系还是很和谐的。

基于上述，我绘制了图 2-1，实时总结了已有的研究发现。

图 2-1　已有发现的实时总结

第三节　重构秩序的努力：年轻子女追寻意义的核心主题

研究告诉我们，年轻人是非常积极的意义创造者。当父母的死亡"进攻"了先前的认知结构并造成失序时，年轻子女并不会乖乖顺服地接受一个陷入混乱的世界。在我们的对话中，他们向我讲述了关于如何尝试在失序中重新建构秩序的丰富叙事（当然，他们的叙说中很少会用类似"冲击""意义"这样文绉绉的词语），试图保留生命叙事的一致性。[1] 我发现他们重构秩序的努力大致可

---

① 值得注意的是，相较于第一章的研究发现，也就是在年轻子女的哀伤经验之中，我们尚能较为明显地观察到社会情境在个人哀伤中的存在；但当过渡到追寻意义时，年轻子女很少与他人讨论有关"为何是她/他？""为何是我？"的挣扎，这一经验撤退到了个人–内在层面，开始不为人知。

被分为三类，分别是：寻找死亡发生的原因、重新评估失序的影响、调适冲突的认知结构（重新建构对于世界的认知）。

一、寻找死亡发生的原因

> 最开始的时候啊，实际上每个人都会遇到这种……这个时候会想是不是我的原因，一定要找一个替罪羊出来（笑）。
>
> ——沈先生，23 岁
> 3 年前父亲因为主动脉夹层住院，两天后去世

当回忆起 3 年前父亲突然发病，被送往医院两天后不治身亡的悲剧时，沈先生告诉我，事后他拼命上网找数据，试图搞清楚哪个环节出了问题。"找一个替罪羊出来"是当时他叙说时使用的一个比喻，很通俗但却意外生动地概括了年轻子女如何解释死亡的核心特征，也就是在这一经验里，为他们所接受的原因往往并非致使父母死亡的直接因素（譬如病因或死因鉴定结果）；相反，年轻子女最终认可的**前因**更多是一些能够承受他们愤怒的"替罪羊"。综合来说，其他人的责任、逝世父母的缘故、系统互动的结果、社会结构的困境、"这都是命"，以及偶然概率的发生是几项被年轻子女寻获的解释。

（一）其他人的责任

"其他人的责任"所囊括的对象十分多元，包括了家庭成员、逝世父母的朋友 / 同事、当时救治的医院等。值得留意的是，这一

归因方式**并不受限于死亡方式**，无论父母当时是因疾病而离世，还是自杀或发生了意外，年轻子女都会反刍逝世父母生前与其他人的互动，仔细寻找前因。

施小姐，7 年前母亲因抑郁症而自杀，是我的第 23 位研究参与者。一开始，施小姐认为母亲之所以患上抑郁症是因为工作压力太大，因此她将愤怒的情绪发泄到母亲同事的身上："当时会讨厌妈妈的同事，以为妈妈（离世）是因为压力太大。以前我见到妈妈的同事都会说叔叔好阿姨好……当时我就非常愤怒，那段时间，包括在妈妈的葬礼上，我会把我妈妈死去的愤怒发泄到他们身上。"甚至，她还责怪外公外婆不适宜的教养方式，以至于母亲成年后无法承受压力：

> 施小姐：我外公是矿区的书记，比较强势。妈妈后来做了小学老师，就是从小到大被保护得非常好的一个状态，很单纯。我就一直以为是因为我外公把我妈妈保护得太好，妈妈承受了压力，没有办法去化解，会怪外婆为什么会把妈妈教得那么单纯……就觉得是外公外婆教妈妈的……是保护得太好了，以至于她受到一点压力就会想要去（自杀）。

不想几年后，施小姐的继母发现了施父一段持续多年的婚外情，而这段婚外情才是导致母亲患上抑郁症的原因。施小姐告诉我，当父亲变成了"替罪羊"时，丧母伤口仍然未痊愈的她，对父亲的感情开始变得复杂：

施小姐：大一的时候……我现在叫她妈妈嘛，我跟她（继母）的感情也很不错，反正就发现了这个事情（父亲的婚外情），并且她告诉我，其实我妈的死就是跟这些事情有关。就相当于我妈妈死了两三年，旧事重提，**而且当时我的伤口一直在**。所以我就……怎么说，对我爸爸的感情很复杂，一方面我的经济来源就是他，另一方面又因为我爸爸从小到大对我真的很好，我又很爱他，又很……就很不能原谅他。

不单单是自杀的经验里存在着"责怪他人"的叙事，在父母由于生病而离世的案例中，这样的解释同样适用。10个月前母亲因肺癌去世的云小姐告诉我，自从母亲被确诊起，她就开始不断地问："为什么母亲会得了肺癌？"而她找到的替罪羊是舅舅一家人：母亲生前深受舅舅家发生的一些事情的困扰，因此长期心气郁结，"其实一开始没有太当回事，但是后来体检的时候，突然发现了她得了肺癌晚期"。

云小姐：我妈妈生病，一是因为她自己的脾气确实不太好，还有一个原因，就是因为（妈妈）跟我大舅他们家的哥哥（表哥）生气嘛。直到现在我和我爸……现在我们也不想去见他们。那种感觉就是，我妈真的是因为生气，生了那么大的气之后才生了那个病（肺癌）……我就想，**如果没有这件事情，我妈是绝对不可能这么早就去世的**，就是那种很怨恨的情绪。我在想，**为什么我妈妈没了，而他们（舅舅他们）还在**？什么事情都没有，代价也没有那么大。我一直纠结这件事情，凭什么他们还在继续生活，他们还活得好像没什么事情一样？
对，我纠结这些。

沈先生则是将错误归咎于医院。当父亲被送往医院后，沈先生回忆道，无良的医生没有对父亲进行紧急救治，还向他们索要了红包。医生最开始称，父亲所患的主动脉夹层在国内基本无法治疗，就算是勉强手术，也很难恢复。但事后他在检索病症信息时却发现，同一个城市的另一家医院刚刚成功治愈了一起相同病例。因此，沈先生既因自己为父亲选择了错误的医院感到深深自责，又对医院愤愤不平。

> 沈先生：特别巧合的是，我们那边的大学有附属医院，官网上报道，就在 5 月 26 日，他们医院成功治愈了这样一个案例（大喘气地笑了一下）。对，当时我们自己也有这种感觉，就是负罪感吧，没有把他送到对的医院……把我爸送到医院之后，那个医生呀……就是他们接收了，但是完了之后就（把我爸）扔到病床上等了两天。第二天他说要做一个影像检查。那天就我们一直等，等了一天。等到下午的时候，医生穿着便装，说他本来都下班了，突然有人提醒……因为我们又去找他们了，他们才做了检查……那个主治医生刚开始说的时候，他就说准备钱，我们就准备了，就一直想给这个医生塞钱呗……第二天准备给他送钱的时候，他说先给他买几条烟。我们就赶紧买呗，中午刚买回来，还没送出去呢，然后（人）就不在了（苦笑）。所以当时我们就感觉对这个世界……就

感觉这个医生啊……

（二）逝世父母的缘故

在以往的研究中，对逝者的责怪多是记录在自杀案例中，因为自杀的行为更容易被丧亲者诠释为"逝者对自己的抛弃和拒绝"，进而产生"他/她怎么可以对我做这么残忍的事情"的愤怒。7年前母亲因抑郁症而自杀的施小姐的叙说，也印证了这一观点："我以前不太能够原谅我妈妈。她走了以后就让我很不安，让我的很多情绪没能说出口。我觉得她应该有这个责任，应该在我迷茫的时候指点一下我，所以我不能够原谅她的自杀，我觉得她的自杀是一种逃避责任的方式，她逃避了所有的责任。"[①]

在与其他子女的对话中，我发现，这一叙事也会出现在因疾病而死亡的经验里。4年前父亲猝死的王先生，在叙说父亲当时在工作岗位上突然离世时，使用了"你（父亲）自己不争气走了"这样的口语表述，仿佛离世的父亲在面对死亡时仍然有选择。这样的诠释路径让王先生这样一个开始有能力尽孝、反哺家庭的儿子对父亲产生了愤怒，甚至是怨恨的情绪。

> 王先生：我觉得一开始都会有一种怨恨，有一种愤怒，我觉得都会，当时我也会有愤怒，是人之常情……他去世的时候，我就觉得他是个弱者，你儿子现在有能力了，结果你自己不争气走了，对吧？所以当时处在一个很愤怒的状态。

---

① 但施小姐之后逐渐意识到了母亲和自己作为个体的独立和分离，因而转变了理解失序的视角，这会是我们将在第四节进一步探讨的。

此外，一些年轻子女也会较为理性地分析父母的生活习惯与死因的关系。5 年前父亲因突发肝硬化去世的**吴小姐**，是我的第 6 位研究参与者，她就全面细致地回忆了包括父亲原本的身体状况、工作压力，甚至是农村生活方式在内的一系列危险因素。

> 吴小姐：我们那里是农村嘛，就不会有什么体检、做身体检查的意识。可能是因为他（父亲）之前身体也不是很好，我从小到大，他就有很多毛病，唉，因为在农村要干活，农村的那些饮食又不是很健康。平时比如说有压力或者情绪啊，可能都不懂得宣泄，特别是对于自己的身体，我觉得就是没有那么关注吧，比如说哪里不舒服，就觉得只是不舒服而已，吃的药啊，比如说头痛、喉咙痛、手痛、脚痛，就吃那些止痛药，但是并没有说要去做个检查，看一下到底是什么问题……

（三）系统互动的结果

归纳来看，年轻子女在前两种解释路径中更聚焦于**个人层面**，然而根据一些年轻子女的叙事，我很惊讶地发现，这一归因过程也可以被拓展到**系统层面**，也就是他们会试图探索不同的系统与父母的互动，尽可能地通过多个视角还原事件的全貌。相比较于前两种更侧重于直接寻找责任方的取向，这一种则是他们更希望知道**当时究竟发生了什么**。

1 年前父亲突然休克去世的蒋小姐告诉我，当时凌晨四点多，父亲突然肠胃不舒服。于是她立刻叫急救车，把父亲送去了医院。当五点左右赶到医院后，年轻的急诊科医生看到父亲意识清醒，也能活动，就等了两个多小时才请了其他科室的医生。但是等到八点多专科医生来会诊时，发现父亲其实是感染性休克，必须赶紧抢救，做抗感染治疗。没等到蒋小姐给父亲办理完住院手术的手续，在九点多时，父亲便去世了。紧接着，医院立刻推走了父亲的遗体，"其实那几个小时，我根本就来不及做任何其他的反应……就回家了"。

面对这样突发且悲痛的失去，蒋小姐没有表现出对医院的强烈愤怒，也没有一味将父亲突然离世的责任推给当时急诊科的医生，而是告诉我，她希望能够尽可能地了解"在那短短的几个小时里，究竟发生了什么"，希望医院至少向她交代清楚死亡的来龙去脉。

> 蒋小姐：对我来说，就连最后抢救我爸的医生是谁，我都一直不知道，你懂吗？当时我见过那个女医生两面之后，她怎么样，我什么都不知道。就是你需要……**希望被告知或需要交代的事情**，但是就是一个很……我也愿意相信医生会尽全力地去做这样的事情。但你还是希望有机会……如果……能够认识他们，知道里面发生的事情会更好。因为对我来说……可能真的不是那种会去追究责任或者让你赔偿的人。因为对我来说，钱真的没有生命重要，但也可能是医患关系真的很差，大家都要保护自己（所以他们没有向我交代更多细节）。

而一开始也是将前因归结于其他人的云小姐告诉我，在母亲离世后，她见了学校的心理咨询师[①]，在咨询师的引导下，云小姐开始改变自己的诠释路径，逐渐尝试以多重系统的视角来分析母亲的性格、舅舅一家人的性格、母亲的原生家庭环境等因素对这一悲剧可能产生的影响。

> 云小姐：有时候也会分析，比如说我妈妈这个人的性格问题或者怎样。我尽量保证用一个很客观的角度去想这件事情的话，就是她（母亲），包括我大舅，还有我哥哥，他们的做法也有问题，他们的性格也都有问题。但是他们变成这样，他们的性格也是由他们之前的家庭，比如说长辈造成的，或者他的生活环境使得他变成了这样。这让我感觉，我再去怪他或者再去怪谁，并没有太大的用处。我想，可能最后改变自己的想法是最有用的。

（四）社会结构的困境

更让我出乎意料的是，有两位年轻子女甚至用"**社会结构**"施加在个体身上的限制，对父母离世进行了原因诠释。概括来看，这两位年轻人的共同特征[②]包括：两位都是男性，父亲都是突然离

---

① 需要特别补充的是，本研究中仅有个别几位年轻子女会寻求学校的心理咨询师或其他专业人士的支持；这些少数者就读的都是心理学或社会工作专业，对心理咨询有一定了解。因此可能他们先前所受到的专业教育让他们在受父母丧失所困扰时，能够接受对一位"外人"讲出自己的挣扎，寻求帮助。

② 需要再次补充的是，这种特征的归纳并不是试图分析解释现象发生的原因，而只是我在写作过程中偶然意识到的两位叙说者之间的相似之处。

世，原生家庭的经济状况不富裕，受教育程度较高（一位是国内大学的社会学硕士，另一位则是美国大学的生物学博士）。

沈先生一开始其实也是将父亲的死亡归因于"其他人的责任"，但是随着寻找过程的加深，他意识到在不作为的医生和不公平的医治背后，有着社会结构在医疗资源分配上的根源性影响。他回忆说，农民出身、掌握非常少的社会资本、较低的社会地位，这些都让患上主动脉夹层的父亲"命中注定"无法获取所需要的医疗资源，这样的诠释方式"可能对自己来说，更容易接受一点"。同时这也让他决心要奋斗，这一归因也深刻影响着他之后的身份改变（将在第三章的第四节进行详细描述）。

　　沈先生：其实这个病啊，**看谁得**。要是像普通农民得一些病，那基本上就没啥救了，该死的死。但是，如果你的社会地位高一点，得了这个病之后，因为有各种的（欲言又止地笑）……就不会出现医生不管你的情况，可能就不一样了……实际上说起来，其实就是他（父亲）命中注定的事。为啥呢？（笑）因为他的这个地位，就决定了他遇到这个事的时候，不能有其他的资源去处理它，只能这样了。所以这样想过来的话，对自己来说，也可能更容易接受一点。

　　我：那你不会对社会阶层有愤怒的感觉吗？

　　沈先生：就是奋斗啊（笑）……虽然说，怨恨是现代社会的一种普遍情绪，但是还好……接受了。因为它的规则就在这里，你只有去了解了，充分地接受了这个规则之后，你才有可能去怎么怎么样。**你现在愤怒啥的，那只能说明你傻，你天真呗。**

6 年前父亲突然去世的严先生，同样从社会结构的视角思考了"为何是她 / 他？"这个谜团。当时父亲因脑梗住进了重症监护室，每天花费巨大，远远超过了家庭能够负担的水平，"我家又坚持了大约四天时间，就坚持不下去了，就放弃了"。他虽然很想要挽回父亲的生命，但也明白当时母亲之所以做出放弃治疗的决定，是为了保住儿子的未来。他回忆说，父亲的离世不单单是因为家庭在经济上的困难，也是因为父亲在思想上的贫穷，"你没有那种资源，这种事情发生在你身上你无能为力，这是必然的，这是目前这个社会的生存法则"。和沈先生类似，他也决定努力奋斗："那你想避免这种事情，make a difference，work hard，make money，That's it（做出改变，努力工作，赚钱，就是这样）。"

> 严先生：我觉得（死亡）为什么发生在我父亲身上，可以牵涉出来一个比较深刻的话题。因为我们穷，因为我父亲是个穷人。我父亲穷呢，他不只是 financially（经济上）贫穷，他思想上（也）是贫穷的。就是说啊，他拥有的是穷人的思维，他觉得可能有些小病，扛一扛就过去了，但是从长远角度上来看，这并不是个明智的选择，对吧？我相信，之前我父亲的身体已经给他信号了。我记得我母亲后来告诉我，他有一次头痛去县医院检查，县医院让他做一个核磁共振，好像是脑部成像的一个检查，要 400 多元的检查费，因为 financially 贫穷，所以他觉得这个价钱太高，思想上贫穷，他做出了一个不明智的选择：我不去查了，回家，休息去。所以说我觉得啊，这就是这件事情发生在我父亲身上的根本原因。

（五）"这都是命"

> 我：你觉得为什么这件事情会发生？
>
> 尤小姐：这个我倒是没有多想，我只觉得我妈妈……有些时候……我觉得就是命。
>
> 我："命"为什么这么强大，可以解释这个事情？
>
> 尤小姐：因为当你不能用一些很客观的原因来解决的话，那我们就会把它归咎于一些，呃，那个叫什么，我们不可抗拒的……这种潜在的……这样一种可能性吧，那我们最多的时候，就会说这可能是命吧。

当我问 7 年前母亲因脑出血突然去世的尤小姐，为什么她明明很痛苦，但却很少追问痛苦究竟为何发生时，她回答我："我觉得就是命。"事实上，"这都是命"是绝大多数年轻子女会提到的解释。更为有趣的是，即便许多年轻子女此前已使用了各种视角对"前因"进行了诠释，但当接近尾声时，他们的诠释仍然会落到"这都是命"。譬如刚刚提到的沈先生，当他将父亲的死亡放回至社会结构的背景下进行解释后，最后他仍然用"命"的概念总结了该部分的叙说："我觉得是有这样的一个东西（社会结构）在里面，所以这样综合想下来啊，有时候就觉得这个东西只能是他的命了，命该如此。"

曾有学者提醒说，哀伤的年轻人并不是在无中生有地创造意义，相反，他们会积极地在文化和社会情境中寻找可供解释的元素。中国传统文化中的**"天命思想"**，包括孔子所说的"知天命、畏天命、顺天命"，成为年轻子女试图解释死亡时的一个来源。值得注意的是，基于一些年轻子女的描述，"命"这一角色并不是在父母离世后突然地出现；当他们回顾整个生命叙事时，许多年轻子女感觉到"老天爷"很早就在提醒他们，只是当时他们未曾察觉到。譬如**孙小姐**，12 年前父亲因意外而离世，是我的第 3 位研究参与者，她告诉我，在父亲去世前一个月，他们刚搬了新家；当时孙小姐在家里连着哭了一个月，她说当时自己第一次意识到："忽然就觉得人是要死的，难过伤心了一个月。"紧接着，孙小姐孤身一人出远门参加夏令营，却被其他有父母陪同的"熊孩子"欺负。当时她一边哭，一边心想等自己回家也是有爸爸妈妈撑腰的。可没想到的是，当她回到家时，听到的却是父亲去世的消息。因此，孙小姐认为这一系列事情其实是"老天爷"给她的预兆。

孙小姐：当时就边哭边想，这有什么了不起，到时候回家，我也有爸爸妈妈。结果一回去，哎呀……后来回想的时候，我觉得是有预感的，虽然我可能根本不知道这是什么。

我：你回想到那些事可能是预感、可能是提醒的时候，有什么感觉？

孙小姐：我觉得可能真的是命吧。怎么说呢，就是可能因为我那时候还不知道是什么，可能这个世界、这个宇宙只能让一个人活这么久，他可能真的就只能活这么久，没有办法。它可能已经提醒过你了，你只是不知道而已。

当"这都是命"能够帮助一些子女来接受失序时，也有许多子女告诉我，其实"命"的解释并不能真正说服自己，充其量只是**暂停了他们与失序的纠缠**而已。譬如1年半之前父亲去世的曹先生，他认为父亲生前不注重定期体检，导致查出病时就已是肝癌晚期；同时他也会用"命"的概念进行解释，"我爸命不好，没有办法"。聊到后来，就读于法律专业的曹先生也苦笑着承认，"命"是他自己找的一个**站不住脚的自我安慰**。

> 我：那你现在找到了一个答案吗？
>
> 曹先生：没有。找答案的时候，会寻求那种玄学，可能我爸命里就是这个样子，有些事，你在现实中完全找不到答案。你说，如果我父亲是因为抽烟喝酒而得了重病，那像外婆抽烟喝酒这么多年，80多岁，快90岁了，还身强体健，为什么是我的父亲？你完全找不到一个可以解答这个问题的答案，然后就会去往那方面想，可能就是因为我爸命不好，没有办法，对。
>
> 我：嗯，那你觉得他命不好的时候，你的感觉是怎样的？
>
> 曹先生：就至少会有一个可以让自己得到安慰的地方。因为命不好这件事，谁都改变不了。但这个答案真的站不住脚（笑）。它就是一个没有根基的答案，毫无逻辑推理可言，大概只是自我安慰的一种手段。

12年前父亲因车祸去世的**魏小姐**，一开始也是用"这都是命"来解释为什么父亲本来是坐在另外一辆没出事的车上，但后来却换到了出事的那辆车上。但当我们进一步深入讨论时，魏小姐也承认，**"命"的解释并不能够停下她的发问**。

我：你觉得为什么爸爸那个时候会发生那件事情？

魏小姐：我觉得没有为什么（叹气），就是因为命吧。因为我爸爸当时原本坐的其实不是那辆车。有两辆卡车，他本来是在另外一辆车上，到中途的时候，他好像是为了和别人聊天还是什么，就换了一辆车，而这辆车后来就出事了。所以我觉得这件事情我没有办法去……想不开，这些都是命。

我：那你把这些事情用"命"来解释的时候，会更好一点？

魏小姐：并没有（笑）。我想说为什么我爸爸要有这种命，他明明就是一个很好的人呀，**他完全可以有更好的（命）**。他的这个命，完全可以规划得更好，他可以走另外一条路的。为什么要这样对他们？所以我觉得，我没有办法去解释这个事情。

顺着"这都是命"的解释思路，年轻子女可以继续追问下去：**为什么命是这样的？**为什么命不可以被安排得更好一点？3年前母亲因海难去世的郑小姐告诉我，由于母亲离世的日子也刚好是母亲的生日，因此父亲将此解读成"一种宿命"；而她很直截了当地说，自己非常不喜欢父亲或长辈用"命"来解释死亡，认为这是推卸责任的做法："我爸爸就做各种解读，有什么好解读的？而且我非常不喜欢宿命论，**好像一切责任都没有了**。那你还活什么活？但是老一辈都这样安慰自己。"

（六）偶然概率的发生

"偶然事件发生到你身上了""概率问题"或者"它碰巧发生

在我身上"，也是年轻子女会用来解释死亡的理由。1年半以前母亲因胰腺癌而离世的潘先生，在一开始思考"为什么是母亲"时很不解：医生出身的母亲有着健康的生活习惯，注意饮食，早睡早起，不抽烟不喝酒；甚至从20多岁开始，母亲就一直坚持每天早上跑步（直到去世前一年），体重常年没有大的波动。"家里看起来最健康的人"反倒得了癌症，这让全家人都很诧异。潘先生"不太愿意"将这归结于神秘的"天命"，而是采用了基因表达"概率"的解读。

> 潘先生：就会觉得，这种事情就是概率吧，只能说是……如果说得神秘一点，是一种命运或者怎样。从我自己来讲，我不太愿意说这个是命或者怎样，我更愿意说这可能真的就是概率……你碰到这个事情，因为大家都学过生物，知道每个人身上都有一定的致癌基因，只不过这个东西（基因）表达的原因，有的表达可能更快地被消解，也没有触发改变，但是有的表达会不断激活系统，最后导致癌变，就是这样的一个……概率这个东西，就是谁碰上，就碰上。所以就等于说在我看来，我只能告诉自己是这样一个原因。

这样的解释在其他年轻子女的叙说里，则会被看作"命"的特征。譬如刚刚提到的魏小姐一方面将父亲的车祸解读为命，另一方面也说："因为这本来就是生活中发生的那种不可避免会发生的事情，只是它碰巧发生在我身上而已。"6年前父亲突发心梗去世的孔小姐也是将"命"和"偶然性"混合在一起，叙说了自己的诠释："一部分原因可能就是碰巧，就恰好是，然后我有的时候会想，可能就是命吧。"

基于上述，我绘制了图2-2，实时总结了已有的研究发现。

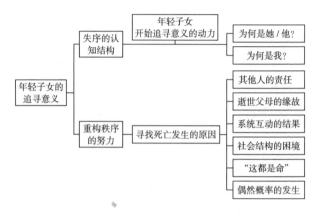

图2-2 已有发现的实时总结

二、重新评估失序的影响

康涅狄格大学临床健康心理学家克丽丝特尔·帕克（Crystal Park）认为，"重新评估压力的意义"（reappraised meaning of the stressor）是个体所追寻到的意义中的一类，指的是为了使压力事件不那么有害并降低与原有认知结构的差异度，个体会修改对压力的先前评估（Park，2010）。从这44位年轻子女追寻经验的故事里，重新评估失序的影响（尤其是缩小父母丧失的负面落差）在重构秩序的努力过程中，能够被清晰地观察到。

具体来说，年轻子女运用中国传统观念中"子女是父母生命的延续"这一文化概念，重新定义了死亡，继而打破了死亡的终结性；同时，通过以更不幸的情境作为参照，年轻子女重新审视了自己的丧失，使他们得以在回顾性评估中缩小失序的负面影响；最后，年轻子女通过建构以他人为核心的益处，重新诠释着父母死亡的负面影响。

（一）重新定义死亡：父母－子女的生命延续

台湾心理学者黄光国曾指出，就解释宇宙本体的观念而言，中国的儒家思想并不像基督教一样相信整个宇宙有一个超然的创造者；儒家建构了一套自己的宇宙论（cosmology），而其基础就在于个体的生命实质上是父母物理生命的延续（Hwang，1999）。这既是儒家宣扬孝道时的基本前提，也成了年轻子女得以重新定义死亡的"武器"。

3 年前父亲突然离世的杨小姐回忆说，当她最开始看到两个弟弟和曾经的自己一样，沉浸在哀伤之中时，会"冷血"地以长姐的身份戳破他们的挣扎："他（父亲）走了就是走了，你们想这么多，他也活不过来了。"但等到我们进行第三次访谈时，杨小姐却和我分享了她在诠释上的转变：她相信**父亲留在儿女身上的影响**不会因死亡而中断，虽然死亡带走了父亲的物质生命，但不可能让活在她心中的父亲死去，而这样想让她平静了很多。

> 杨小姐：他（父亲）在你心里啊，在我们的心里啊。不是说了嘛，一个人，他走的时候，生命就没有了，但是他在你心里还可以活着。他对你说过的话、给你的教育，还能让你继续往前走。我相信小的时候，他肯定知道将来有一天自

己要离开你，但是没有想过会那么早，所以他才会对你有这么多的教育。**对你这么多的教育是为了什么？就是为了在有一天他离开你，他不在你身边的时候，你能让自己过得好。**

10个月前母亲去世的云小姐也有着类似的诠释。当时，外公曾在电话中对她说："你可怎么办呀？（母亲去世）以后你就是从天上掉到地下了。"听到后，云小姐特别愤怒，认为外公这样的想法实际上是否认了母亲对自己的辛苦养育：

> 云小姐：我当时就特别愤怒，后来连话都不想说了，就挂了电话。我没有这种感觉，我没有觉得我从天上掉到地下，因为我妈已经把她所有能给我的、最好的东西都给我了。我相信她已经把我教育成了一个很优秀的人，我也相信自己能成为一个很棒的人，而且也不会因为这件事情就被打倒。还有就是，我感觉如果他们觉得我没了妈妈就什么都不是了的话，那他们就完全否定了我妈妈教育我的意义。所以我当时特别愤怒。就是我觉得，即使我妈妈现在人不在了，但是她对我的爱、对我的教育还是一直陪着我的。

在云小姐的诠释里，**母亲的爱、对女儿的教育**，这些都是母亲在女儿身上留下的印记，是死亡无法割断的。当我们进一步讨论时，云小姐说，她还是会很遗憾母亲不得不缺席孩子未来的婚礼，错过看到自己的外孙辈诞生，但云小姐不会避讳在以后的孩子面前谈到自己的母亲，她会很愿意给孩子看外婆的照片、视频，并且告诉孩子："即使她（母亲）不在了，但她这个人的价值还是有的。她是你的外婆，她是一个怎样的人，她做过什么事情，包括她也养育了这样的一个我（哭）。"

对于许多年轻子女来说，借着发现父母－子女之间关系的密不可分，尤其是这一关系不会因死亡而"死亡"，使得他们能够将离世父母整合到自己的生命叙事之中，重新定义父母的死亡。换句话说，**年轻子女生命的继续，代表着离世父母生命的延续**，因此在某种程度上，因死亡而产生的失序也就得以恢复。而且，在这样的诠释路径里，许多子女也会很自然地产生"自己和家人好好活着，是对逝者的告慰"的常见想法。

> 吴小姐：就是死亡，他（父亲）要死了，你也没有办法……而且只要你活得好，只要活得好好的，一家人健健康康在一起啊，你更懂事、更孝敬妈妈呀，这些对我爸来说，都会觉得很安慰。只要你活得比他在的时候好，那他应该会好受一点，我也会好受很多。

（二）重新审视丧失：以更不幸的情境做参照

过往的创伤研究也发现，**回顾性重新评估**（retrospective reappraisals），即个体在经过了一段时间后对威胁事件影响的再评估，在一定程度上会改变他们对于事件性质／本质的诠释。譬如，心理学家谢利·泰勒（Shelley Taylor）等人提出了"选择评估理论"，指出当幸存者试图将受伤体验降到最小化时，可选择的五个策略之一就是**与更加不幸的人进行社会比较**。

我亦发现了一项类似的策略，即重新审视丧失，更具体地说，是在父母离世一段时间后的再诠释过程中，缩小失序所带来的影响。这样的再诠释能帮助年轻子女在失序的人生里获得些许慰藉。1 年前母亲因抑郁症而自杀的**喻小姐**，是我的第 37 位研究参与者，她对我说："那时候支撑我的一句话就是，**当你觉得痛苦的时候，有人还在深渊里面。这句话，一直支撑了我很久很久很久。**"具体来说，这一现象中有三类情况值得我们特别留意。

第一类情况是，一些年轻子女在父母过世后的一段时间发现，实际生活并没有像想象中那样遭受巨大冲击。这类情况可能和子女的成熟度（譬如他们的年龄）、子女 / 家庭对逝者的依赖程度（包括情感上和功能上）、家庭的生命周期等有密切关系。一些年轻子女告诉我，在父母过世时，他们常常以为接下去的生活会痛苦到难以承受；但过了一段时间却又发现，至少就个人生活和家庭运转而言，一位父母的离世并没有给他们带来想象中那么糟糕的影响，比如 1 年半前父亲去世的曹先生。

我：那你觉得爸爸离开这件事，对你们家的影响是怎样的？

曹先生：我们家嘛，**其实我现在看的话，没有什么太大的影响。**

我：听起来有点残忍。

曹先生：（笑）对，对。说起来是有点残忍。确实因为该上班的上班（指母亲），该带孩子的带孩子（指姐姐），然后像我，该上学的上学。**就是还挺按部就班，跟以前没有什**

么太大的区别，只是有的方面，比如说我妈那边，会觉得有一点点差别。对，但像我姐嫁出去了蛮多年，我大学四年都在外面，所以那种生活上的感觉可能就……觉得没有什么太大的缺失。对，因为自己也在外面嘛，感觉也没有太强烈。

第二类情况也是在年轻子女的叙事中最常出现的，就是"比你惨的人还有还有很多"（沈先生）、"我不是最惨的"（冯小姐）。而**被社会比较**的对象通常包括：生活里听到的其他人的经历、在报纸或新闻上看到的负面消息。

周先生年仅 10 岁时，母亲因车祸意外去世，之后他的父亲很快再婚，而嫁进来的继母却因偏爱自己的儿女而忽略了他。周先生告诉我，当时能给他带来安慰的，就是当时看到村里还有年纪比他更小但生活更加困难的小孩子，他就会想到至少自己还有父亲，而且父亲会赚钱养家照顾他。

> 周先生：因为还有比我小的人……因为只要那些事实摆在面前的时候，那种现实（带）给你的冲击感。你可以想象那么小的一个小孩，刚上小学就没有爸爸妈妈，在爷爷奶奶家里住着，爷爷奶奶靠着补助来生活，来养他，这有多么艰难。嗯，而我爸爸还有工作，真的是……**当觉得自己脚上的鞋不合适的时候，看看那个世界上没有腿的人**，就是不要跟别人比……

1 年前父亲突然去世的蒋小姐也和我分享说：

蒋小姐：每天有那么多人去世，比如说叙利亚战争，这是在不同的时间、不同地点，发生这样的事情，但就像《非自然死亡》[1]里去世的其实都是（孤孤单单的）一个人，所以我才觉得他们好孤独。我心情不好或者怎样，像男朋友他们肯定都会知道，不只我一个人，身边的人也都会知道嘛，你也有你的社会网络和支持体系。但是我觉得日本人就好孤单啊。

第三类情况是，一些年轻子女会通过想象更糟糕的情况，让自己得到安慰。某种程度上说，这类情况仍然是在借助社会比较，以试图接纳失序，只是被比较的对象不是其他人，而是**另一种可能性中的自己**。2 年前父亲因肝癌去世的钱小姐很坦诚地告诉我，虽然她当时的确因父亲离世而相当痛苦，"缓不过来"；但其实她对父亲的感情并没有那么深，加上没有长期生活在一起，要是去世的是母亲，（那就）"真的是太可怕"。

钱小姐：我对他（父亲）的感情没有特别深，如果是我妈妈去世，我就（会很）崩溃。对对对，这是实话，后来我有一个闺蜜（云小姐），她妈妈今年 9 月 9 日的时候（去世）……

---

① 《非自然死亡》是一部 2018 年的日剧，讲述的是日本的一家民间法医组织专门接收非正常原因死亡者的遗体，并进行解剖，试图找出案件真相。我在看完这部剧后将它推荐给了蒋小姐，因为这部剧让我感受到了对死者的尊重：主角不是以简单的疾病致死来了结案件，而是冒着生命危险查明死亡原因。而这一"尊敬逝者"的态度，刚好响应了当时蒋小姐父亲突然去世和医院并无下文的痛苦经历。

其实就是不久以前嘛，我当时就说"我的天啊"。我觉得我比她幸运一些，妈妈去世真的是太可怕，就感觉"天塌了"……就像别人看我，他们也觉得我挺幸福的，**我没的是爹，不是妈，要是你最亲的妈妈去世了，那肯定就会更痛苦一些。**

（三）建构丧失益处：以他人为核心的益处

有西方学者将"解释丧失"和"寻找益处"视为追寻意义的两种结构，后者强调的是丧亲者在认知上能够识别出丧失后的益处，发现乌云背后的银边①。随着意义重构理论的影响扩大，"寻找益处"（或者说以更积极的方式重新审视丧失）开始被更多的学者视为应对丧失的策略或追寻到的意义。

在西方理论中，"寻找益处"多指个人在丧亲后所能获得的益处，而这些中国的年轻子女却呈现出了完全不同的经验。年轻子女明显表现出了对"寻找益处"这一说法的排斥，拒绝把个人的成长接纳为所谓丧亲后的"益处"；被他们接纳的益处更多指的是他人，包括离世父母、另一位尚在的父母，甚至是医学事业。概括来说，在中国文化的情境下，年轻子女通常拒绝接受以自我为中心的益处，而只能接受通过**建构**以他人为核心的益处。值得澄清的是，"寻找益处"与"建构益处"是不同的：前者意味着年轻子女认同这些益处是随着父母离世而真实、客观地出现了；后者则表明这些益处来源于年轻子女自己的主观建构，未必真实，

---

① 英国谚语，出自英国诗人约翰·弥尔顿（John Milton），原句为"是我被骗了吗？或是乌云在夜里竟也透出银白色的边线？"，意思是任何坏事的背后，都有美好的一面。

或许是心理安慰。8年前母亲去世的冯小姐，在谈到当时亲戚朋友对她丧母后个人成长的"赞赏"时，表达出了**强烈的愤怒**，拒绝将痛苦的丧亲结果与潜在的个人成长进行等价转换。这也让我感受到了年轻子女对于"寻找益处"的排斥，因此选择了"建构益处"的表述方式。[①]

> 冯小姐：**你夸我坚强，夸我能干，或者夸我厉害，我应该谢谢你吗？我应该去写信谢谢这个事情（母亲的去世）让我变得这么坚强、这么能干吗？**我不会的，我不知道。我不知道怎么去处理这个事情，**我心里就说拜托不要说，我心里就说拜托不要说，**这个不是你们家的事情，你跟我说也讨论不出什么结果。**这件事情本来就不对，凭什么还要感谢它？难道我要感谢我妈妈去世了，感谢上天让我有这样一个吃苦的机会吗？**

建构益处的第一类情况，也是年轻子女的叙说中最为常见的，是他们通常会为离世的父母建构起某些益处。1年前父亲突然去世的蒋小姐，当她回忆起父亲在毫无预备的情况下离开人世时，虽然这样的离别方式完全撕裂了蒋小姐原本对于生死离别的想象，

---

① 不可否认，年轻子女偶尔会谈到一些正面的个人成长，但他们通常也会很介意用积极词汇来描述这些转变，并且有意识地用更为中性的表达。比如曹先生就用"要付出一点代价的成长"来描述丧父后他更加成熟的转变；再加上他承认现在"这段时间可能是我的黄金期"，因此，他才愿意认为自己与同龄人相比，在事业发展上更有机会。

但是她后来慢慢诠释出了这种突然离别对父亲的益处：**至少这样，父亲少受了一些病痛的折磨。**

> 蒋小姐：但是有一点好的，他（父亲）没有痛苦很久，因为（活到）七老八十那个状态，其实也很累。如果说你伴随他衰老，其实也很难。《流感下的北京中年》①那篇文章，其实我看了后很欣慰，我没有这样挣扎的过程……你想，如果他那一个月里痛苦一直都没有减轻，最后离开，和他现在（突然）离开，其实他的痛苦也少，我的印象会比较完整。人其实挺累的。可能这些我都不用处理，挺好的。

就生病一段时间的案例而言，许多年轻子女在目睹了父母饱受病痛的折磨后，通常会建构出**"她/他至少解脱了"**的益处。父亲半年前因心脏病手术感染而去世的金小姐告诉我，当时父亲在医院治疗了两个月，吃了很多苦头：身上开了三个特别大的伤口，两个月不能进食和喝水。所以我们对话时，金小姐说，至少死亡让父亲不用再"遭罪"了。

> 金小姐：其实事情发生的时候，我觉得还是可以接受的，毕竟在医院两个多月了。我们那个时候，真的每一天都是……对我爸爸来说，对我们来说都是煎熬。很多时候，包括事情

---

① 这是 2018 年的一篇网络热文。作者记述了自己的岳父在 29 天时间里，从感冒到肺炎，最终承受巨大痛苦、病重离世的全部过程。

最后没有发生的情况，我都有想过，我想说不如就快点这样吧，因为不想看他再遭罪了。我觉得他比较可怜的，一个可能是治疗方面的痛苦，正常心脏病人就只是开胸，而他开了胸，小腿上还有一个伤口，然后大腿那个部位要做体外循环，也有一个伤口，一共有三个特别大的口子。他两个月里基本没有进食，看着特别可怜，又不能给他喝水。我觉得人不吃东西、不喝水很可怜。与其这样活着遭罪，还不如就……但还是拼命地想要让他好（起来）。

建构益处的第二类对象通常是另一位尚在的父母。这样的叙事在44位年轻子女中仅有一位：4年前父亲猝死的王先生。当时在我们的第二次访谈中，他和我分享说：父亲去世后，他辅修了心理学。而在和母亲日常相处的过程中，王先生开始有意识地正向引导母亲，让她看到伤痛后的好处，也就是如果父亲没有去世而是病倒在床，那么母亲很可能要为了照顾父亲而经历照护的辛苦。

王先生：虽然谈到我父亲，她（母亲）也有点伤心，但是她会认识到，父亲去世虽然是件伤痛的事情，但其实它同时也带来了好处。如果父亲没去世，如果他没走，而是病倒了，**讲白了，她可能要照顾父亲**。可能所有的事情全都让她从另一个角度认识了，也许对她来说，其实某些方面是有好处的。这样的话，她的心态慢慢慢慢开始放开，就是说（不再）一直想"为什么到我老了，老伴没了"。慢慢她就看到，譬如跟她同一辈的（朋友），有人的丈夫生病了，或者因为什么牵挂就不让她（朋友）出来玩。但在我这里，你想去哪儿，我都不会阻拦。就会有一个对比，虽然有失去的痛苦，但她也能找到一点失去的快乐。

建构益处的第三类对象，指向的则是医学事业。本次研究中也仅有一位年轻子女分享了这类叙事。**陶女士**，1 年前父亲因恶性肿瘤合并血液病而去世，是我的第 32 位研究参与者，她告诉我，当时父亲的主治医生对她说的一席话，让她宽慰了很多。医生告诉她，医学之所以能够救人，其基础就是过往无数病人的离世；因此，陶父的死亡并非毫无意义，而可能给现代医学带来进步。而这样的开导，也让陶女士**在死亡里找到了意义感**。

陶女士：你知道我遇到的医生有多好吗？第一个（医生），其实他对我进行过心理辅导，他告诉我，现在所有这种救人的经验，都是踏在很多人牺牲的这个"肩膀"上面的，对。也就是说没有他们的牺牲，就不会有我爸爸的安稳，对。所以可能有一天我爸爸去世了，也是在为后面的人做贡献。嗯，就是这种延续的感觉，让我觉得还有点盼头。**我的爸爸也会说，如果他的死亡能对别人有帮助的话，他也会觉得自己有点贡献**。

基于上述，我绘制了图 2-3，实时总结了已有的研究发现。

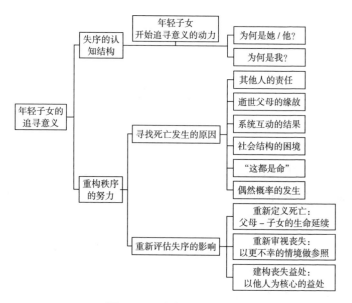

图 2-3　已有发现的实时总结

三、调适冲突的认知结构

在年轻子女的叙说中，**"调适"**（accommodation），即修订原来的普遍意义或目标，以更好地适应威胁事件，也是普遍存在的。譬如 1 年半前父亲因肝癌晚期去世的曹先生和我分享说："你要明白，**不是所有事情都是有意义的**，有的事情就是以这种方式在这个时间这么呈现出来，你就要接受它。"具体来说，面对因父母离世而遭遇冲击的认知结构，年轻子女有意识地通过调适对"何谓人生"和"何谓公平"的认识，试图为失序重新建立起秩序。

（一）重新理解人生

年轻子女对人生的认识会因父母丧失而受到剧烈冲击，为了将失序融入自己的生命叙事，年轻子女不得不修改自己对于"何谓人生"的看法。被再建构出来的新认识乍看之下十分消极，或者用他们的话来说，这些认识"**很丧**"。

第一类新认识是，年轻子女开始认识到**人生并不存在公平**。2 年前父亲去世的钱小姐回忆道，原本的她在生活里经常会自我鼓励说："没事，我现在努力，我现在过得稍微痛苦一点，以后会有更好的生活。"但是 20 岁出头就失去了父亲的经历（甚至连钱小姐的母亲都说"我都 50 岁才经历，你居然 20 岁就经历了"），让她开始意识到，人生的道路未必总是苦尽甘来；人与人之间在包括生死的很多事上就是不公平的。尽管她也害怕不公平会继续出现在自己身上（譬如她很害怕再一次过早经历母亲甚至是另一半的去世），但是她明白，死亡这件事情由不得她，她也拿它没有办法。

> **钱小姐：没准你就是会倒霉一辈子，没准别人就会幸运一辈子**。我觉得人跟人之间就是会有这种差异，就是不公平的。有些人可能一辈子都不会经历很大的挫折。我之前很羡慕不用经历这些的人，人家就是不用经历，人家一辈子都不会经历，不是或早或晚，就是有些事情，不好的事情，他可能一辈子走到头都不会经历。我原来也会觉得不公平，后来想想觉得也没办法，毕竟有的人就害怕命运不公。你现在活到 20 岁了，还没有结婚，万一你的另一半走得很早，这些东西都不好说。

　　高二时母亲自杀的施小姐回忆 7 年前的那段时间，用"怨天尤人"一词描述了她自己。当时的她抱怨命运对自己的安排不公平，但是在与命运"摔跤"了很多年后，施小姐告诉我，现在的自己能够接受这一份人生的不公平："**难道人生就应该顺风顺水吗？为什么只有我一个人要顺风顺水？**"施小姐特别喜欢《金瓶梅》，称作者兰陵笑笑生"写生写得很冷静，写死也写得很冷静，就感觉好像生死都是一件很平常的事情"，而书中的"**劝君凡事莫怨天，天意与人无厚薄**"尤其打动她。相较于继续执着于人生公道与否，她称"这个问题是根本不值得思考的"。施小姐宁愿接纳人生的不公平，调整好后继续前行，努力让自己变得更强。

　　第二类新认识是，年轻子女开始认识到并不是所有的人生问题都能得到解答。譬如秦小姐，她坦诚地告诉我，自从父亲 14 年前去世后，她始终无法放下。原本是基督徒的她辗转委身了天主教，尽管做了诸多努力，但她始终没有办法找到能够解答心中疑问的答案，最后她得出了一个结论："我们必须接受这世界上有一种事情，它的答案叫作无解。"

　　*秦小姐：以前做数学题，要是做不出来，你总会尝试，对吧？我尝试两三种（方法）就做出来了。**这事不是啊，我尝试过好多种。**真的是折腾完了，我跟你说，都没用！很多东西我想不明白，他为什么那么早就走了？我不明白为什么上帝生了我，要让我承受这些东西，我不明白。说实话，我去问上帝，我觉得祂好像一直都沉默。*

施小姐也因母亲离世后发生的一系列事情（包括安全感丧失、父亲的婚外情、父亲组建新家庭等），开始不断思考有关人生的各种问题，但是她也逐渐开始意识到，这些问题未必如同生活中的其他问题那样，总能得到解答。

施小姐：我觉得可以思考很多问题，但是没有必要知道答案。所以我也可以什么都不……嗯，有部电影叫《咖啡公社》，它就是讲很复杂的多角恋关系，然后去探讨这个复杂的情感本身。嗯，里面有句台词，"Some questions you don't want to know the answers"（有些问题你并不想知道答案），**就是你可以去思考，但是不必知道答案**。

第三类新的认识是，年轻子女开始认识到自己并非像想象中那样，能够掌控自己的人生。在尚未经历至亲离世前，许多年轻子女都会有一种"我命由我不由天"的掌控感；而经历之后就会意识到，人在死亡和很多事情上都是无能为力的，"就像我父亲走了这个事情，不在你的能力范围内，不是你能把控的，你只要做好你的事情就好了，所以不管有什么事情，你只要去坚持去做就可以了，至于结果，你是没法去把控的"（王先生）。

1年前父亲突然去世的蒋小姐也意识到，人生中充斥着不可控因素："其实对于一个人来说，可能有的选择或者结果都是选择的因素加总造成的，有些是你能控制的，剩下的，你是控制不了的。"她最后也不得不承认，面对这些无法控制的事情（包括父亲的去世以及她后来得知的因车祸去世的高中同学）："**那你只能去接受，**

你没法倒退了嘛。"

（二）重新建构公平

正如前文所阐明的，父母在仍壮年时过世，自己在仍年幼时丧亲，这些经历几乎剥夺了年轻子女对于命运、生活和成长的全部期待。这一雪山崩塌般的失序感，也把他们推到了如何与失序相处的境地。或许由于失序感太过于强烈，以至于年轻子女在重新理解了人生（承认人生既不公平也无解，还无法掌控）后，仍然无法接纳失序，而不得不直接面对这一公平感的丧失，也就是尝试着重构被解构的公平。

年轻子女首先尝试恢复的是死亡之于离世父母的不公平。在仔细阅读了他们的叙事后，我惊奇地发现，许多子女在应对这一失序时不约而同地选择了"公平或者不公平，不是我能主观判断的"这一重构的路径。根据中国文化的传统观念，当父母将年幼的儿女抚养成人，而后逐渐退出工作，就是年老的父母开始享清福的生命阶段。年轻子女谈到这一落差时，常常满怀遗憾，"还觉得挺遗憾的，有一种走过了很艰难、很辛苦（的阶段），或者很努力地走过了自己的前半辈子，到了后面真正该去享受自己得到的所有成果和生活的时候，却享受不到了。觉得划不来，**是一种所有的东西都落空了的感觉**"（潘先生）。4 年前父亲猝死的王先生最初也是感到"各个方面都不值"，但之后他逐渐在如何判断的视域里把自己和父亲的不同区分开，承认如何判断好与不好，在于父亲而不在于他自己。

王先生：我一直觉得父亲这一辈子不值啊，各个方面都不值。但是话说回来，值与不值，那也是外部评价。可能生与死只是我认为的好与坏，但实际上也许并不像我想的那样。至于他过得好不好，只有他自己知道，也许会有遗憾吧。我觉得我没法帮他想啊，我没法去评判他的（人生），因为我不是他呀，对不对？我只能站在我的角度去评判我自己，而没法去评价他……也许父亲他们觉得，也许啊，觉得他当时要是没走（就好了），但如果以后躺在床上半身不遂了，那对他来说是不是痛苦煎熬？你没法去评判它当时是好事还是坏事，因为很多东西都在不确定地发生变化，你怎么知道最后是什么样？所以没法去判断。

2年前父亲去世的张小姐有着类似的叙事：她逐渐意识到自己无法代替去世的父亲做判断，一方面是因为就最后的结局而言，父亲经历了最不幸的事情；但就生命的过程而言，父亲却又是最幸运的，他有深爱他的妻子和女儿。而另一方面，张小姐也承认，她其实是在不断告诉自己：世界是公平的。

张小姐：以前会觉得更不公平。我觉得这也是命，但是为什么这么不公平呢？但可能现在，我会觉得，嗯，还好。这种公平不公平，都是我们主观臆测的东西。换句话说，虽然说可能他（父亲）在那些方面真的不好，**但是他真的遇到了一个很好的妻子、很好的女儿**。换句话说，也不是那么不公平。**我爸爸是最不幸的，但又是最幸运的**，虽然说，可能他身体有怎么样，但是他遇到了一群很温暖很温暖的人。我觉得他是最幸运的，又是最不幸的……公平与不公平，也不能太凭主观臆测，而且我也不能老是天天怨天尤人，总要多看点生活中好的方面吧，不然就……整个人都过得很低沉……因为我不想让自己被那种太悲观的情绪所影响，去过我自己的生活。我不想一直觉得自己是不幸的。

他们其次尝试恢复的是死亡之于自己的不公平，尤其是"太早太早经历这个事情了"（冯小姐）。此时，年轻子女会有意识地缩小他们和同龄人之间的差距，弱化丧父／母的不公感，以重构认知结构里的公平秩序。

18岁时经历母亲去世的魏小姐告诉我，当身为基督徒的男朋友带她参加一个校园团契时，她一开始并不愿意谈起母亲，后来却发现很多人有类似的经历，"突然之间发现好多人都有相似的经历，就好像这样会被安慰到一些"。很多年轻子女也会通过阅读来弱化这一罕见感，17年前母亲因为风湿性心脏病去世的华小姐说，当她在阅读史铁生的《我与地坛》时，感受到了在现实生活里得不到的共鸣感："他（史铁生）就说他妈妈嘛，大概是说**上帝看她心里太苦了，便早早召她回去了**。这句话我印象很深，就觉得好像不孤单了，你的这种经验经过了他们的书写，变得集体化了。"

许多年轻子女也会主动自我消解。"所有人必然经历，只不过我早一点"是年轻子女重构出的第一类常见诠释。1年半前母亲去世的潘先生在跟我对话时，也苦笑着问："我自己还是个孩子，为什么让我经历这些？"但后来他在叙说中却自我开解，认为送走父母是早晚的必然，只是自己经历得相对早了一点。

> 潘先生：但是怎么说，**它（父母离世）是一个你必须……每个人都会经历的东西**。主要是说我，就要比别人早一点。每个人都会经历，每个人都要经历，你要把自己的父母送走。只不过我经历的这个事情，**相对来说更早一点**。后面的十几二十年，我去交流或者获得这种来自长辈的人生经验和指导，相对来说可能会更少一点。但其他的方面，我觉得我跟普通的人没有什么太大的区别。

而"每个人都会经历自己的苦难"是许多年轻子女重构出的第二类诠释。2 年前父亲去世的张小姐说，她最开始也会因父亲的去世、家庭的破碎而难过，尤其是当感到与同龄人、其他家庭的不同时。面对这样的差别，张小姐建构出了自己的诠释路径，也就是每个人的成长都会经历一些事情，只是表现形式不同。

> 张小姐：（以前）我会觉得身边其他人的家庭都是很完整的，很幸福的，做什么都是一家人整整齐齐的。那我觉得我们家就是不完整的，就是破碎的呀，就是非常不完美的。但现在我觉得也没什么，可能每个人的成长总要经历那么一些事情，可能有的是亲人的离开，有的是家庭关系的破裂，**只是不同的表现形式而已**。我也是在爸爸妈妈的爱与关注之下长大的，那我觉得我没有什么可自卑的。我是在一个很开明

很亲近的家庭中长大的，我就没有什么要比他们更自卑的地方，我觉得我也有在成长，我也有在长大、变强大。我就觉得没有什么。

还有一些年轻子女则认为"和同龄人的不一样会消失"。12年前父亲被害身亡的戚先生分享说，年幼时的自己常常因没有父亲而自卑，感到不自信；但是到了现在这个年纪（戚先生当时正在读研究生），他认为"大家都是很一样的"。差异感消失的原因在于，他认为"现在大家都是靠自己"，大家都是不远万里在异地求学，"靠自己更多一点"。从某种程度上说，当丧亲的年轻子女成年后，正好遇上同龄人经历与父母关系的分离，这个交汇点可能消除了两者的一些差异感/不公感："没有说我和别人（比）少太多。"

> 戚先生：但我在现阶段吧，现在（到了）研究生，大家都是成年人，20多岁了，其实家的那种观念很淡。现在大家都是靠自己了。对，因为我的同学也基本上都是来自河南、陕西、山西这些内陆地区农村的孩子。大家都是靠自己更多一点，**谁也没有想过去靠家里**，所以说，我感觉，**大家都是很一样的**。我没有担心会有特别的感觉，所以没有觉得我跟别人比少太多。对对，我现在是没有那感觉，没有说我和别人（比）少太多。

基于上述，我绘制了图2-4，实时总结了已有的研究发现。

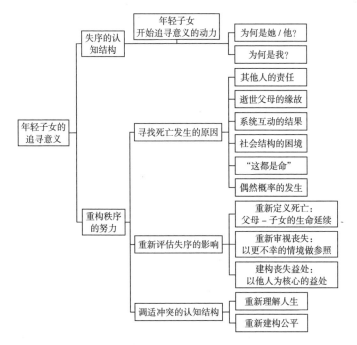

图 2-4　已有发现的实时总结

第四节　重构秩序的失败：年轻子女追寻意义的常见主题

　　尽管我花费了大量篇幅描绘年轻子女如何努力地重构秩序，但如果希望尽可能地走进他们的真实经验，就无法只关注追寻过程中积极的一面。事实上，面对父母离世，44 位年轻子女中只有 1

位年轻子女——1 年前母亲因长期抑郁症而自杀的喻小姐告诉我：
"我从来就没有想过（为什么）这个问题。"另外的 43 位年轻子
女都曾追寻过意义，即使时隔多年，其中很多人仍表示**想不通**，
始终无法接受。这样的重构失败再次体现了失序的核心特征：父
母早逝这一现实（对父母和子女的双重不公平）与年轻子女原有
的生命叙事（有秩序、有意义、有公平），两者之间充满了冲突；
试图将前者融入后者困难重重，极其容易失败。

那么在年轻子女的经验里，重构失败这一经验具体是怎样的？
他们为何无法实现重构？当重构失败时，年轻子女又会有怎样的
经验？我接下来将一一陈述，以描绘他们在无法将失序融入生命
时的自救经验。

一、始终想不通：当失序无法被融合

朱小姐：凭什么最后离开的是爸爸？为什么他就注定要
这么早地离开？别人不还是过得好好的？像高血压这种，都
是很多成年人都有的病啊？别人的爸爸也有很严重的疾病，
都还是可以活得好好的。就是想不通，为什么会这样。

我：那这个想不通，你有什么办法吗？

朱小姐：**好像也没什么办法。想不通的还是想不通**，这
种事情就是想不通……在想这个事的时候，最多的想法其实
就是不接受，我就是不能接受……他离开（大声抽泣了一下）。
然后就是一直很想念，比如说心情很难过的时候，就特别想
要他来陪我，在心里想你要来看看我多好的时候，我就会梦
到他（抽泣），就会梦到他来看我，就觉得很感激，感觉他

肯定还在我身边（大声吸气，鼻子塞住了）。

以上讲述来自我和朱小姐的对话。5 年前，朱小姐的父亲在打篮球时突然倒地，事后猜测是高血压病史所致。在我们的两次对话中，她基本上说完每句话时都伴随着哭泣。如此强烈的哀伤反应，在 44 位年轻子女之中也是罕见的（因为大多数年轻子女在首次触及伤痛时更容易止不住哭泣，但在第二次访谈时情绪会变得相对稳定，只有聊到特定的情绪点时，才容易被触动）。但朱小姐在两次对话中几乎完全一致的哀哭反应，以及她完全拒绝接受的态度（与五年的哀伤时间相比较），令我在印象深刻的同时又感到困惑。也正是这样的困惑，让我在田野调查中增加了对重构失败这一现象的特别关注。

按照年轻子女的叙说，重构失败这一经验并非没有追寻过意义或暂时没有成功。事实上，他们往往花费了大量时间，尝试回答由父母离世所引发的一系列问题，但却不能接受 / 认可所找到的答案。因此我们可以说，此时的年轻子女是在有意识地抗拒同化（assimilation），即在面对父母死亡所触动的失序时，他们拒绝修改内在的情境评估意义（situational appraised meaning）以使之符合外在的普遍意义（global meaning）。

譬如，当云小姐问好友钱小姐，她如何缓和哀伤时，钱小姐很直接地告诉她，**哀伤是缓不过来的，死亡也是想不明白的**，"我说缓不过来的，你肯定不能接受。慢慢来吧，不要指望现在就想明白这件事情，没有办法想明白的"。而当我在第二次访谈时，问 3 年前父亲突然去世的沈先生，他在第一次访谈时告诉我的"耿耿于怀"是否还在时，他回应道："现在可能会淡一点吧，其实'耿耿于怀'这个东西，除非你有一天想通了。如果想不通的话，**只能是慢慢淡一点淡一点，但不会消失的。**"我继续问："所以你始终没有想通？"沈先生也很坦然地告诉我："对啊，我始终想不通。很正常。"

二、重构秩序缘何失败

（一）死亡对比之下不合理

当年轻子女寻找死亡原因时，有时能找到具有一定解释力的"替罪羊"，但即便如此，父母的死亡在他们看来仍然是不合理的，**"然后越想越难过嘛，因为这个事情不可能发生"**（邹女士）。之所以会得出这样的结论，某些情况下，这与年轻子女拿来与父母做对比的"参照物"有关。1年半前父亲去世的曹先生，他承认父亲有非大事不去医院的不良习惯，导致在查出肝癌时就是晚期了。但是曹先生依然表示自己想不通，尤其是在对比了父亲（"这么好的人"）和爷爷（"大家都不喜欢他……毛病非常多"）之后，这样的结局无论对于身为儿子的曹先生，还是周围的亲朋好友来说，都觉得非常想不通。

> 曹先生：像我父亲这样的人，比较闷，比较固执，但他为人非常好，大家都非常喜欢他。有些我父亲的朋友知道他突然走了，也会非常诧异，说这么好的人怎么说走就走了。反而是我爷爷，大家都不喜欢他。因为他毛病非常多，又不会去改。说得不好听一点，有一段时间大家都觉得他怎么还

没去世。他走了，大家也没有什么特别大的反应。但是我爸就是……平常大家都非常喜欢他。他为人处世非常好，但突然就走了，哪怕是普通朋友也好，或者我这个做儿子的也好，都觉得为什么这么好的人，我爸这么好的人就要得这种病，还走得这么快。就是非常不解。

1年前父亲去世的**窦女士**，是我的第40位研究参与者，她也进行了类似的对比：父亲（"不抽烟、不喝酒、不熬夜"）和伯伯（"又抽烟、又喝酒、又熬夜"）。她其实非常不解为什么伯伯现在还活得好好的，父亲却得了最后都没有确诊的绝症。最后依然无法理解的她只能猜测，父亲的死亡或许和家里的风水有关。

> 窦女士：我爸有个排行第二的哥哥，他抽烟、喝酒、熬夜，到现在都活得很好。我爸不抽烟，不喝酒，不熬夜……可能是命吧。当你看到人家又抽烟又喝酒又熬夜，人也不怎么样，现在还是活得挺好……无法理解，或许跟风水有些关系吧。他（父亲）另外几个兄弟也都是。他是到64岁（去世），另外几个兄弟，有一个大的，还有个小的，也就是他大哥跟他小弟，好像也是五十几岁就走了。

（二）死亡里无人可被责怪

另一类情况则是，当年轻子女在试图解释死亡时，却找不到可责怪的"替罪羊"。3年前母亲因海难去世的郑小姐说："那件事情发生之后，每个人都想找一个人，或者找一个东西去怪罪。"

父亲将责任怪到了政府头上，认为当时有风暴潮，但政府却没有提前预警，也没有拉警戒线；两个姨妈则是责怪郑父，认为当时郑小姐的父亲没有尽到丈夫的责任，未能尽力保护好妻子。但在郑小姐看来，在母亲离世这件事上，没有人需要被责备，所以她说自己"我不理解（为什么发生），我觉得（只是）意外吧"。她指着我们面前餐盘里的鳗鱼，打了一个比方，说："那这件事情为什么发生呢？很多事情就会这么发生，**为什么这条鳗鱼就给我们杀来吃了？就是这样子呀，找不到（缘由）。**"

朱小姐也说，关于父亲的离世，她找不到人可以责怪：

> 朱小姐：像车祸，我会有一种感觉，觉得这可能就是命吧。但是以像我爸这种方式离开，我就不能接受，会觉得很不应该。虽然车祸也不应该，但那是另一个人的失误。但是我爸的离开，**没有任何人的失误。**我觉得可能是我爸爸自己的疏忽，自己不舒服了，还依旧在球场上打篮球。但是我没有办法埋怨他。我没有办法说你凭什么，你凭什么什么都不考虑就去（打篮球）……（停顿）我会埋怨说你怎么就这样丢下我们，但是这样的埋怨也不多，更多的是难过吧，就是想念。跟那些车祸比，我就觉得车祸也许可以接受，但是这种突然离开，我接受不了。

（三）死亡原因无法被证实

正如 10 个月前母亲去世的云小姐在思考"为什么"时的叙事："没有一个确切的结果，就是没有人告诉你。**这种事情不会像**

数学题一样，就是一加一得二。这个事情永远没有一个确切的结果，没有人可以给出确切的结果。"许多年轻子女也遇到了相似的困境：能够解释死亡的原因很难被确切证实，而这样的情形常出现在因疾病而突然死亡的经验里。

1年前父亲突然去世的蒋小姐，事后她将父亲的病历材料拿给学医的朋友看，朋友说，医生当时的处理方式没有问题，但也很奇怪为什么两个小时内蒋父的病情会急转直下。而父亲在出事之前所食用的食物也都正常，因此，蒋小姐至今仍然未能找到父亲突然休克去世的原因，"也说不清楚是吃进去的东西，还是其他地方有感染之类的，就是完全无解"。

根据其他类似的叙事，我意识到这一原因出现的背后，或许与中国传统文化的死亡观有关，也就是希望尽量保留亲人遗体的完整。譬如，王先生坦率地说，当父亲在工作岗位上心源性猝死后，他一度想要和父亲的工作单位纠缠下去。当时他去医院咨询了医生，但被告知如果想获得具体死因，则需要解剖遗体，"后来因为各方面原因，还是放弃了"。同样放弃尸检的还有杨小姐一家人。当3年前父亲在去医院就诊的过程中突然倒地身亡后，杨小姐的家人不同意医院火化父亲的遗体，当即决定回家，并马上举行土葬仪式。火化尚且如此，可想而知，进行尸检就更不在杨小姐家人考虑的范围之内。因此，她事后也只能猜测父亲是心梗发作。

　　杨小姐：就是没有理由。就算说他（父亲）最后是心梗，也是我自己觉得，我猜测的，没有什么理由。生病是因为有疾病了，没有办法，会有一个原因，会有一个理由。爸爸走的时候，他都没有理由。我们家没有一个人知道这个理由，只有靠自己的猜测，只有自己去找理由。我们一边安慰着自己说……（沉默了5秒）嗯，是因为他喝酒抽烟太多了，然后一边又歇斯底里地说，凭什么？为什么？他明明好好的。

基于上述，我绘制了图2-5，实时总结了已有的研究发现。

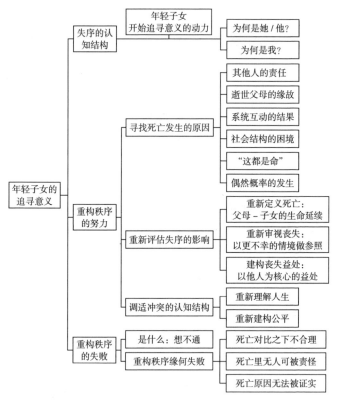

图2-5 已有发现的实时总结

三、重构失败如何自救

很显然，重构秩序的努力未必能够帮助年轻子女走出"想不通"的困境。那么，个体在遭遇重构失败之后会如何选择呢？以往的理论研究较少涉猎这一课题。而在这次田野调查中，我发现，年轻子女在"想不通"困境中的**自救**经验，正好响应了这一研究空白。总结来说，他们通常会选择不再执着地继续搜寻，而是将这些"想不通"**封存**起来。

（一）有意识地命令自己停止

通常，在第一次访谈结束时，我都会问年轻子女一个问题："如果你和爸爸/妈妈再见面时，你会想说什么？"我收到了很多温暖的回答，以及眼泪。但唯独周先生拒绝回答这个问题，"这种假设性问题，我是不回答的"。当时我是第一次听到这样的回答，便好奇地围绕这一问题和他继续讨论了下去。于是周先生向我坦白，其实关于"为什么"这一问题，他已经想了太多太多，**"想了之后就掉进了一个黑洞，就越想越烦，越想越头疼"**，以至于最后他只能强行命令自己停止，不能再思考这些想不通的问题，否则"我要去想这么多，就会累死的"。2年前父亲离世的陈小姐也告诉我，"不能想为什么是爸爸，（不能想）为什么是爸爸得这个病"。虽然陈小姐自己也知道，爸爸的工作环境会影响肺功能，但是她还是不愿意相信。而且，陈小姐强调现在自己有照顾妈妈的责任，所以不能再花时间去想这个问题。

年轻子女的另一类处理方式是命令自己**停止逃避面对哀伤/丧亲**。1年半之前父亲去世的曹先生认为，无论是寻找死亡原因，还是找"替罪羊",在他看来其实都是在试图逃避,**逃避面对自己的难过,逃避面对父母离世的现实**。曹先生强调,即使退一步讲,真的能够找到所谓的"替罪羊",父母离世后的人生还是需要自己来负责,需要自己去面对。因此,追问"为什么"实际上没有意义。

> 曹先生:因为我觉得,如果你要去怪谁,**其实还是在转嫁自己的难过**,你不想自己太难过,因为我可以怪这个人。我觉得这可能算是一种逃避吧。因为就算你(的父母)自杀、遭遇车祸,你可以怪别人,但后果都是要你自己来承担。以后要怎么办,要怎么处理这件事情,都是你自己要做的,而你要怪的那个人并不能帮你承担这些责任,要承担责任的还是你自己。对,我是这么觉得。

12年前父亲被杀的戚先生也说,现在的他觉得"这种事情难过也没有用了",过度沉浸在这种负面的情绪里,**只会让他的性格更悲观**、更闭塞、更加不善于和别人交往。所以戚先生有意识地让自己"逃避它,遗忘它,然后让自己走出来,能够尽量有一个和正常人一样的心态"。

(二)有意识地要求为自己活

当8年前母亲去世的冯小姐说,她现在**学聪明了**,知道"避开那个牛角尖(那些'为什么'的问题)不能去想"时,我好奇地追问她这个牛角尖钻了多久。冯小姐告诉我,从母亲在她21岁时

去世那年，一直钻到二十七八岁。当时让她终于停下来的转折点，不是她命令自己停止，而是一位同学的父亲语重心长地告诉她，**父母和子女是两个独立的个体**，冯小姐可以自己选择追求幸福，也可以继续沉浸在悲伤里。

> 冯小姐：一个同学的爸爸就跟我说，你看你都28岁了，在我们这个圈子里已经算是很优秀的了。他说，你看我们这样不优秀的人都可以过得很幸福，这就是说其实每个人的生活状态是不一样的。你的父母有你父母的生活状态，你虽然是他们的孩子，但你是单独的个体，**你可以选择过得幸福，也可以选择活在过去的悲哀里**。不是每一个家庭的婚姻都是像你爸爸妈妈那样悲哀的。他说，就像我跟我爱人，你看我们俩就过得很好，就很和谐。其实你也可以拥有这样的婚姻生活，过得很平淡、很和谐。

长辈的这一席话让冯小姐开始意识到，她过去选择继续沉浸在哀伤里，不仅毫无益处，**还是危险的**，"现在想想，我应该尽早从悲伤里面出来，然后（有）更好的可能。复读的时候，我（可以）考好一点，到一个更好的学校去学习，接受更好的教育，接触更好的同学、更好的老师，我的那种忧伤也好，悲痛也好，可能就会有更好的人来帮我开解"。

让冯小姐深陷其中的那些问题："为什么别人妈妈好好的？为什么就是我妈去世了？为什么我爸不管我？为什么就是我？为什么我经历这么多，还要活下来？"在现在的她看来，**本就没有答案**。

所以回过头看，她很懊悔没有尽早放弃钻牛角尖，**也没有早点为自己而活**。这样的话，她后面的生活就可以少吃一点苦。所以当时哪怕是为了自己的健康，冯小姐认为自己也应该停止思考为什么，早点走出来。[①]

（三）分割丧失和现在的人生

还有一些年轻子女的自救经验是尝试切断丧失的连锁反应，分割父母丧失和他们接下去的人生。7年前母亲因抑郁症自杀的施小姐告诉我，当时她有一个很不好的习惯："我一旦遇到什么坎，就会把这件事情（母亲的离世）拉出来，在心里又过上一遍。"所以，一旦她遇到不顺利的事情或是人生低谷，**她都会在心里默默咀嚼一遍所有的"为什么"**："为什么做这件事情失败？为什么我的家庭要这么惨，为什么是我母亲离开我？"而这也把原本就因母亲离世而陷入巨大不安的她，推到了更加焦虑的状况。她坦言说，自己当时原本就处于极度不安的状态，自从大四那年和男朋友分手后，更是因为其间夹杂的一系列事情而长期失眠，可以从晚上十一点平躺到凌晨四点。由于整个人的状态受到了太大的影响，施小姐最后决定把这些问题"封存"。而她的自救方式就是，努力切断母亲的离世和自己当下人生之间的连锁反应。

---

① 让我感到特别温暖的是，当第二次访谈接近尾声时，冯小姐如同大姐姐一样，语重心长地对我说，赶快把研究完成，然后给自己放个假，好好出去玩一下，"那我就在这里提醒你一句，**你早走出来也是要走出来，晚走出来还是要走出来。你始终要走出来的**"。

施小姐：以后……我觉得，一个事情就是这个事情本身，而不是每次我遇到一个什么矛盾，就把过去受过的所有苦难再拉出来，再把自己给压住。而且怎么说呢，我可能会把自己的生活剥离开之后，再去看妈妈去世这件事情给我带来的影响。

我：所以你会想要把妈妈的那件事情封存，不要让它有更多的连锁反应？

施小姐：对，不要让我每一次情绪崩溃的时候，都再让我更痛苦一次。嗯，对，我以前经常会哭，然后每次一哭都会想妈妈，就会想你为什么离开。**不要每次一有什么困难，就把以前受过的苦都拿出来再打自己**，太痛苦了；不要每次一苦的时候就把所有的苦都拿出来，太难承受。

基于上述，我绘制了图2-6，实时总结了已有的研究发现。

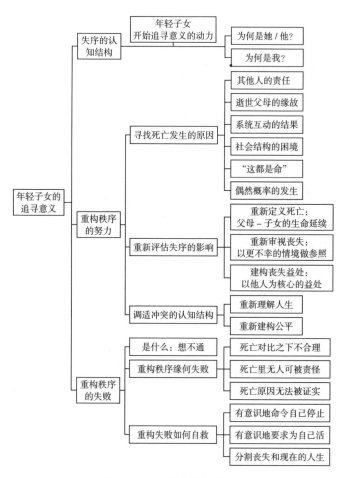

图 2-6　已有发现的实时总结

第五节　重构秩序的转折点：顿悟时刻后的巨大转向

如同前文所展现的，"重构秩序的失败"是追寻意义常见的主题。即使许多年轻子女告诉我，他们的确追寻到了一些意义，然而这些"被重构过的认知结构"之于绝大多数年轻子女来说，并非是稳固的，亦不是认知失序的终极出口，他们仍然可能因为各种原因而再次陷入"想不通"的困局之中。当本次田野调查即将进入尾声时，我却意外地见证了一位年轻子女——2年前父亲因肺部感染而休克离世的张小姐在重构秩序经验中的关键转折点，即本节标题点出的"顿悟时刻"[①]所带来的巨大转向。

在这一时刻之前，张小姐说自己每每想起父亲时，都会很阴

---

① 我没有选择"治愈时刻"（therapeutic moment）的表述，有两方面的考虑。首先，我和张小姐通过本次研究所建立起的关系并非治疗关系；同时，在听了44位年轻子女面对父母离世所经历的挣扎、痛苦的叙事后，我深深感悟到张小姐所经历的这一刻是何等稀少、珍贵，其出现也不受控制。而当时我刚好从美国天主教女作家弗兰纳·奥康纳（Flannery O'Connor）的小说里知道了"顿悟时刻"（moment of grace，也被译为恩典时刻）这个概念。奥康纳一生中写下了许多残酷、阴暗和暴力的故事，而在故事接近结尾时，她都会让角色经历一个顿悟时刻，"每一部小说里都有这样一个瞬间，你可以感觉到，天恩就在眼前，它在等待被人接受或者被人拒绝"。在这一时刻，小说角色过去所经历的所有愤怒、哀伤，以及过不去的坎都会被跨越（pass over），心灵上的顿悟会重整他们失序的生命。而张小姐当时对我叙说的这一跨越"我不知道为什么，就觉得真的有一天给我自己的心态转变很大、很大"，与"顿悟时刻"这一概念产生了如此强烈的共鸣，以至于我当时立刻想到了这个词语，并用它对这一经验进行了标记。

郁，能够感受到内心黑暗面的涌动，"我觉得世界是崩塌的，我的世界是灰色的，一切都是不美好的"。面对这样的失序，**她努力地重构着秩序**，包括说服自己看到死亡对父亲可能的益处，"我会不断告诉自己说，你不要把这件事情想成一个完全的坏事，你也要把它想成一件好事。可能他（父亲）没有那么痛苦了，他终于不用再受那些病痛的折磨，他的心里也可以不用那么委屈，那么难受"；她也尝试说服自己认为父亲的离世没有那么糟糕："**我会在心里不断给自己暗示**，不断地告诉自己说，你不要把自己想得那么痛苦。"但张小姐心里也清楚，这些话是自我安慰，是为了让自己少一些痛苦，"但是我自己知道，这里有自我欺骗性的成分"。所以张小姐说，她需要不断地给自己暗示，不断地告诉自己，不断地和自己强调。

2018 年 8 月 23 日是和张小姐进行第二次访谈的日子。访谈开始没多久，她就迫不及待地和我分享了"顿悟时刻"降临到她身上时的情形："我不知道为什么，前两个星期左右，有一天中午洗碗的时候，那天的太阳特别特别好，那天我的心情也特别放松，突然一下子就感觉内心豁然开朗，就真的……我突然，就突然想起我爸爸。"她想起父亲原本是一个很自信、很阳光、很开朗的人，但是生病和治疗让他整个人变得很阴郁，身心遭受了折磨。突然间，张小姐意识到，自己的哀伤其实是自私的：她希望父亲继续活着，实际上只会让他继续活在痛苦之中，是"那么自私地想要用他的痛苦来延续我的满足"。

张小姐：但是我那天突然就觉得，也许痛苦是可以等价调换的。他(父亲)未来这几十年身体上和心理上要经历的痛苦,调换成了我替他承受的一种未来几十年无尽的思念。他的一种痛苦,一种生离死别的痛苦,那我就觉得,**可能是我替他承受了这一份痛苦**,只是表现形式不一样。我们常常说,生离死别是很痛苦的,**但痛苦的是活下来的人**。其实离开的人没有那么痛苦,活下来的人才是最痛苦的,因为他还要承受很多年的那种生死两隔的痛苦。我会觉得,可能是我用这种痛苦帮爸爸承受了他未来几十年如果要活下去,很多身体上的疼痛与心理上的不安、不适。我觉得,好像这么算,老天爷也没有亏本,它把爸爸的那些痛苦转嫁到了我身上,让我来替他承受。

总结来看,"**重新定义了哀伤**"是张小姐这段叙事中的核心主题。经历了"顿悟时刻"的顿悟后,哀伤不再是张小姐内在的阴郁和黑暗,而成为释放父亲离开痛苦牢笼的钥匙。张小姐意识到,如果父亲继续活着,他就要承受身体和心理上的痛苦;而借着哀伤,父亲原本要承受的痛苦就转嫁到了张小姐身上;而她宁愿在未来几十年自己背负着对父亲的思念,也不希望父亲继续受折磨。并且这一次的"想通了"是张小姐真切感受到的,不再是心理安慰式的自我欺骗,"这次我是真的认同""我现在是真的理解了""我觉得幸好承受这种痛苦的是我,而不是他"。所以张小姐告诉我,现在想到父亲时,她能够想起父亲阳光的一面,"还是会记得我的爸爸是一个很好很好的爸爸,他给了我很多的爱与祝福"。

当张小姐回忆起这段"顿悟时刻"时,她的整个叙说过程很完整，以至于我并不需要像平时访谈那样借助提问来引导她的回忆叙事。在她结束叙说时，我很真诚地感谢她愿意把这段珍贵的记忆分享给我，并且很坦白地告诉她，我的眼里是有泪水的。当时我用"找到了哀伤的意义"响应了张小姐的分享。出乎我意料的是，我们两个在"重新定义哀伤的意义"这个主题上，产生了新的共鸣。

我：是的。当我们找到了，就像你说的，这些悲伤的意义的时候，其实我们就是在替我们的父母亲承受着那份痛苦，为着她/他的安息、她/他的平安，我们在承受的，好像就有意义了。即便是现在那个伤口依然在，依然会很疼，**但是我们是可以去承受它的**。

张小姐：对，我觉得，就是像你说的那种悲伤都是有意义的，**是我用我的这份悲伤去换他的安息平安**。真的，可能以前看起来，就觉得不懂啊，各种"为什么"，如果要他活下去，照样让他活下去，那真的太痛苦了，真的太痛苦了。我宁愿，我真的，我还是想要一个那么开朗、那么自信、那么阳光的爸爸，天天对我笑着，然后带着我去干啥干啥的（父亲）。我不想一个在病床上，连呼吸都那么累，呼吸几次就全身大汗，已经到了人生最脆弱的状态的人，在每一个人面前还要那样微笑，我一点都不想他一直是那个样子！我想，那就用我未来几十年的悲伤，去换他的安息平安与下辈子的幸福吧。

表 2-1 重构秩序的转折点：顿悟时刻

事件	场景	人物	问题	行动 / 思想	解决
之前：心理安慰式的自我欺骗	父亲去世后的两年里	张小姐	沉浸在哀伤之中：阴郁和黑暗	尝试建构丧失的益处；尝试重新审视丧失	不断暗示自己、不断告诉自己、不断和自己强调
顿悟时刻：找到了哀伤的意义	父亲去世后的两年的某一天	张小姐	意识到了父亲临终时是痛苦的	意识到了自己以前哀伤的自私	不愿意再用"他的痛苦来延续我的满足"
	父亲去世后的两年的某一天	张小姐	看到了自己以前哀伤的自私	重新定义了哀伤	愿意用接下来的哀伤换得父亲的安息

　　究竟是什么给张小姐带来了这一时刻？是不断的尝试，还是突然的顿悟？

　　究竟是什么能解释如此令人出乎意料的时刻，能够将一个人的追寻经历分成两个部分？

　　究竟是什么能够让张小姐在事前和事后发生如此大的转向？

　　上述问题既不是本次研究的关注焦点，也无法在年轻子女追寻意义的经验中获得回应 / 答案。而叙事分析的立场，亦强调更加深入、真实地了解年轻子女赋予经验以意义的过程，认同每一位年轻子女叙事的独特之处，并尝试发现存在于其中的意义脉络。因此，根据张小姐的叙事，我将因这一"顿悟时刻"而增加的对于追寻意义的了解，概括为两点：

　　第一，年轻子女会因父母离世而经历认知层面的结构失序，尽管他们会努力地重构这一失序，然而这一局限于**认知层面的因**

应策略在面对"很难释怀的过早丧亲"时，其效果是有限的或不够稳固的。而张小姐所经历的"顿悟时刻"则启示我们，面对难以被融入生命叙事的失序时，尤其是当年轻子女反复咀嚼却始终无法接受死亡发生的"可被理解性"时，他们或许需要的是**跨越维度**的因应策略，即从认知层面的因应策略跨越到**存在层面的因应策略**。美国心理学之父威廉·詹姆斯（William James）曾在其经典著作《宗教经验种种》中，将这样的顿悟时刻描述成"分裂自我"的突然决断。张小姐的叙事正体现了十分清晰的前后分割，并更深一层体现着她受父亲离世所影响的意义体系，也就是将"自己的哀伤换父亲的安息"这一意义作为接受父亲死亡的理由，继而得以将这一失序融入个人的生命叙事中。

第二，顿悟时刻在追寻意义的过程中是一个稀有、私人化和突如其来的巨大转向。本研究无意戏剧化张小姐追寻意义的经历，也无法标准化这样的顿悟时刻。但不可否认的是，这一特殊性中也包含着普遍性，它在深层次上代表着一个受困于认知失序的年轻子女在重构秩序时所经历的挣扎。因此，年轻子女的追寻意义本质上也是一个**极其私人**的过程。私人也就意味着，他们所顿悟出来的意义很难真正从书本、现有的研究证据或是旁人的经验中被间接习得（哪怕他们阅读了本章或本节）；而是需要丧亲者**亲历**这一追寻的过程，消化其中的"想不通"和挣扎，然后决定接受还是拒绝属于他们自己的"顿悟时刻"。因此，我们亦可以将追寻意义视为年轻子女与自己的哀伤建立关系的过程：借着这个追寻的过程，他们不断认识自己的哀伤，去挖掘阻止她／他接受父母离世的那个点究竟是什么，继而在这一过程中，找到或者建构出属于个人的独特意义，并与那些意义建立起真正的连接。

第六节　本章小结

每个人都是意义的拥有者、创造者和追寻者，不断努力理解着生命中所发生的事情，为自己编织一个有意义的故事，以确保内外的一致性。而当父母的早逝使得子女生命叙事的一致性产生了戏剧性的、非预期的断裂时，通过本章的描述，我们已经看到，年轻子女是如何试图通过追寻意义来尝试将失序转换为有序。而当我和陈小姐分享了失序这一研究发现时，她如此回复我："失序这个词很准确。我无数次想过，我爸还在的话，我很可能根本就不会来到现在这个城市，人生轨迹绝不是现在这个走向。"的确，父母的死亡不仅冲击了他们内在的认知结构，同样也会借着改变意义体系，进而翻转了他们外在的人生走向。所以接下来的一章，我们将要一起探索的是在经历了至亲的离世后，年轻子女的人生选择、优先序以及生命信念会发生怎样的真实改变。

与哀伤共处

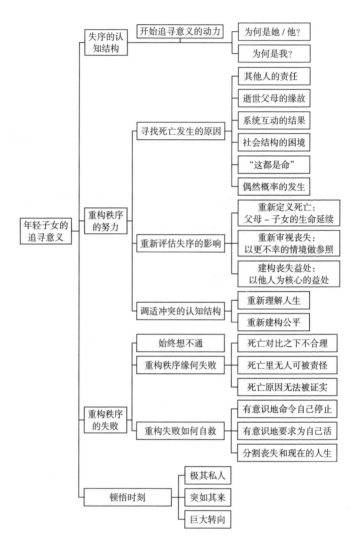

图 2-7　本章研究发现的总结

第三章

年轻子女的身份改变：因父母丧失而翻转的人生

其实父亲的死亡，对我来说，也是一种物理的戒奶啊。百无禁忌地讲一句，如果我妈现在也不幸死亡的话，我觉得我就是完完全全地戒奶了，就等于是被扔在荒岛上了。我就不知道为什么，这个哺乳期的……这个喝奶的时期为什么会这么长，究竟是谁不愿意放手，是我家里人不愿意放手，还是我不愿意放手，我现在也搞不清楚。

——陶女士，34 岁
1 年前父亲因恶性肿瘤合并血液病去世，治疗了 2 年

第一节　导论

我们已经看到了父母死亡会对年轻子女的认知结构造成何等强大的冲击，而这样的多米诺骨牌效应并不会就此停止。父母丧失对这些子女的影响并非静止的，而是会通过与逝者构建联系、变化的家庭动力，以及哀伤经验的潮起潮落，对年轻人不断发展的自我（the evolving self）产生长远影响。再加上对年轻人来说，寻找生命目的和探索人生意义本就是这一阶段身份发展的核心任务，而父母在这一探索过程中扮演着难以替代的角色。如同本章开篇陶女士所说的"其实父亲的死亡，对我来说，也是一种物理的戒奶啊"，发生于青少年期和成年初期的父母丧失，不仅会让年轻子女失去此时生命中最重要的联结，更会真实地干扰他们发展阶段的进程。

本章的任务就在于，探索年轻子女的身份发展是如何因父母丧失而发生改变的。基于年轻子女的集体叙事，我的第一个发现是在中国文化的处境下，父母丧失的事实给他们带来了一个新的身份："没有父／母的孩子"，但是这一身份之于他们极具**羞耻感**，以至于在日常经验里，年轻子女会有意识地隐藏这一丧亲身份。

接下来，我将聚焦于父母丧失会如何影响年轻子女仍在发展中的自我结构。如同硬币的两面，这一影响中并存着危机与转机两种可能。

此外我还发现，当父母去世后，年轻子女的生命意义会发生剧变，也就是当至亲离世使得死亡成为他们生命中真实（而非设想）的一部分时，年轻人的生命意义会因"**死亡成真**"而被修订；最后，根据年轻子女所描绘的丧亲后的生命经历，我将描述一个之于他们的事实，那就是父母丧失所造成的影响，并非仅仅停留于改变他们**内在**的身份认同，更会真实地翻转他们**外在**的人生走向。

第二节　没有父／母的孩子：父母丧失带来的新身份

当我细细考察这 44 位年轻子女的叙事时，在数据编码的过程中，才猛然意识到一个年轻子女和我都很少察觉的**现实**，父母丧失不单单意味着他们的自我认同受到了影响，更重要的是，这一失去还会给他们带来一个新的身份，那就是"**没有父／母的孩子**"，他们在这个新身份里体验到了**破碎**、**迷失**和**污名**，以至于年轻子女在日常经验里会选择隐藏这一身份。

一、父母丧失与破碎的自我

当谈到母亲 3 年前突然离世后的哀伤经验时，何小姐曾向我说起她与舅妈的一次对话，也正是在这次对话里，何小姐才猛然意识到，即使是在自己的亲人眼中，她的身上也多出了一个丧母的标签，"不想接受这个标签，我不是一个没有妈的孩子（哭）"。"自我"不是一个独立的概念，而是建立在与他人，尤其是与家庭成员的**关系**之上。对于年轻子女来说，与父母的关系对于如何找到他们在这个世界中的位置尤为重要，而当失去了父/母后，他们有一个非常真实的感受：不知道自己是谁了。

> 何小姐：现在失去了她！……就是感觉自己……人是有身份的，我看你的问题上写着用十句话形容我是谁。我在想，我是谁呢？名字只是自己的代号，人更多地存在于这个世界上，她是有身份的，她可能是妈妈的女儿，是爸爸的女儿，是老公的老婆，是老师的学生。我第一个想到的就是我是我妈妈的女儿，嗯，其他九个我完全想不出来。

父亲5年前去世的吴小姐也说道，父亲的离世让她变成了"半个孤儿"，而兄妹三人和活着的母亲也变成了"孤儿寡妇"。当我们进一步讨论她在这一新身份中的体验时，吴小姐解释道："提起父母的话都是父母双亲，而你现在只有妈妈可以谈。"她从此少了父亲的疼爱，家里也少了一个主心骨。

> 吴小姐：对我来说，（父亲的去世）就意味着已经算半个孤儿了，我妈也算是一个寡妇啊，我们一家三兄妹都算半个孤儿，这真的是一个社会身份，是一个身份的转变。你就

会觉得很荒谬了。之前明明是父母都健在的，还是一个很正常的家庭，然后突然爸爸走了，这会有一种身份的转变，会变成孤儿寡妇。这些以前从来不会想到的事情发生在你的身上，你不能不接受，又无力扭转，就是这样子的一个境况。

当进一步描述"没有父/母的孩子"的体验时，年轻子女们不约而同地强调了这一身份之于他们的**破碎性**。吴小姐形容说，父亲的去世让她的心破碎了，"心里面裂了一道没办法愈合的口子"，虽然伤口表面上看不出来，"我觉得以前的心是完整的，但是我爸走了之后，我的心里面有一道**非常非常深的伤口**，在滴血的那种"。孙小姐也告诉我，自从12年前父亲意外去世直至今天，她的心里有了一个破口："心里会有一个洞，这个破口不可能好的。"因此当孙小姐信了基督教后，不断尝试在教会里服侍、奉献、短宣，希望能够得到主的医治，"但是衪还是没有让我像期盼的那样……（哭）"。郑小姐和朱小姐的叙事里同样强调这一破碎的缺口永远无法愈合，还用"创伤"进行了形容。这些叙事背后所揭示的是，当"父母－我"的关系被剥夺时，年轻子女会在**主观上体验完整自我的破碎**。

二、父母丧失与迷失的自我

受西方个人主义的强烈影响，现有的青少年发展理论常将子女和父母之间的分离、子女减少对父母的依赖列为判断年轻人成熟程度的标准，但在中国的文化情境里，受到集体主义和儒家思想的浸染，父母与子女之间紧密的依赖关系却不会因为子女生理年龄的成熟（譬如迈入成年）而被切断。这一点也深刻地体现在年轻子女以父母为中心的自我身份建立上。与年轻子女对话时，很多人也反复叙说着他们过去如何遵循着父母的期待来规划人生，以使父母开心、满足，而这也是他们认定的人生价值所在。但当父母离世后，尤其当去世的是与他们感情更为亲密的那一位时，年轻子女突然发现自己陷入了迷茫，失去了努力的动力，迷失了自我。

> 尤小姐：就觉得你的人生有很多时候是在为父母的期望而去努力的。我觉得我以前的人生意义，更多的时候是为了让我妈开心，让我爸妈开心，然后去做一些他们希望我做的事情……

> 陶女士：其实不知道为什么，好像觉得没有爸爸就活得很没有滋味……就说一个"我是谁"的问题。曾经有一段时间，我会把自己比喻成一块空心的木头，漂浮在大海上，飘啊飘啊，一直到不了岸。并不是说风雨很大，但那个天是暗的。那个情景是：天是暗蓝的，海水是蓝色的，很没有着落的感觉。

上述叙事点出了"没有父/母的孩子"之于年轻子女的另一重意义，即迷失的自我。10个月前母亲去世的云小姐也有深刻的体验，学过心理学的她用了"共生"来描述自己与母亲的关系：母亲将人生的期待放在女儿身上，反过来女儿也将自我的意义感放在母亲身上。当母亲因胰腺癌去世后，云小姐感觉到"六神无主"，即使她之后有意识地将价值感转移到自己身上，也不得不承认这个过程让她十分迷惘和无助。

> 云小姐：其实我做很多事情，也有一些是为了给她（妈妈）争光的感觉，因为她把很多期待都放在我身上嘛，她以后没有办法看到了，我就会觉得有一点难受。嗯，如果没有这个人跟我分享这种喜悦……她真的是为我开心，发自内心地为我开心……以前，我会期待她给我的评价，就是那种感觉，我做任何事情都是做给她看。所以有一段时间，我找不到……觉得我以后……以后我让谁去看我这个事情？我觉得我做的很多事情，最后得到的价值是我妈妈给我的评价……这个事情做完了，它的好与坏，它做得好不好，现在就只有我自己去评判。

另外，8 年前母亲去世的冯小姐也点出，这一迷失感还可能源于年轻子女在现实社会情境中丧失了人生的指引。母亲开始生病是在她高二的暑假，没过多久便辞世了。冯小姐说，还在读书期间就失去了母亲，这让原本就处于青春迷茫期的自己更加迷茫了，甚至失去了对读书的兴趣。

> 冯小姐：可能因为妈妈去世得早，那时是读书期间，自己刚成年的时候嘛，十八九岁的样子，对不对？还没有进入社会，对社会也是未知的，对自己的未来也是未知的。青春期的迷茫，加上自己最亲近、最依赖的人去世了，那肯定是

更加迷茫了。与家庭完整那时候相比，就更迷茫了！

我：那时青春期的迷茫都有什么感觉？

冯小姐：青春期的迷茫，就是不知道自己为什么要读书啊。你说要当科学家吧，中国十几亿人，有几个人当了科学家？对不对？为国家做贡献，为人民做贡献的可能……现在进入社会以后，就觉得做好自己那份工作，平平凡凡的也还好吧，也是为国家做贡献吧。

这一迷失感还源自父母存在本身之于子女的意义感。年轻子女在成长过程中听到、看到和感受到父母为子女所做的牺牲，他们也逐渐将尽孝内化为人生终极意义的一部分。正如前文严先生所描述的，受教育程度并不高的父亲生前十分辛苦地出卖自己的劳动力，供养儿子读书，盼望儿子能够出人头地；受了父亲养育之恩的儿子自然而然会将"报恩"视为人生的必然目标，"爸，我将来会给你争气的"。但是父亲却在严先生还在读大学之时因脑梗突然离世，这让他陷入了迷失。

严先生：我可以描述一个场景。我上高三的时候，自己在学校外面租房子一个人住，因为宿舍太乱了。然后呢，每周我父亲会给我送生活费，就在那个路口，他推着人力三轮车，脚蹬的那种。他会在那个路口等着我，抽着烟。吃完午饭，我会看见他，父亲会简单地跟我讲几句，然后把钱给我，每次我都会抱着我父亲说，爸，我将来会给你争气的（抽泣），你相信我，每次我都会……我觉得我特别怀念那个时光，我做出许诺之后，看到我爸那种幸福的傻笑，内心会感到很幸福，知道我爸他是相信我的。

三、父母丧失与污名的自我

如同第一章在讨论年轻子女面对他人时隐藏哀伤一样，"没有父/母的孩子"这一身份在他们的日常经验里，同样被遮盖得严严实实；甚至在他们的自我叙事或与我的对话中，这一身份也很少被直接说出，而更多被有意掩盖或是无意压抑。

> 戚先生：我的第一个感觉，就是我不想让别人这么透彻地了解我。我感觉我把这些东西（父亲12年前去世了）告诉他们之后，他们会看不起我，会轻视我，会觉得我这个人无依无靠，很好欺负。是有这种感觉的，有一种很强的戒备心。

> 陈小姐：我不跟人家讲（父亲2年前去世了），是不希望别人以一种特殊或者可怜的想法来看我。我就是一个非常正常的人，我们家给我的教育非常完整。我觉得我们三口之家非常幸福，我应该是心理健康的。

根据戚先生和陈小姐的叙事，可以察觉到他们之所以隐藏丧亲身份，与其在社会情境下遭受污名化有关；更进一步来说，丧亲子女的这一身份，在年轻子女的经验里，意味着"劣势""可怜"和"与其他人不一样"。4年前母亲去世的赵小姐很直白地说，自己丧亲的身份在别人眼里就是"劣势"，会被别人用同情的眼光看待，她认为这样的态度背后并不是真正的同理，而只是高高在上的怜悯。

赵小姐：因为大多数人都会可怜你，而我不需要别人的可怜。但是别人可怜你是本能地发出来的，他们没有办法改变对你的态度或者看法。既然不想要这些，我就不告诉对方，这样就可以了。另外，我以前看过一个台湾作家写的一本书，他说其实这个世界上绝大多数人之所以去可怜别人——他当时举的例子是琼瑶剧。他说，看到那些剧里面的女主角过得很惨，然后你就哭得一把鼻涕一把泪，似乎很悲伤，但其实你不是可怜对方，你只是高高在上地觉得"哎呀，我比她活得好"。他说，其实可怜背后映射出来的人性是这个。所以我不希望我变成映像别人好的那个。

3年前母亲突然去世的何小姐也和我分享，其实她心里很排斥"单亲家庭的孩子"的身份，却又不得不接受。她曾听说朋友的母亲给出过**"你不要和任何单亲家庭的孩子做朋友"**的交友指引，因此何小姐确信，这个新的身份会给她的社交甚至婚姻带来负面影响。

何小姐：对于其他父母双全的人来讲，他们可能就只会看结果，结果就是你现在只有一个爸爸。

我：那你觉得如果别人知道你的妈妈不在了的话，对你的评价会有什么不一样？或者看你的眼光有什么不一样？

何小姐：我不知道具体会有什么样的表现，但我觉得肯定会有不一样。

我：那你自己想象中的不一样会有哪些？

何小姐：把正常人可以犯的错归咎于她的家庭原因。我有一个朋友，她妈妈对她提出的交友标准，就是不要和任何单亲家庭的孩子做朋友。对，当时还是我父母双全的时候。她当时对我说的这个话，我记到现在。我觉得这样的家庭不在少数，不管是交朋友还是未来婚姻，很多家庭都会有这种观点——不要和家庭不完整的人交朋友，所以我就可能有一点点自卑。

吴小姐也告诉我，5 年前父亲的突然去世给所有家庭成员都带来了一个污名化的身份。母亲因为寡妇身份而在家乡觉得"低人一等""很自卑"，年近三十的哥哥尚未结婚的现实情况也被母亲解读为是由于丧父的缘故，"没有爸爸在，那他的选择就会少很多，就觉得别人看不起我们家呀"，这再次加深了母亲低人一等的自我认识。当我好奇地询问其中的缘由时，吴小姐向我解释这与当地农村的文化有关。

吴小姐：父母双方有一方不在的话，在农村其实是一件受歧视的事情。农村人都是这么觉得，就觉得你们家少了一个人嘛。父母少了，父母死了，父母中有一个人去世，英年早逝这种，本来就不是很吉利。在别人看来，会觉得你们家没有一个主心骨，然后看你就像看孤儿一样，会觉得……其实不管在哪一家，都是这样子的。

基于上述，我绘制了图 3-1，实时总结了已有的研究发现。

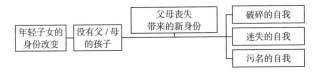

图 3-1　已有发现的实时总结

第三节　危险与转机：父母丧失对自我结构的影响

> 王先生：我父亲去世给我带来的最大的……这个事情促使我去深入地思考，如果不是他走，我觉得我不会做到现在这样。我觉得我现在要比我以前更好。从某种意义上讲，我其实感谢我父亲，他给了我一个人生转变的契机，真的是人生转变的契机。虽然很难，将近两年的过程，可一旦走出来后，发现自己又看到一个新的天地。从另一个角度说，他的离开对他（加重音）来说也许不好，或是一种解脱；但对我来说，可能前期是比较痛苦的阶段，过了那样痛苦的阶段以后，我发现这可能对我的整个人生观有很大的改变。

如同王先生觉察到父亲 4 年前的离世影响着他的整个人生观一样，很多学者也逐渐意识到，亲人的离世实际上是丧亲者的一次身份危机。对于年轻子女来说，父母的离世无疑会触及甚至动摇他们仍在发展中的自我结构。在本节，基于年轻子女的亲身经验，我将证明的是该过程如同"危险中的转机"一样，蕴含着双重性：一面是父母的离世会强烈冲击子女原来稳定的自我结构，带来生命中的危险；另一面则是子女在危险中亦可能获得再次成长的机会，触动生命历程的转机。

一、危：父母离世与自我结构的冲击

（一）父母离世与发现人生无意义

在一开始，我需要引用曹先生叙说的领取父亲骨灰时的情景，来描述父母死亡对于子女的人生意义感所造成的冲击。当曹先生看到父亲从一个活生生的人变成一小盒骨灰时，那一刻，他对"人生是有意义的"这一命题产生了怀疑，"所有的东西都带不走，你爱的人也带不走。对，到最后就只剩了一堆灰（语气升调）。对，那一刻会觉得，人这一辈子有什么意义？"

这样的**无意义感**同样反复出现在其他子女的叙事中。3年前父亲去世的杨小姐说："觉得一切都没有意义了，爸爸没了，我很心痛，就是每天晚上你都会捂着自己的胸口，有些事情让你窒息，你一定会醒过来的这种（抽泣）。"8年前母亲去世的冯小姐告诉我："说实在的，我觉得人生真的没有意义。"她解释说自己之所以还选择活着，是与寻找母亲的死因有关，冯小姐想知道当自己40岁时，是否会得当年母亲所患的病；如果得了，那么8年前医生甚至连诊断结果都没有办法给出的病，在那个时候是否会有药可医？陶女士也坦言，当父亲在她33岁去世时，她一度想要结束自己的生命，因为当时感觉失去了所有的意义感，"我没有什么特别想要追寻的，物质欲望没有，精神欲望也没有，我就觉得我妈妈足够坚强，可以自己走下去"。

值得注意的是，即使在面对人生无意义这一情境时，年轻子女仍然是积极的意义追寻者，他们甚至从不同的角度向我论证了"为何人生无意义"。朱小姐用"黑暗"形容了自己丧父5年来的生活，她说自己活着的唯一理由是不能去死。

> 朱小姐：我觉得没有什么事情可以期待了。想象一下未来，还不是跟所有人都一样，重复别人无数次经历过的生活？我觉得太没有意义了。以后毕业了就是去工作，然后结婚生子，跟其他人过得完全一样。我觉得没有必要把他们重复过的事情再来一遍。

尤小姐同样对所谓的人生意义产生了怀疑，因为经历了因母亲7年前离世所带来的一系列变故（包括父亲再婚），她觉察到没有东西是可以永远存续的，包括生命、亲情、婚姻、家庭。面对这种情境，工作成为唯一能让尤小姐还有所投入的出口，但她也很沮丧地承认，工作无法让她感到真正的满足。在工作中，她没有获得成就感和喜悦感，更多只是疲于奔命。就像朱小姐一样，尤小姐虽然也觉知到了人生的虚空，但暂时还不会主动选择放弃自己的生命，她说"自己又不想当一个'逃兵'（笑）"。

> 尤小姐：现在我觉得，人这一生，活着挺没意思的。

　　我：怎么说？

　　尤小姐：你想想，没有什么东西是永恒的呀。然后就觉得，人不是，感情不是，什么都不是。我就觉得如果你自己没有一个喜欢的东西、你做的自以为有成就的事情，那我觉得这个人生真的是活着挺没意思的。

　　秦小姐也说，自从父亲 14 年前离世以来，自己不断地想，活着的意义是什么。一开始这个念头还很小，但是随着她不断成长，尤其是当她基本处理完父亲生前"撂了个生活的烂摊子"后，秦小姐觉察到自己在人生虚空这个议题上思考得越来越多，"以至于我觉得自己是不是快要成哲学家了"。与传统俗语所认为的"好死不如赖活着"不同，在秦小姐看来，人固有一死，死并无区别，应当是赖活着不如**好死**。

　　秦小姐：因为这件事情（父亲的去世），经常让我觉得人活着就是虚空，一切都是虚空。死了就死了，完了就完了，晚死不如早死，早死不如开心地死。你会觉得人活着都是虚空，一切都没有意思，一切都是浮云。没有什么开心，开心的时候也不开心……就是觉得人活着没有意思，死了有什么区别？不是跟我爸一样嘛。死了就死了，反正就那样了呗。大家死了就完了，有啥意思，那还有啥呢？就早点死呗。不如趁年轻有能力的时候，把死的事情安排好。那就自己赶紧安排好，然后找个风景美的地方死了就行了。

受到"人生无意义"信念的影响，年轻子女还会调整主流价值观施加在他们身上的控制力。冯小姐就说，以她现在的经济状况，虽然足够买房、养房，但她一直都认为没必要，因为自己"看破人生了"，在死亡面前，房子、车子同样是没有意义的。"我拿到工资的时候也想过，我拿这么多钱，为什么一定要去养房子？我养房子是为了谁？我死了以后……像我这种人，我不想结婚，我买房子来干吗？我死了以后房子给谁？"

（二）父母离世与失去人生的目标

与上一节"父母丧失与迷失的自我"相似，在与哀伤共处的过程中，年轻子女同样在不断体验着人生的**无目的性**（purposeless），他们自此失去了人生的目标。沈先生告诉我，当父亲 3 年前在短短三天内突然离世后，他感觉自己人生的"一种寄托"也随着父亲的死亡而消失了，继而陷入了一种不知道该干什么的状态。当时还在读大二的沈先生一下子对读书失去了兴趣，决定离开学校，开始和朋友在校外做小生意。但是他自己也觉察到，这个决定其实只是"没别的事干了，只能去做这个"。沈先生说，其实他现在还是没有找到想要努力的目标，只是跟随主流，按部就班地走下去。

> 沈先生：因为如果没有这个事情（父亲去世）的话，我可能也会过正常的学生生活，该学习学习，该写论文写论文，最后说不定还能保一个不错的学校呢，是吧？但是，我大二那年挂了八门课，是到了最后毕业之前，清考的时候才过的……

因为我突然一下子感觉什么都没意义了，没有一个意义支撑。对，存在主义讲的就是这个，是吧？那段时间突然发现没有（目标）了（笑），所以你就得再重新找一个东西出来，但是这种东西啊，还是不太好找……没啥意义了。去外面做点其他事也是……那种"没别的事干了，只能去做这个"的感觉，就是这样。

根据他们的叙事，无意义感与无目的性的区别之一，在于前者强调的更多是年轻子女对于**人生作为整体**的意义存在与否的怀疑，而后者则更多代表着他们对于**人生具体任务**（譬如读书）的意义存在与否的反思。但其实绝大多数子女并不能够忍受/接受这样"漫无目的"的人生，即使没办法"根治"这一危机，他们依然会尝试各种"替代品"。例如许先生坦言，从父亲 2 年前去世直到今天，他依然没有找到"一个很充分的精神支柱"：没有父母可孝顺、没有未来可期待，而唯一能让他感觉到有一点意义的，就是投身社会工作，即尝试在职业/事业上找到意义感。

> 许先生：我说实话，这个精神支柱，就说为什么而活着，对吧？其实没有。好多人觉得活着是为了挣更多的钱孝敬父母；我就没有父母了（苦笑）。说到未来，说到对美好生活的期待，我是很平淡的，我觉得没有那么简单的支柱。有一个不是很充分的支柱，就是把社工给做好。嗯，我为这个行业带来一点东西，也希望这个行业能够不辜负我吧，没有什么太多的精神支柱。

这一无目的性也在他们的日常经验中呈现流动的状态，上一秒出现，下一秒离开。喻小姐告诉我，就在我们第二次访谈的前一晚，当她下班回到家后，疲惫地躺在床上休息时，突然无缘由地陷入了虚无，"就是觉得没有必要再生活下去，自己没必要再去努力。那一刹那，就觉得自己没有办法去……怎么说呢……现在我的无意义感是不想生活，不想再努力"。

（三）父母离世与缺乏生活安全感

在与年轻子女的对话中，我还发现，焦虑与不安也是他们与哀伤共处的日常经验中的重要关键词，父母丧失会触发年轻子女对生活的信任危机。

当7年前母亲因为抑郁症选择自杀时，施小姐还在读高中，对此完全没有准备，就这样开启了一段持续至研究生阶段的不安和焦虑期。施小姐和我分享了一本她很喜欢的书——《血色浪漫》，她评价书中的主角"其实是一种游戏人生的态度"，所以主角无论是要上山下乡还是讨饭，始终"非常有安全感"，相信总会有人把他捞走。但施小姐认为当时的自己没有这样的安全感，"我会觉得如果做不好的话，可能会陷入另外一种更不安的生活，所以是为了填补不安而去做事情，去学习"。而回溯这一不安背后的原因，施小姐诠释出它与母亲离世的关联性。

　　　施小姐：这件事情把我推向了巨大的不安。回想起来，我以前确实是一个很有安全感的人，但她走了以后就不是了。对我来说，（妈妈的离世）意味着失去了安全的港湾，就没有了安全感。其实我觉得，以前自己没有那么容易焦虑或者不安，遇到什么事情都跟妈妈讲。怎么说呢，后来她走了，没有人讲以后，我就很容易多想，容易害怕。发生一些事情的时候就会往最坏的方向走，然后就很急，很没有耐心。

郑小姐告诉我，母亲的离世让她一下子经历了巨大的无助感："我觉得举目无亲，好像全世界只剩我一个人了。"这一可怕体验让她恐惧再次经历失去，因此郑小姐说，现在的她在选择亲密关系的对象时，不会选择自己很喜欢的异性，甚至会有意识地阻止在一段关系中的感情投入；因为只有这样，当伴侣离世时，她才能减轻那份难以承受的悲伤。

　　郑小姐：我有意识地阻止自己特别喜欢上一个人，可能我觉得亲密关系有点……因为我总觉得，如果自己对一个人投入过多，万一他死了怎么办？他死了，那我就会很伤心，所以出于自我保护的目的，我有意识地控制和封闭自己的情感，就是当我对一个人有感觉的时候，不要跟他有过多接触，就这样。你想想，哪天他突然死了，我就不会伤心了，我就会达到一种平衡。

戚先生也说，自从父亲12年前离世，他和姐姐虽然表面上看起来性格很开朗，但实际上不愿意与朋友交心，有很强的戒备心。

　　戚先生：我现在就是，怎么说呢，表面上很开朗，大家也都是有说有笑的，但总是没有办法把心交到大家手里面去。

我：为什么你会有跟别人交不了心的感觉？

戚先生：其实我也经常想这个问题，我也不知道为什么……我的第一个感觉，就是我不想让别人这么透彻地了解我……有一种很强的戒备心。

（四）父母离世与体验存在性孤独

存在性孤独（existential isolation）是存在主义心理治疗大师欧文·亚隆（Irvin Yalom）提出的四大**终极关注**（ultimate concerns）之一，指的是人们虽然渴望与他人连接，建立亲密关系，但最终却发现无法逃避孤单一人的状态。正如第一章谈到年轻子女的哀伤经验时我们已逐渐感知到的，哀伤其实与死亡类似，实际上都属于最"**本己**"的体验。所谓"本己"，是指**独属于**一个人并与这个人关切最深的一种体验。

父母离世之于子女，不仅意味着与哀伤共处的过程中所经历的苦楚与挣扎，都只能由他自己一个人独自承担，而且当他们失去了最亲密/紧密的关系后，亦可能发现自己陷入孤立无援的状态，继而体验到"人，生而孤独"（赵小姐）。1年前父亲突然去世的蒋小姐告诉我，她当时近乎逃避地飞到了美国找男朋友。与男朋友在一起时，她至少感觉心里还有个支撑；但是回国后，因为蒋小姐和母亲的关系一直相对疏远，"可能跟我妈的关系也需要一个重新建立的过程"，蒋小姐发现她成了"一个人"。

蒋小姐：回国的时候，我就觉得很难受。因为妈妈那边给我的支持其实特别少，我妈妈没有特别关心我在想什么，我的心情怎么样，或者我在干什么……当我回来之后，就觉得变成了一个人在这边生活，很害怕各种意外的出现。有时候晚上在那边会特别害怕，也不知道该怎么办……原来会觉得，因为有爸爸，很多事情都不需要我操心，或者说有人帮我分担，我只需要做一个小朋友就好了，而现在就要被迫长大。然后（停住）……对我来说，嗯，目前可能会觉得无论怎么样生活，都还是一个人，自己的生活也好，工作也好，只能自己对自己负责，别人都不能帮忙，或者说能够百分之百地理解……

卫小姐，我的第 12 位研究参与者，也在母亲离世后的 1 年时间里，逐渐体会到"人可能是单独存在的"，意识到原来自己和母亲之间的关系是独一无二的，"世界上唯一生下来就有的羁绊，只有妈妈了吧，这似乎是永远无法否认的关系"。卫小姐开始意识到包括男朋友、朋友、室友等在内的所有人，和她之间并没有那种最亲密的血缘关系，更不会无条件地爱她。因而她意识到，失去母亲后，能够照顾好自己的就只有她一个人了。

卫小姐：但如果没有那个人（母亲），你就要做一个独立的人，在这里生活，你做的事情就代表你自己，你想要的东西也得自己做决定……以前会很理所当然地觉得别人应该照顾你，算是一点潜意识吧。因为从小就是被宠着的，别人一下子没有顾着你的感受，自己就会伤心。但是后来会觉得，谁都不是你妈（笑），那个无条件疼你的人都不在了（哭），所以要自己照顾好自己。

母亲 1 年半前去世的潘先生也和我坦言，在这一段时间里，没有人了解他当时承受重压的糟糕状态。虽然他认为理想的状态是亲密的朋友会知道自己百分之八九十的真实状态，其他人则知道大概百分之五六十；但现实的情况是，除了他自己之外，没有人知道他的真实情况是怎样的。甚至在应对研究生毕业和母亲去世双重压力的冲击时，他没有办法向导师袒露丧亲的实情，最终做出了放弃学术道路的决定。

> 潘先生：就等于说，除了我自己之外，没有人能知道我百分之百的状态是什么，只有自己知道……所有的东西，全部要自己去承受。你不能说因为这个事就要去怪谁，但这是让人没有办法、很难承受的一个状态。

基于上述，我绘制了图 3-2，实时总结了已有的研究发现。

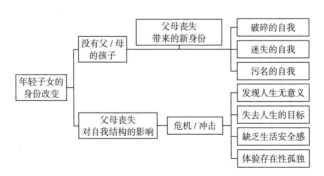

图 3-2　已有发现的实时总结

二、机：父母离世与自我结构的蜕变

王先生在父亲 4 年前猝死后开始深入地反思过往的人生："有一句话，就是讲伤口是光进入你内心的地方。通过这么一个变故，反思之前那二三十年的人生，静下来想想自己到底应该怎么去做后面二三十年的事情。"他突然意识到，从前他实际上是在复制父亲的人生轨迹：长期出差在外，对家庭的关爱很少……而承受了父亲突然去世给他造成的巨大伤痛之后，王先生觉察到，"我不应该复制我父亲的轨迹，我应该有一种新的生活"，于是他开始有意识地自我改变：更加关注内在的自我感受，而不是外在的社会评价。于是，丧父经历在王先生的诠释中也成了"人生经历的一个转折点"。相似的叙事同样出现在其他年轻子女的经验中：虽然痛苦，但他们同样也在伤口里寻找着蜕变的机会。

（一）父母离世与"分离－个体化"

> 云小姐：虽然我跟我妈一直在吵，但其实我俩的共生关系一直没有断开，我还是很依赖她的。她突然走了之后，我不知道自己为了什么去生活……我给了自己一段时间慢慢调整，就是自己去想，我到底想要做什么，然后也做一点尝试吧……所以，其实我好像在慢慢地掌控自己的生活，以前我有时会比较在意我妈的一些想法或者怎样……

当听到与云小姐类似的叙事时，我一开始并没有特别关注，随着编码的深入，我才意识到这一主题在不同年轻子女的叙事中反复地出现：一方面，父母－子女之间依赖与被依赖的关系，在父母尚未离世前，几乎称得上是年轻子女的普遍经验；另一方面，当原本紧密纠缠的父母－子女关系被打破时，这一危机却在一定程度上给年轻子女带来了从亲子缠绕关系中分离的可能。

这一现象与分离－个体化（separation-individuation）极其相似。这一概念最早由匈牙利病理心理学家、精神分析师玛格丽特·马勒（Margaret Mahler）提出，指的是婴儿在三岁以前会经历与父母的分离－个体化过程，逐渐形成稳固的自我认同，并拥有清晰的人－我界限。在此之后，又有学者提出青少年第二次分离－个体化的概念，强调的是青少年脱离内化的父母客体，减少对家庭的依赖，继而建立心理层面的独立自主。而笔者在本研究中发现，在父母离世后与哀伤共处的经验中，年轻子女可能会经历第三次"分离－个体化"，具体包括自我开始觉醒、决策更加自主、性格更加独立三种可能。

1. 自我开始觉醒

在学界的讨论中，对于青少年的分离和独立，关键的一点是态度独立：青少年与父母在态度、价值观、信念上的分化，即他们可以有自己的想法。而与此类似，父母的离世从客观条件上使得年轻子女获得了态度独立的可能，具体表现为**自我**的重要性在他们人生序列中的排位开始得到提高，甚至可能超过父母/家庭，"以前我可能觉得生命中重要的东西更多的是家里吧，觉得妈妈很重要，爸爸也很重要。但现在我觉得重要的可能更多是我自己"（施小姐）。

3 年前母亲突然离世的何小姐曾和我分享过一个"自我觉醒"的故事。就在我们进行第二次访谈不久之前，她在新入职的公司参加了培训。当时培训师问了一个问题："世界上最重要的人是谁？"何小姐当时马上想到了母亲，但培训师却说了一句话："世界上最重要的人是你自己。"何小姐将她当时的状态形容为"醍醐灌顶"，培训师的话一下子点醒了她，"因为在我的第一顺位，世界上最重要的人是我妈。现在我妈妈走了，那世界上最重要的人**就是我**。我不想因为其他的事情让自己过得不好，**我自己的人生，让我自己一个人做主**"。

但对于年轻子女来说，这个转换排序的过程并不是"顺理成章"的。5 年前父亲突然去世的朱小姐就用"自私"来描述自己的这一转变，"可能长大之后就活得有点自私了，我可能想要以自己为中心来活着，觉得我过得开心就好了"。在我们第三次访谈时，她告诉我，母亲很希望朱小姐大学毕业后回老家工作，但是她暂时想要留在现在的城市，做这一决定的过程中，朱小姐的内心充满了挣扎。10 个月前母亲去世的云小姐在谈到自己的觉醒时，也首先进行了带有愧疚的告解："虽然这样说有点不太好，但是我感觉，我在做决定上更加自主了，因为我会更多考虑自己的想法。"

2. 决策更加自主

6 年前父亲突发心梗去世的孔小姐在谈到自己的变化时，毫不犹豫地说："对我自己来讲，肯定更加随心所欲了。"事实上，"更加随心所欲"所意味的自主决策，在某种程度上，来源于父母离世在社会情境层面为年轻子女创造的自由，而这一现象具体包含两类情况。

第一类情况是，父母的离世为年轻子女脱离来自父母／家庭关系的"捆绑"创造了条件。1年前母亲因长期抑郁症而自杀的喻小姐很坦诚地对我说，如果母亲还在的话，她应该无法来现在的城市，也不可能从事自己喜欢的工作，更没有办法跟男友在一起度过一年多的时间，"因为我妈的阻力会很大"。我们再选取研究参与者中较为极端的案例：**姜先生**，父亲6年前因肺癌晚期去世，是我的第33位研究参与者。他与父亲生前的关系紧张且充满冲突。所以从访谈一开始，姜先生就不断向我致歉，称他可能难以满足本次研究的期待，因为在他的诠释里，父亲去世后是"我人生中最快乐的一段时间"。而姜先生快乐的原因是，他终于可以自主选择自己的人生了。

> 姜先生：主要是（因为）自由了。从他（父亲）去世之后呢，这个世界上就没有人有资格再来管我的生活了，我用了"资格"这个词哈。我的生活完完全全由自己来决定，包括我去哪里工作，再去读研究生，现在又进了学校来做老师，都是我个人自主决定的事情，所以很切实地体会到了这种生命重整之后的快乐，我用"重整"这个词，不知道准不准确。

第二类情况是，父母的离世为年轻子女摆脱来自人际、社会评价体系的"束缚"提供了可能。8年前母亲去世的冯小姐和我分享了她大学时的一个故事。当时正是春节，她没有像其他同学那样回家过年，而是在超市兼职。连续二十多天的工作，让冯小姐总共赚到了四千多元，抵得上她一学期的学费和生活费。但是冯小姐选择用这笔钱来旅行，"可能其他人就觉得，哎，你家里这么（穷），条件这么差，你父母什么都没有给你，你还能这么花钱？我就去花了，因为没有人（有资格）指责我"。如同在本节开头王先生将父亲离世诠释为"人生转变的契机"那样，在他看来，过去的自己更多屈从于外在环境的评价，"更多地看你有没有钱，有没有职位，（有没有）这个社会上的一些东西"，但是现在他做决策时，更加关注的是自己内在的感受："比如我做一个什么事情，（我要看）我喜不喜欢；我喜欢做的事情，我有没有把它做好，我的目标有没有坚持住。"之后王先生换了工作，选择从事他感兴趣的培训师。在工作中，即使不可避免地会听到学员的负面评价，但王先生仍坚持以自我评价为核心，"你说我好还是不好，无所谓……我会综合考虑，然后再结合自己的标准去要求，而不会因为某一个人说好就高兴，或者说不好就不做"。

3. 性格更加独立

7年前母亲突然过世的尤小姐说，虽然母亲过世前，她无论从生理年龄还是法律年龄来说都早已成年，却不认为自己真的是"大人"。尤小姐的叙事中也反复强调，她当时仿佛在一夜之间长大，不得不开始独立，"你有父母宠爱的时候，到三四十岁也可以做小孩，你可以假装自己不成熟，可以撒娇，可以耍耍赖。但是父母不在了，你真的是……因为你没有人可以依靠，没有依靠的时候，只能靠自己。我所有的事情，都需要我一个人去面对"。

类似尤小姐所叙说的这一蜕变与青少年的分离和独立中的另

一向度——功能独立产生了共鸣。它指的是青少年逐渐不再倚靠父母的帮助，开始独立地应对事情。父母之于子女常常意味着保护、支撑和倚靠，象征着安全感；甚至可以说，双亲健在意味着子女无论何时都可以转向父母求助，而无须完全孤立地面对人生。3 年前母亲因海难去世的郑小姐用"她（母亲）让我感觉我还活在子宫里"来形容母亲将她保护得太好的安全状态；母亲离世后，郑小姐才感知到自己作为个体的独立存在，在行事为人上也开始更加独立，甚至是"强势"。

　　我：你觉得你跟以前比有什么不一样？

　　郑小姐：我现在变得强势很多。我觉得我变得更aggressive（有进取心）。她（母亲）在的时候，我总觉得有人可以保护我。她不在了之后，没有人可以（提供）保护，我要自己得到我想要的……因为我妈妈让我感觉太安全了，她让我感觉我还活在子宫里，她把我保护得太好了，我就不会想什么个人发展了……我必须知道我没有人可以依靠了。我必须知道我是一个个体，我要有我自己的目标。

　　12 年前父亲去世的戚先生也认为经历丧亲之后，自己的性格更加独立和好强，"最直观的就是，只要能够自己做的事情，我坚决不会求助别人"。在失去父亲的成长岁月里，青少年时期的他因为感受到了家中亲戚"很明显的同情"而刻意选择独立，靠自己。现在的他远离家乡，来到了另一个城市读研究生。戚先生明显地觉知到，相对于同龄人来说，他会更加成熟，更能独立地做决定。尽管做出这样的诠释，戚先生仍补充说，他还是觉得如果做决定时能够咨询家人，所做的决定可能更正确一些。

　　戚先生：（和同辈）不一样的地方，我感觉可能就是思想上成熟的程度吧。遇到什么事情，他们可能有的人会说"啊，我要问一下我爸怎么办，我要问一下我妈怎么办"，而我的话，就自己做决定了。

　　我：那你觉得这对你来说是好还是坏？

　　戚先生：我觉得要分很多层面来说。从自身来说的话，可能自立性更强一点。从决策是否正确这个方面来说，肯定还不是很好，因为自己毕竟没那么多经验。如果说像他们那样有些事情问一下家人，决策的正确性可能更高一点。

　　基于上述，我绘制了图 3-3，实时总结了已有的研究发现。

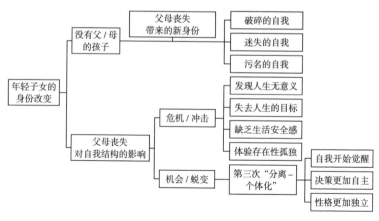

图 3-3　已有发现的实时总结

（二）父母离世与丧亲后成长

虽然如同第二章探索"建构丧失益处"时所提到的，在追寻意义的过程中，年轻子女十分抗拒将"个人的成长"诠释为"丧亲的益处"（并且在谈话中他们甚少如此表达，所诠释的益处也更多是以他人为核心），但当我们沿着时间脉络，探索父母丧失如何改变年轻子女作为主体的独立存在时，又能够清晰地观察到成长的印记。1年前父亲去世的陶女士分享说，当她开始读大学时，需要从老家TY市到邻近的另一个城市GX，她为此哭了整整一个月；然而自从父亲离开后，她被迫适应"三口之家不再"的生活，丧父也成为33岁的陶女士开始成长的转折点，"我以前曾经试过挣扎成长，但是没有成功，可能丧亲也是另一个契机，让我成长"。7年前母亲离世的尤小姐也说，面对过母亲的骤然离世，处理过家庭后续发生的各类糟心事，她在磨炼中经历着成长，"可能如果没有发生这些事情，我还是不懂事，还像孩子一样，对吧？"但1年前母亲离世的卫小姐也很直接地告诉我："如果成长都是这样的话，好像还挺惨的。"

因此在进入这部分的讨论之前，我需要再次澄清的是，丧亲后成长并不是一个年轻子女会喜闻乐见或开心期待的结果，这一现象的存在并不能和父母丧失所带来的负向影响进行如同加减计算那样的简单抵消。具体来说，年轻子女经历的丧亲后成长包括生命被增能、学会了珍惜、更能够共情、更能够包容。

1. 生命被增能

当听到年轻子女用类似"**被增能**"（empowered）的字眼来描

述自己的变化时，我十分惊讶，譬如4年前父亲突然去世的王先生就说，父亲的死将他置于可能是世间最难的境地，而自己连这一死局都扛过去了，还有什么困境不能承受呢？"经过父亲这件事情以后，感觉就是经历了生死。既然经历过生死，还有什么事情会比生死更难？"

的确，如果将参照物设置为死亡，那么除了生死，再无大事。对于年轻子女来说，现有的生命阶段中可能暂时没有比面对至亲的死亡更艰难的事情了。因而，当经历过这一至暗时刻后，年轻子女反倒能够"小看"生活中的其他困难，经历生命的被增能。1年前母亲去世的喻小姐与我分享了她与心理咨询师的最后一次见面，当时咨询师也告诉她："我相信你经历过这一次，无论以后遇到什么困难，你都有力量去面对。"她也是恍然间发现"我承受能力变得那么大了"。因此，当男友提出分手时，喻小姐虽然很在意这一段感情，但也没有想象中那么焦虑，"我反而感觉自己是很有力量的"。3年前母亲去世的郑小姐也说，从前在母亲的庇护下，她更多是一个"傻白甜"，但经历了丧母后，她逐渐成长为一个女权主义者，并且更能应付其他来自生活的重击。

> 郑小姐：之前她（母亲）把我保护得很好，我就没有什么人生的方向。当时我想的是，找一个合适的人，在他（未来丈夫）的庇护下继续过幸福的生活。但现在我已经不是那个傻白甜一样的柔弱女孩，我可以应付很多事情，我可以应付坏人对我的中伤，我在悲伤中也可以应付学业，所以我为自己感到骄傲，就是这样。

２．学会了珍惜

许多学者已经发现，个体在经历过压力／创伤事件后，可能会更加欣赏生命，这一发现与年轻子女的经验产生了共鸣。当听到10个月前母亲去世的云小姐下面的这段叙事时，我尤其感动。

> 云小姐：再去回想之前的那些年，我感觉自己好像浑浑噩噩的，不知道在做些什么。但我现在反而感觉自己是脚踏实地，踩在地上生活。我以前有一种好像是在飘着的感觉，感觉很不实在；但现在我反而能感受到生活中的那些美好。之前我的眼前好像是蒙了一层雾，看不清周围到底有什么，但是现在我能看清周围的那些颜色，周围的一些东西。我觉得太阳是很美好的，看到花花草草，我也会觉得很美好。之前我可能会觉得，它就是花，就是草，它就是太阳啊。我不会有那些感受，但是现在看到它们，我会有一些实实在在的、情绪上的感受。

如同云小姐所描述的，母亲的离世让她意识到在这世上的许多存在，包括太阳、花、草，以及身边的人，这些存在并非理所应当，"以前我觉得是应该的，别人都是应该的"。反而是经历过失去后，她重新审视了很多从前不在乎的事情，"我慢慢地开始珍惜很多东西"。譬如现在的云小姐会主动和朋友约饭聊天、维系友谊等。2年前父亲去世的钱小姐也说，当时那种害怕有些爱再也来不及表达的感受，让她学会了珍惜和家人当下相聚的时间。

　　钱小姐：就是害怕再经历一遍这个（哀伤）过程，所以每次见面都要珍惜。有的时候，我出门后都会回头看一眼，他们（爷爷奶奶）关上门以后，我也再回头看一眼。

　　我：那个回头看一眼代表着什么呢？

　　钱小姐：见一面少一面呀。谁知道我下次回来，还是不是这样。

3. 更能够共情

　　当亲身体验过丧亲之痛后，许多年轻子女亦发现，相较于从前的自己，现在他们更能够与他人的痛苦感同身受了，"第三个（改变）就是感觉，有了前面的经历，加上我学习后面这些东西（心理学）以后，可能更能感同身受吧"（王先生）。一些年轻子女了解到朋友正在经历哀伤时，也更愿意付出代价去与朋友同哀。12年前父亲因车祸去世的魏小姐和我分享说，就在刚刚过去的春节，她有一位十分要好的同事也经历了父亲的突然离世。虽然朋友的家离她很远，当时的交通和时机也不方便，但她第二天立刻买了车票，赶到了朋友家。魏小姐说，漫长的哀伤岁月让她渐渐明白了苦难的无解，也知道无论她做什么其实都无法缓解朋友正在经历的痛苦；但是她也明白**陪伴的意义**，希望用实际行动来传递她的"同在"。

　　魏小姐：去的同事没有几个，因为大家都觉得太远了。但我就过去了嘛，过去在那儿待了一天一晚，然后又接着上班了。我就觉得我要过来，不管怎么样，不管那个路有多不方便、有多远，我至少过来陪你，陪你一会儿，我都可以。因为我渐渐地感受到这个事情（丧亲）的无解，不管你做什么都没有办法给他带来一点安慰，或者说让他的难过减少一点。你能做的，可能真的就是陪在他身边，站到他旁边，你用这种行动去告诉他，还有我在，我陪着你。

4. 更能够包容

十分有趣的是，许多年轻子女还告诉我，经历了父母的离世，让他们能够更加包容／接纳身边的人和自己的差异，而这一现象背后的原因却不尽相同。

譬如，4年前父亲去世的王先生解释说，自己之所以能够更加包容他人，与父亲生前留下的遗憾有关。王父从前不善于用言语表达对儿子的爱。大约在去世前的一两个月，王父特意把同事送给自己的一个水晶猪蹄带给了王先生；但是王先生却有一点责备父亲，"我觉得同事的东西不应该拿，而且不健康的东西不要吃"。父亲过世后，再回想这一幕时，王先生很内疚，也很遗憾自己当时没能理解这个水晶猪蹄里传递着父亲对自己的关爱。也正是这一经历，让他开始更包容他人思考问题的方式："每次跟别人吵架，一要发飙，我就会想到这个事情。不要有遗憾，一定要用多维角度去看，设身处地，在他（别人）的角度去理解，再处理事情。"

类似的经验同样发生在6年前父亲突发心梗去世的孔小姐身上。她在寻找父亲的死因时，将不健康的生活习惯诠释为主要原因。如同家人无法改变父亲生前喜欢吃肉的习惯、昼夜颠倒的作息那样，孔小姐亦慢慢察觉到，她其实无法改变任何人，因此唯有选择接纳，"经过这个事情后，你接受了有些人办事就是那种方式，这可能就是他的命运。他的那种方法，你以前不能理解，后来就不是那么难以接受了，对别人的要求就没有那么多了"。

10个月前母亲去世的云小姐则很坦诚地说，从前的她对人很挑剔，总是拿自己的标准要求身边的人。母亲去世后，当她重新梳理与母亲的关系时，开始意识到"我以前会把我的期待或者我期待的结果，放在别人身上"。而在学习如何与哀伤共处的过程中，云小姐开始试着将对外的期待收回，放下对他人的要求。也因为这样的转变，云小姐开始更能接纳和欣赏身边人的不同，"以前也许他的做法会让我觉得反感和讨厌，但现在可能会给我提供一个新的思路，就是觉得原来还可以这样"。1年前母亲离世的卫小姐也在进行类似的调整："以前会希望别人……就总觉得别人应该做好的事情，应该做正确的事情，但是后来会觉得，嗯，没有理由去要求别人这么做。我会把自己跟别人分开。"但她这样做的原因在于，卫小姐意识到自己没有权利给别人下定论，因为"你跟世界上的其他人可能没有那么……很强烈的那种关系"。1年前父亲突然去世的蒋小姐在谈到她之所以变得更加宽容，则说是因为她意识到了生命的无常和苦难的常在。

> 蒋小姐：因为我觉得人就这一辈子，你也不知道哪天会发生意外。那么，你要让自己开心、让别人不开心也没有什么不对，我也愿意去看看别人生活中的故事。可能我原来都习惯去想，你怎么能这样呢？你不应该这样子；但现在就会说，你要这样，那你是怎么想的，为什么要这样？就愿意听别人

心里的话……生活中的痛苦太多了，每个人都不容易，有很多痛苦。其实不是说能改变什么，但能让别人觉得这个世界更美好就行了。

基于上述，我绘制了图3-4，实时总结了已有的研究发现。

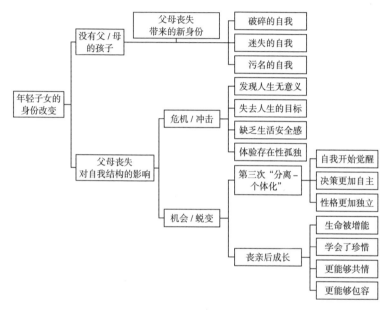

图3-4　已有发现的实时总结

第四节　向死而生：经历父母死亡后被修订的生命意义

正如前一节所讨论的，父母的离世几乎同时在解构和再构年轻子女的自我结构。然而，父母丧失所造成的冲击事实上超出了这一范围，还会修订他们还在形成之中的意义体系。譬如年仅 19 岁的卫小姐在我们进行第三次访谈时，就颇为"老气横秋"地说，自从母亲 1 年前离世后，她从此觉得**除生死，无大事**，"可能我之前的生活都挺顺利的，过去那一年，就好像比别人知道的、经历的多了很多，不知道是成熟还是……就比以前想得多了很多，人死了，人活着，除了这个之外，好像也没有太重要的事情"。

类似的叙事广泛存在于年轻子女身份改变的经验之中，更确切地说，父母的死亡修订着这些子女关于"**生命中什么才是最重要的**"这一问题的答案。因此，本节将探索的是，父母之死如何改变着年轻子女的生命意义。首先，我将说明父母的离世是如何将死亡真正带入到年轻子女的生命里；而当"死亡成真"后，年轻子女调整后的生命意义又会落脚在何处。

一、死亡成真：当死亡真正成为生命的一部分

厄内斯特·贝克尔（Ernest Becker）在其极富影响力的代表作《死亡否认》中曾指出："既然对死亡的惊恐能够压倒一切，我们就图谋让它保持在无意识状态。"的确，为了免受想象死亡时的惊恐情绪的影响，我们在现实生活中对死亡采取的是一种避讳的

态度，也就是试图通过将死亡从生活中排除掉而暂缓面对死亡。依照德国哲学家埃德蒙德·胡塞尔（Edmund Husserl）采取的对研究客观自然事物"**搁置**"的态度，死亡也被我们用括号"括起来"了，也就是将死亡是否存在的问题搁置起来，但这并不是否认死亡的存在，而只是说我们不去讨论它。

相较于传统社会，现代社会在"搁置死亡"这一点上做得尤为成功。乔治·瑞泽尔（George Ritzer）在其讨论现代社会合理化进程的著作《社会的麦当劳化》中，曾描绘了"现代的死亡方法"："现代的死亡发生在医院里，可能十分隐蔽，在清洁了萎缩的身体之后，尸体最终被送往现代墓地。"就这样，医院和医生（某种意义上，他们也就是身处现代社会之中的我们）对死亡的控制越来越强：我们不仅将死亡隐藏起来，甚至还"消除了死亡"。再加上中国人自古以来受到孔子那句广为人知的"未知生，焉知死"所影响，可以说，在经历父母离世之前，年轻子女其实从未在真正意义上思考／经历过死亡。

存在主义的观点认为，死亡在本质上是**私有的**，是真正属于个人所有的，也就是"本己"的。强烈主张"他者"哲学的伊曼纽尔·列维纳斯（Emmanuel Levinas）也在其著作《上帝·死亡和时间》中写道："他人之死比我本人之死更能使我动感情。这是我对他人的接待，而不是对正等待着我的死亡、作为死亡之参照的死亡的忧虑。"用列维纳斯的话来说，在经历父母的离世后，死亡第一次被这些子女"思想到了"，他们和死亡产生了"明确的关系"。因此我们可以说，在经历父母的死亡后，死亡才在真正意义上成为年轻子女生命的一部分。

李女士：妈妈去世了之后，我可能就变得更悲观、更（相信）宿命。因为当死亡在你身边真正发生的时候，你就发现人的生命真的……嗯，怎么说呀，就是生命真的太奇特了，生命跟死亡，我每天就（算）谈论它怎么样啊，都没法说出它真正的样子，只有它真正地发生在你的生活之中的时候，你才能知道。我妈妈去世了之后，我就突然觉得原来死亡就是这个样子的。人这一生，不管怎么样，不管怎么过也好，总有一天你会在这个地球上消失。

李女士，3年前母亲因自杀离世，是我的第4位研究参与者，她的这一席话细腻地传递了母亲离世是如何让"死亡成真"，让她意识到了原来她有一天也会死。和她类似，许多年轻子女也向我叙说了极其相似的经验。沈先生也告诉我，正是父亲3年前的突然离世让他认识到了生命只有一次，而他自己将这一"发现"诠释为成长："我看到的成长，最最直接的一个，就是让我立刻认识到生命只有一次。"

在这样"死亡成真"的情境下，年轻子女开始更深入地思考死亡。当我问半年前父亲去世的金小姐是否想过自己的死亡时，年仅21岁的她很肯定地回答："有过。"现在的她意识到死亡不仅是一件"每个人都会发生"的事情，而且死亡，尤其是意外，可能会随时出现。这样的"发现"让她的内心充满了恐惧，尤其是想到人在临死前脑海中闪过的遗憾和不舍，"我特别恐惧，我就在想，人临死之前都在想些什么呀？肯定会有很多留恋的事情，肯定也会很害怕"。1年前父亲去世的蒋小姐也告诉我，前一秒还很健康的父亲被送去急救并在短短几小时内去世，这一经历也让她"发现"致命的意外可能随时会来，而且还明显增加了她对未来的担忧，甚至变得更消极，"我明显发现，我会担忧一些意外的发生，然后呢，对未来的期许可能没有以前那么乐观，或者说抱有希望"。

如果我们说，"死亡成真"的一面是让年轻子女意识到了死亡终将来临，甚至开始恐惧战栗，那么"思想到死亡"的另一面却让他们中的一些人在承认了死亡的客观存在后，在面对死亡时开始变得坦然，甚至是勇敢。

王先生：这里我还提到一个最大的（改变），可能就是我以前怕死，然后现在不怕死了，哈哈哈哈。

我：为什么？

王先生：因为我觉得死是很自然的，就是说，比如在未来的几十年，甚至二三十年后，如果自己故去了，那就很正常，就坦然地接受嘛。

我：就是说，死也是一种生命的状态？

王先生：对，只要到了那个时候，不要有太多遗憾，不要有太多自己想做却没做的事情就行了，有遗憾也是正常的，能尽力做一些自己想做的事情就好了。

正如4年前父亲猝死的王先生在承认/接受了死亡后，继而将害怕死亡诠释为害怕**遗憾**那样，8年前母亲去世的冯小姐也说："我觉得死亡根本不可怕，对，以至于我根本就不怕死，连痛都不怕。"对此她的解释是人们害怕的不是死亡本身，而是死亡所带来的**失**

去：失去一辈子辛辛苦苦积攒下来的金钱，或是还未养育成人的儿女。所以，冯小姐解释道，现在的自己孑然一身，没有什么害怕失去的，自然也就不用害怕死亡了，"像我，毫无牵挂，了无牵挂，我不怕死。如果现在死了，我可以把我的遗体捐献给医院，可以把器官捐献出来"。

基于上述，我绘制了图3-5，实时总结了已有的研究发现。

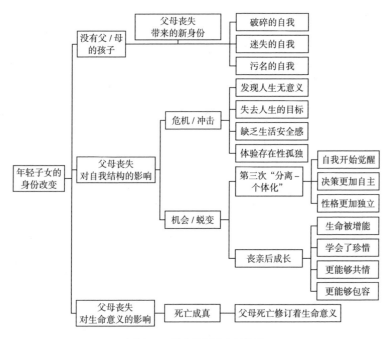

图3-5　已有发现的实时总结

二、何为重要：觉醒后选择的生命意义

当年轻子女通过经历父母丧失和哀伤开始真正觉知到死亡时，

他们再也不能像从前那样"避谈死亡"或"搁置死亡"了，而他们看待生命意义的"范式"亦会随之改变。死亡如同一张滤纸，**过滤掉**了许多他们曾经认为重要的东西。根据与他们的对话，年轻子女在觉醒后的生命意义，也就是回答"生命中什么才是重要的"这一问题时的答案，大致可被归为四个选择，分别是自己重要、关系重要、体验人生重要，以及意义感本身重要。

（一）自己重要

类似于"分离－个体化"的经验，死亡本身同样升高了"自己"在年轻子女生命意义中的排序。譬如，当我追问 1 年半前父亲去世的曹先生，当他意识到"死亡让很多东西说没就没"，留下来有意义的东西是什么时，他几乎不假思索地回复了我："就是自己啊，就是做自己想做的，做自己觉得正确的事情就可以了。"也就是说，在面对死亡时，年轻子女很容易产生的一个转变是，他们开始意识到自己作为独立的主体，才是真正重要的。

那么，当谈到"自己重要"时，他们谈论的究竟是什么呢？第一种情况，正如曹先生所强调的，指的是遵循自己的价值标准进行选择。这一情境下，年轻子女通常指的是"**追求自己真正想要的**"。这里我想要引用的是赵小姐的经历。当 4 年前母亲离世后，年仅 21 岁的赵小姐辞掉了护士的工作。但在辞职后的第一年，她没有告诉任何人（除了她的导师），因为她深知没有亲戚朋友会支持她辞掉一份稳定的体制内工作，而且是离开该市最好的三甲医院。但在经历过母亲的死亡后，赵小姐渴望的却是"为自己活过"。她解释道，辞职的很大一部分原因是在仔细思考后，她意识到体制内的工作（包括钩心斗角的工作环境、一眼能看到头的未来走向）并不是她想要的。赵小姐强调说，她很认同每个人都有自己的活法，但不希望自己按照别人认为"**应该**"的活法来生活。所以她最后选择了辞职，跟着导师学习语言表达艺术和思维方法，转行从事学生教育。

> 赵小姐：周围所有人都说人生就应该这么过，可我觉得那不是我想要的。如果我自己经过思考之后还认可那种人生，那就是我想要的人生。当然，那种人生（做护士）也可能是其他人的人生。我思考了之后，觉得那不是我想要的人生。我觉得只要是你经过思考最后做出来的决定，就是你想要的人生。
>
> 我：嗯嗯，就是你不能单单地接受别人告诉你应该怎么过，而是应该你自己去思考？
>
> 赵小姐：对，我自己去思考，哪怕我跟大家的选择是一样的，那也是我思考之后的一个选择。

第二种情况是，年轻子女会越来越看重自己的身体健康和生活平安。2年前父亲患癌去世的陈小姐告诉我，虽然她一直都很注重身体健康，但是自从父亲去世后，她的生活习惯明显变得更加养生了。陈小姐将现在的自己形容为"清心寡欲"：饮食上越来越少吃荤，日常上班自备便当，每周吃一次紫薯，不再心疼体检费而坚持定期给母亲和自己做身体检查。8年前母亲去世的冯小姐也说，她现在最在意的是"每天平平安安的呀，快快乐乐的就行了"。根据她当时照顾生病母亲的经验，冯小姐得出的结论是"因为你知道有些事情（生病）会发生，一旦发生就很烦。你要防患于未然嘛"。在她的诠释里，身体健康的重要性明显大于经济收入，活得长久才是"真理"。

> 冯小姐：现在在意的事情就是少穿马路、少去危险的地方……所以你要健康啊，你知道吗？什么都可以没有，就是不能没有健康。没有钱了，我可以再去赚啊。我现在没有这个工作了，大不了饿两天，对不对？我再去找份工作，一样的嘛。活得长久，对，活得久才是真道理，我们活得多有钱怎么怎么样，那都是假的，都是虚的！要活得长，才灵嘛。

第三类情况则是，年轻子女会更加看重自己能否变得更强，能否掌握自己的命运；当他们将父母的死亡归结为家庭经济上的弱势和弱肉强食的社会规则时，这一转变尤为明显。沈先生的父亲3年前因为主动脉夹层住院，两天后去世。对于父亲无法得到更有效的医疗资源，他将此解释为残酷的社会阶层运行规则。初次面对这一规则时，他失去了维系正常生活的动力，选择逃课、离校、挂科，但最后却不得不接受这一规则，"只有了解了，充分地接受了这个规则之后，你才有可能去怎么怎么样"。后来，沈先生选择回到学校，完成大学学业；目前在读研究生的他还决定未来要考取博士，认为读博是运用社会规则来改变自己命运的方法。

类似地，6年前父亲因脑梗突然去世的严先生也将自己的原生家庭描述为"financially disadvantaged（经济条件比较差）"：父母都是农民，没有接受过很好的教育，是社会最底层的劳动人民。他自小就希望从原来的生活圈中"跳出来"，因此在考大学时，他就选择去另一所城市读基地班，但严先生认为，虽然基地班听起来"很 fancy（华丽），但是人要往高处走"。因此当父亲离世后，他希望可以尽快改变命运，于是决定返回常规的四年制高校，继而申请了出国留学。

> 严先生：这个社会运转的规则就是这样子的。如果说你没有 power（权力），没有金钱上的资源，你就没有办法去获取你想要的东西，哪怕是救命的药也好，或者其他。所以我觉得这是一个生存法则，nothing personal（并不针对个人），就是说你能够获取这些资源，那么你在这个社会上立足的时候，你就有更高的 priority（优先权），that's it（就是这样）……你没有那种资源，然后这种事情发生在你身上你又无能为力，这是必然的。那你想避免这种事情，make a difference，work hard，make money，that's it（有所作为，努力工作，赚钱，就是这样）。

（二）关系重要

当至亲的离世冲毁了意义体系，年轻子女在与哀伤共处的过程中，会愈发看重人与人之间的关系；甚至在某种程度上，他们会更加渴望与人建立连接，向往爱和温暖。具体来说，年轻子女谈到"关系重要"时所指的对象包括：还活着的另一位父母、其他家人、身边的人、未来的家庭（尤其是以后的子女），以及同在经历苦难的人。

　　譬如，2 年前父亲去世的钱小姐回忆说，其实在与父亲的感情表达上，她有许多遗憾："他（父亲）从来不跟我说一些关于我们之前的感情，或者是他有多关心我的一些话。"也正因如此，现在的她愈发重视和母亲还有爷爷奶奶的关系。钱小姐说过去自己经常因为忙而忘记/忽略给家人打电话，但她现在会很有意识地关心家人，"只要有时间想，都会打电话问两句"。她还给我分享了一个故事，就在刚刚过去的母亲节，钱小姐的男朋友本没有任何计划，但她以男朋友的名义为阿姨订了一束花。一开始，男朋友还认为母子之间不需要特别的表示，"他的意思就是我心里装着（妈妈）就行了"，结果没想到很少在朋友面前晒生活的阿姨，居然特意为了儿子订的这束花发了朋友圈。

　　　　钱小姐：我说，你（男朋友）千万不要说是我（订的），你就说是你订的，然后他妈妈……很开心。他那天就很惊讶，说妈妈竟然发朋友圈了。我说，对呀，她真的很珍惜你的这种表达，不要觉得你不表达她就能懂，其实不是的。我从这件事情（父亲去世）上就体会出了这些，而我现在碰见这样的情况，都会说你需要表达出来。

　　这些正处于成人初显期的年轻子女还会特别渴望建立家庭和养育孩子。12 年前父亲被人杀害的戚先生明显地察觉到，他周围的朋友们其实并不急于结婚，暂时未考虑成家，但他的想法却很不同，"我现在有一种渴望，我特别想拥有一个家，就是有我，有我老婆，还有孩子，有这种家"。当他反思为何自己会与同龄人不同时，得出的解释是：一方面是守寡多年的母亲因为一儿一女均已成年，最近终于松口同意改嫁，虽然戚先生很支持母亲的决定，但他亦开始体会到"自己没有家了"；另一方面则是"因为我想把自己缺失的东西补偿到孩子身上"，戚先生渴望为孩子付出，为孩子提供完整而强烈的父爱，以及应时的帮助。而这一点与 6 年前父亲突然去世的严先生的叙事产生了强烈的共鸣。严先生表示，希望将来能够陪伴孩子更久一些，能给孩子提供更好的生活环境，不希望"唉，不行，我买不起这些东西"这样的情况出现在自己以后的家庭中。而 8 年前母亲去世的冯小姐最开始一心扑在工作上，但后来发现"此路不通"，于是慢慢意识到家庭才是她生活中最重要的意义，"如果早一点领悟出这个道理，可能就不会那么迷茫了"，但对于她来说，目前最困难的一点是如何找到一个合适的人来组建自己的家庭。

1 年前父亲去世的陶女士收到我的访谈邀请后结了婚，在第一次访谈时已经怀孕。这样特别的生命转变，让我能够通过她的叙事，略微感知到孩子之于这些年轻子女的特别意义。她和我分享说，1 年前父亲离世后，她很渴望一个新的小生命，甚至称此为"念想"，希望生一个像父亲的小男孩。

> 陶女士：我的孩子是剖腹出来的。16 分钟，他从我肚子里出来的时候……我看到他好像我爸爸，他们告诉我说是个男孩，我看到那个小孩就掉眼泪了。爸爸是长脸，我的孩子是短脸，像我，但我怎么看我的孩子就觉得怎么亲，怎么像我爸，

好傻的。即使小孩子是一天一个样子，即使他不像我爸，我也把他幻化成我爸，我觉得很……听起来很荒谬，但确实就是这种感觉。我当时就有种很单纯的感觉，觉得爸爸回到我身边了。

除此之外，帮助别人同样被年轻子女评价为生活中比较有意义的事情。1年前父亲突然去世的蒋小姐说，那个时候，她在医院里深切感受到了那种特别无助的感觉；于是推己及人，现在的她特别希望自己能够陪伴别人走出无助的境况："因为我觉得可能谁都经历过那种无助，虽然你对他没有那么重要，但你帮他走出那个无助的环境或情绪，还是挺重要的。"8年前父亲因意外去世的**韩小姐**，我的第15位研究参与者也分享说，自父亲离世后，她经历过难以想象的忐忑和不安，也因为自己曾经缺失得太多，不希望别人走跟自己一样的路。基于这样的想法，韩小姐在大学期间主动参加了大学生公益创新比赛，希望能够帮助更多的孩子。

（三）体验人生重要

除了上述两类"生命中什么才是重要的"之外，年轻子女也思考了"什么样的生活才是有意义的"这一问题，且诠释出了丰富的回答。总结来看，在死亡来临前"是否体验过人生"对他们来说尤为重要；具体的标准包括是否过得开心、是否留有遗憾、是否尝试过各种可能性，以及是否过得好。

第一类标准是"是否过得开心"。当谈到丧亲时，几乎所有的年轻子女都将它诠释为**负面**、**痛苦**的经验，因而当体验了哀伤的痛苦一面后，他们对快乐的渴望和追求几乎转变成了一种本能。

2 年前父亲去世的陈小姐也说："像我这种二十岁出头就没了爸爸的人，也算挺惨的吧。"因此面对生活的重压时，她承认自己无力改变苦难，而只能选择把握住生活里比较开心的、不难过的事情。7 年前母亲去世的施小姐甚至笑着跟我说："所有的意义都是自己骗自己（笑），其实我觉得终极的目标就是开心就好。"她相信个体的生活里并不存在绝对的意义，而仅有的意义只能存在于社会作为整体的结构之中；因此，她将"让自己开心起来"视为最终极的意义，希望自己的生活能够过得更有热情一点。

第二类标准是"是否留有遗憾"。在我们第一次访谈时，钱小姐和我分享了 2 年前父亲住院治疗时的一个小插曲。当时躺在病床上的父亲看着一部电视剧，而在钱小姐脑海里闪过的念头是，这部电视剧什么时候播完？父亲到底能不能看到结局？所以当我们第二次访谈，谈到活着的意义这些话题时，钱小姐告诉我，不留遗憾是她当下抓住的意义，不然就太遗憾了，"这个事情我没有做，我要做掉它；很多未完成的、想要去完成的东西，我觉得这就是我现在活着的意义，包括这个电视剧，我没有看完，我要活着把它看完"。7 年前母亲去世的尤小姐也说，现在自己看待生死的态度变得有点坦然了，既然死亡是肯定来的，那么就要做好准备，而不留遗憾就是她认定的准备，"有些想要去做的，就去做，不要让自己遗憾，把你想做的事情做完"。

第三类标准是"是否尝试过各种可能性"。施小姐用"丰富多变"来描述她向往的人生状态：无论是工作、恋爱、婚姻，甚至如何选择生活的城市，她都希望尽可能拥抱各种可能性，允许人生有足够多的变化和自由，而不是被束缚住。而当赵小姐决定辞掉稳定的体制内工作时，做出这一选择的重要原因是，当时的她仿佛可以看到自己 20 年后的人生，而这样"僵化的生活"不禁让她担心，假使有一天要面对自己的死亡，自己会不会仍然没有"活透"，而"什么样的人最怕死？没活透的人最怕死"。

> 赵小姐：在医疗系统，在临床工作，我能够看到我 20 年后的人生顶点是什么。对于一个小城市，在这个行业，你没有关系的话，最多就是混到护士长，就到了人生的天花板了。所以我觉得，如果我在 20 岁出头的时候就能看到我人生的走向，那我这一辈子就过得太没有意义了。这是最重要的一个点。

第四类标准是"是否过得好"。"勤俭节约"自古以来被视为中国的传统美德之一，甚至可看作是中国人的文化身份。但对于许多年轻子女来说，通过对比他们经历父母离世前后的生活，可以明显发现"过得好"开始超过"勤俭节约"，成为生活意义的重要组成部分之一。1 年前母亲离世的喻小姐说，从前她很少舍得花钱买鲜花，但是现在她慢慢想明白了，开始有意识地让自己过得好一些，"我现在都是自己做饭，我会去买花，会去买杂志，买生活类的杂志来阅读，就是想尽力让自己的生活过得好一点"。8 年前母亲去世的冯小姐也说，现在自己认为买房、供房没有意义，所以她把收入都用在了自己身上（某种程度上说，就是用在体验生活、提高生活质量上），"我为什么要这么节省？我就是想去体会一下，我喜欢哪个东西，我就想去体会那个东西的奥妙，怎么样，就是这样子的"。

（四）意义感本身重要

在我们讨论"何为生活的意义"时，许多年轻子女的响应十分出乎我的意料。他们的答案没有纠结于什么是建构意义感的主体（是自己？还是关系？），也并非讨论什么可以被称为有意义的（体验人生？），而是纯粹回到了生活和意义感本身，即它们作为存在的存在。

2年前父亲去世的陈小姐告诉我她希望活得更长久一些，当我问她所认定的"活着"究竟是为了什么之时，她回答了一句很简单但又包罗万象的话："我不知道活着为了什么，但是我可以明确的是我不想死。"3年前父亲突然离世的杨小姐也说，由于父亲的离世，由于家里之后发生的各种事情，她也时常感觉难受，以至于觉得自己几乎活不下去，然后她给出了一句和上面陈小姐的话非常相似的回答："他们把我生下来了，养这么大，难道就是想要看着我去死吗？"并且，陈小姐不仅仅止步于活着的意义，她紧接着袒露的一句话让我突然意识到，**原来意义感这个概念本身的存在，就已经存在意义**："我想活得，像我想要的样子。"3年前母亲突然离世的郑小姐在回答这一问题时，引用了她的一位朋友的话。在高中时，她曾经找班里的同学，一个一个地问："你为什么要活着？"当时一个同学的回答是："我活着，是为了知道我为什么要活着。"郑小姐评价说："这个答案听着无厘头，但还是挺有用的。"

而年轻子女给出的这些回答，背后所隐含的是意义感本身在"人生无意义"这一命题中所具有的意义。对于许多年轻子女来说，父母离世对意义体系所造成的冲击，已经让他们失去了对现有各种意义载体的信心，但是他们却仍然没有放手，也不能放手（因为虚无的人生指向的可能是死亡，是放弃生命）。因而，或许在某种程度上，他们只能让自己相信意义感的存在，即使这一意义感没有坚固的根基（自己不是，关系亦不是），也没有具体的评价标准（体验人生亦不是）；而基于这一意义感本身的存在，他们才能够推导出一个活着的意义，支撑自己活下去，或许是等待出现下一个意义感的可能性。

　　基于上述，我绘制了图 3-6，实时总结了已有的研究发现。

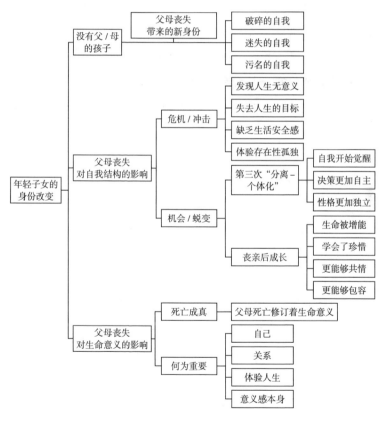

图 3-6　已有发现的实时总结

第五节　变动的人生走向：关系中的人生选择和优先序

　　卫小姐：有本科幻小说，叫《人生复本》。书里有一个现在看起来不太可能实现的科学假设。这个假设也叫人生复本，因为量子力学里有一个理论，它能推演出可能存在无限多个平行世界，只要每个（结果）可能不一样的事件发生以后，就会产生另一个事件，沿着这种轨迹慢慢变化，我就想会不会可能有一个或者很多个世界里，我妈妈还在。我也没考上 GC 这么好的学校，就跟我妈两个，就在（老家）附近的 KG 市或者在 IY 市，经常周末回家。

　　十分有趣的是，尽管年轻子女们彼此并不认识，也从未交流过，但卫小姐并不是唯一一个想象过"**平行世界**"的人。在哀伤对话的过程中，他们中的很多人都向我提及了这个虽然尚未在物理学里得到证实，但又活跃在各种科幻电影里的概念。

　　思考过"平行世界"存在与否，想象着自己和父母在另一个世界里"没有那么不幸的"生活，这一经验的存在本身就带有多重含义：一方面，这意味着在体验哀伤的历程里，年轻子女实际上在不断思考着人生的另一种可能性："他／她如果没有过世，我的人生现在会怎么样？"另一方面，这再次说明了父母的离世翻转了他们的人生，他们的人生选择和人生走向因这一丧失而发生了剧烈变动。

　　年轻子女因父母丧失而经历的人生转折还带着"在关系中"

的烙印：他们的人生选择和优先序不单单牵扯到家庭（甚至家族）的羁绊，甚至依然带着已故父母的意愿。本节将探索的是，当一位父母过世后，年轻子女的人生走向发生了哪些变故，同时又有哪些主体在影响着他们的人生选择。

一、依然故他／她：以已故父母的期待为念

"关系中的人生选择"的第一个出人意料的发现是，已故父母依然可能影响年轻子女的人生选择，成为重要但又看不见的主体。根据他们的哀伤叙事，我们可以清晰地看到，即使父母此时已离世，即使父母－子女的关系开始分离，即使年轻子女个体化状态已然明显，但是在他们个人－内在的世界里，已故父母却"虽死犹生"：父母去世前对于子女的期待／心愿仍然以多元的方式影响着他们现在的人生选择，概括来说，就是"依然故他／她"。

周先生在 10 年前母亲因车祸去世时仍然还很年幼，年仅 11 岁。而在我们的两次访谈里，他两次提起与母亲的一次对话，那次对话发生在母亲遭遇车祸一周前的某个晚上。周先生告诉我，母亲当时对他提出了三个要求，而这三个来自母亲的期待一直规范着他之后人生中的种种行为，并且成为他在面对痛苦时留存求生欲的力量源头。

当晚，刚刚上夜班回来的母亲很疲惫地躺在床上，并问了周先生三个问题："未来你会不会养我呢？"他说："肯定会养。"母亲又问："以后喝酒不喝酒？吸烟不吸烟？"周先生都回答："不会的，不会的。"虽然周先生说，自己也分不清这个记忆究竟是自己幻想出来的，还是真实发生过的。虽然第一件事情他再也无法完成，但他始终记着后两个对母亲的承诺，甚至为此在大学期

间和室友产生了分歧，格格不入。7年前母亲去世的尤小姐也说，现在她做选择时，心里想的仍然是"如果我妈妈还在，面对这个事情的时候，她应该会怎么做"，然后将母亲可能的选择和自己的选择折中处理，或是选择其一。

"为了他/她"亦是年轻子女在叙说自己的决策过程时，出现频率非常高的一句表述。

3年前母亲离世的李女士和我分享说，当她在面对困境时，自我激励的方式就是不断告诉自己："即使是为了我的妈妈，我也要更加努力。"而陈小姐则说在父亲过世后的一年多时间里，她很努力地照顾好自己、照顾好妈妈，因为这是父亲的心愿，"（虽然）不确定爸爸能不能看到我，但是只要有一丝希望。他能看到我，觉得我过得好，这是我唯一能做的，能够让他高兴的事……只要我是开心的，爸爸就会开心，然后也把妈妈照顾好，他肯定是担心妈妈的"。1年前父亲突然离世的蒋小姐也说，即使沉浸在哀伤中，她还是会努力让自己开心起来，因为父亲生前最在乎的就是健康："吃没吃饱啊，开不开心啊，然后天冷多穿点衣服，其他就没有了，想干吗就干吗，等于是对事业发展、工作发展、收入这些没有任何要求，只要健康开心就好。"

让年轻子女十分在意的另一点是，他们的选择能否给已故父母带来荣耀。12年前父亲去世的魏小姐说，人生的很多选择在她看来，通常一条指向好的方向，另一条则是通往坏的方向；而她在做选择时则是希望自己"不管他（父亲）在哪里，都还是想要成为他的骄傲"。因此，即使成长的过程浸满了哀伤，她始终没有放弃"好"的成长，没有变成一个坏孩子。而2年前父亲去世的张小姐也表达说："我希望自己可以很努力地成为一个很优秀很优秀的人（加重音）。"因为她渴望能够通过自己的优秀，让他人看到"我的爸爸有一个很优秀的女儿"；在哀悼／纪念父亲的方式里，她期待着通过自己足够优秀的表现，让父亲不至于太快被这个世界遗忘。

虽然我们无法估计这样以已故父母为念的选择方式会持续多久，但至少在年轻子女目前所处的成人初显期，不可否认的是，他们主动将已故父母融入个人身份，并尽可能将其维持更长时间。

3年前母亲去世的郑小姐当时为母亲撰写的碑铭"幸子为佩，愿系我常"，就是一个温暖的例证。她向我解释说，这句话的意思是"希望你（母亲）成为一块玉佩，永远系在我的身上"。2年前父亲去世的陈小姐在父亲确诊癌症的那段时间，也将她的微信头像换成了一只在樱花背景下戴着空军帽子的柴犬，"因为在微博上看到说这个小狗患了癌症，它一直没有放弃，一直在治疗，也是经常笑着，很乐观的那种嘛"，陈小姐说，当时有"一种盲目的迷信"，希望自己换上小狗头像后，父亲也会积极乐观地治疗下去。而这个头像她一直用到了现在，但没有和朋友谈起过头像背后的心意，而是"对外戏称说我一天是单身狗，一天就用狗做头像"。3年前母亲去世的李女士一开始就给我留下了深刻的印象，因为她在填写亲人离世时间时，将数字精确到了"天"：1382天，也是所有参与者中唯一这样填写的，"我有一个记录时间的APP，然后就……嗯，过几天翻翻看的那种"，她还将自己的微信号设置成母亲去世的日期。

事实上"依然故他／她"这一现象存在的背后，反映的是在中国文化情境下，尤其是在儒家思想的影响下，年轻子女持有的"父母－子女本为一体"的人生信念，"我想替我爸好好地活着，无论我有多少年的命，我想要替他好好地活着"（陶女士）。也就是从严格意义上来说，在年轻子女的理解里，他们此时的生命仍然不单单属于他／她自己，同时也承载、延续着已故父母的生命。

基于上述，我绘制了图 3-7，实时总结了已有的研究发现。

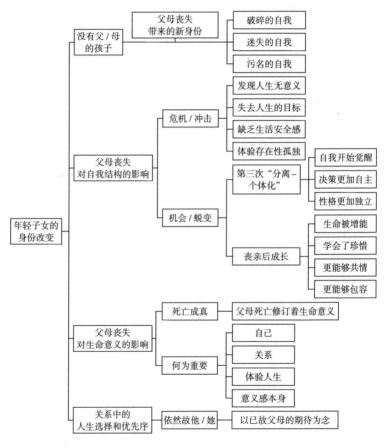

图 3-7　已有发现的实时总结

二、爱情、婚姻和创伤：被次级丧失影响的亲密关系

（一）隐藏的哀伤与对亲密关系的期待

第一章描述哀伤经验时，第一个主题就是"隐藏的哀伤"：无论是面对家人还是其他人，年轻子女大多闭口不谈真实的哀伤；但是，如此深藏的哀伤在现实情境里仍留有一个（可能的）出口，那就是他们的亲密关系。十分有趣的是，当我问到与伴侣分享哀伤的经验时，揭开了本次研究中第一个有关性别差异的发现：如同调节变量一般，性别影响着正在隐藏哀伤的年轻子女对于亲密关系的期待，例如是否需要伴侣理解自己的哀伤。

首先，绝大多数的年轻女性都会向我袒露，她们其实非常期待伴侣能够理解自己的哀伤以及丧亲经历，但几乎所有的年轻男性都表示，他们并不需要伴侣能够在哀伤层面与他们感同身受。12年前父亲因车祸去世的小魏小姐直截了当地告诉我，她对身边的男生要求特别高，期待他们能够很透彻地理解自己；如果觉察到他们有哪个方面没有做到的话，就会特别伤心。2年前父亲去世的张小姐也告诉我，她曾经期待未来的男朋友要长得帅，性格温柔、体贴，但是父亲的离世翻转了她的期待，"除了你的父母，哪有人会愿意那样子对你啊？"现在她最希望的是对方和自己三观一致，能够理解、包容并接纳她的哀伤：

张小姐：我就希望我和他分享我的痛苦的时候，他能够理解我。我痛苦的时候，我希望他不要就是说"哎呀，你不要这样子嘛""你不要哭嘛""你不要痛苦嘛""你不要这

么抑郁嘛"。我希望他能够跟我说"嗯，所以你可以悲伤""这个事情对你真的打击很大""你真的太……嗯，你真的辛苦了，一个人"。我会告诉他（我的哀伤），然后希望他能够理解我的悲伤、痛苦。

2年前父亲离世的钱小姐说，她现在对伴侣的期待很矛盾，一方面希望对方成长于稳定幸福的家庭，"我会想找一个家里没有这些问题——不只是去世，还有离异，对，没有经历过这些，父母还算比较和谐，找这样的人"；但是另一方面"又觉得太幸福了也不行（笑）"，因为在她看来，理解幸福很容易，但是理解痛苦却很难，而她依然期待着男朋友能够明白自己的内心。12年前父亲去世的孙小姐甚至告诉我，她对于未来另一半的想象就是"对方也是单亲家庭的孩子"，因为如此一来，伴侣就能同理她失去至亲的感受了。十分神奇的是，她交往过的两任男朋友也的确都符合这一期待：都是母亲带大，都是单亲。但是让她感到困惑的是，明明大家的成长经历十分相似，到最后却无法一起走下去。

孙小姐：两个男朋友这样谈下来，我发现我是抱着一个"我们互相去弥补对方缺憾的那种（想法）"。嗯，我这样的想法可能不对，因为男生不一定这么想。他会觉得因为自己有这个缺憾，而更渴望对方会有一个比较……比较完全齐整，完整家庭的环境……我谈下来发现，他们也许能够体会，但并不想说；两个人都很破碎。

当我与年轻男性对话时，他们给出的响应和年轻女性存在着较大差异。3年前父亲去世的沈先生说，在父亲刚刚过世的那一两年里，他的确感觉到自己特别需要被理解；但是当哀伤作为一种情绪慢慢开始消退时，沈先生的期待发生了变化，"时间长了之后，又觉得，还不如我的另一半天真可爱一点。天真可爱一点，自己可能还会快乐一点啊"。12年前父亲去世的戚先生已经和女朋友说明了自己年幼丧父的状况，但更多是作为两人预备结婚的背景交代。他很坦诚地和我分享说，他能够想象女朋友其实并不了解父亲离世这件事在他生命中的重量。当我询问他对于这一觉察的感受时，戚先生也很直接地说，他的想法是把哀伤的影响留在过去，而不是继续带到以后的人生中，"因为和她（女朋友）以后就是一个新的生活，我不希望让她再去想我之前经历的这些事情有多么难受，想给她的就是快乐，不想跟她说我以前的悲伤"。

在这样差异化的理解期待下，年轻女性更倾向于在伴侣面前公开分享她们的哀伤情绪，年轻男性则不然。譬如对于12年前父亲去世的邹女士来说，与丈夫敞开分享就是她因应哀伤的有效方式之一（而她的丈夫未曾有过相似经验）。邹女士说，其实丈夫听完这些后也只能给她一个拥抱，以及一些**"然而并没有用"**的建议："怎么说呢，男人毕竟是男人，其实他给你的可能也就只是一个拥抱。男人很喜欢给你提一些建议嘛，告诉你怎么解决，但其实我想跟他说，这个是没有办法解决的（笑），你只要告诉我，你知道我很难过就可以了。但是讲完以后，被抱一抱的感觉还行。"当我的第41位研究参与者，4年前母亲去世的**章女士**想念母亲时，也会对着丈夫一边哭一边诉说，而此时丈夫通常会抱着她，为她擦去眼泪。

但并非所有的情绪分享都会得到积极的响应，当年轻女性甚至无法从伴侣那里得到一个安慰的拥抱时，这一经验会作为新一重的次级丧失，反过来冲击她们的亲密关系。譬如当我问尤小姐，母亲 7 年前的突然去世对她的影响时，她直接答复说，母亲辞世导致她跟丈夫离婚了。原来当时年仅 26 岁的尤小姐陷入了深深的哀伤，常常半夜哭醒。虽然刚结婚没多久的丈夫一开始愿意拥抱她，但却不愿意等待她疗愈哀伤，甚至让她感受到被嫌弃、无法被接纳。尤小姐有一种预感：她可能会一直单身下去，"因为我觉得没有任何一个人能做到感同身受"。

> 尤小姐：（决定离婚）有很多方面的原因，最重要的一个是在我妈妈离开之后，当我心情很难过的时候，他不能感同身受。当我觉得自己很脆弱，抑制不住感情的时候，他会有一些嫌恶……这种疗伤可能需要一段时间吧，但是别人不会给你太多的时间呀，他就会觉得烦。那他觉得烦了之后，我就想，他连这一点都不能包容我，那也就给不了我想要的东西……这个可能别人没有体会，你的父母对他是无关痛痒的呀，对吧？所以说这些年，跟他分手之后，我基本上也没有再去谈过朋友，因为我觉得没有任何一个人能做到感同身受……

（二）当你的另一位尚存父母开始相亲

当我问到另一位父母的感情状况时，另一个明显的性别差异又浮现出来：当离世的是年轻子女的母亲时，父亲通常会在很短时间内开始相亲，甚至很快再婚；相反，如果去世的是父亲，母亲则很少愿意再次寻找伴侣，或者需要等很长时间才愿意尝试。而这一来自父母亲层面的性别差异，作为与哀伤共处过程中的新一轮次级丧失，同样强烈影响着年轻子女对亲密关系的信念。

7年前，尤小姐的母亲刚刚过世没多久，她担心父亲无法承受晚年丧偶的悲痛，决定辞职回到老家，贴身照顾父亲，陪了他很长一段时间。然而让她震惊的是，母亲离世不到3个月，原本与母亲感情很好，甚至一辈子没和母亲吵过架的父亲居然瞒着几个儿女，偷偷摸摸地开始相亲了。当尤小姐兄妹三人知道这一消息，向父亲表示时间太快而无法接受时，父亲却执意再婚，甚至不惜与子女发生冲突。尤小姐告诉我，每每思及母亲生前为家庭做出的牺牲，她不仅为母亲感到深深的不值得，也将父亲的再婚描述为"伤害"，并进一步让她失去了对于爱情和婚姻的信心（尤小姐的前夫无法接纳她的哀伤），"我觉得我现在不是很相信男人"。

> 尤小姐：我们三个（兄妹三人）都是不同意的。我觉得因为这个事情，伤害特别大，特别大。这也是我对我爸爸有点意见的地方吧。人的情感……人是情感动物嘛，在这方面还是很难接受的，对吧？我不能说，一转眼我就去祝福你，怎么可能啊，对吧？除非我觉得，（再婚）这个事情是我们很愿意，然后你不愿意，那我们去说服你，对吧？你不要太主动，你太主动，会让我们心里很受伤的，好吧（重音）……我就感觉，当时我们就跟仇人差不多了。但是我爸爸呢，他这一辈子，我都没有见他哭过，我当时说我不同意的时候，

我爸竟然在那哭，你知道吗？你心里有什么气话，都不能再说出来了。

卫小姐的父亲也是在她毫无准备的情况下，很快找了一位新女友。我们第一次对话时，卫小姐的母亲刚刚过世不到1年，她告诉我，父亲并没有表示强烈的意愿要再找一位伴侣："我爸他不愿意跟我谈，直接谈这个（话题）。然后他就说不着急，就顺其自然。"然而短短几个月过后，就在我们第二次对话时，卫小姐很沮丧地说，此时的父亲已经找到了新的伴侣，介绍人就是母亲的初中同学，"我觉得很诡异的是，她知道我妈去世以后的反应，居然是给我爸介绍（苦笑）。还挺不开心的，主要是别扭"。父亲很快就带着那位阿姨去见了奶奶。尽管卫小姐和姐姐都向父亲表示事情发生得太快了，很难接受，但父亲不以为意。与此同时，卫小姐也开始感觉到，母亲在家里存在过的痕迹正在加速消失：自此以后父亲再也没有提过母亲，也开始计划卖掉家里的房子，甚至还无意间对卫小姐说，不能让买家知道房子里曾经病死过一个人。意识到父亲原来是用"病死的人"来看待母亲，这让她特别难受，她开始意识到，原来父亲并不会像自己想象中那样深情地怀念母亲一辈子。而当我问卫小姐，父亲再找伴侣是否让她对正在交往的男朋友的感觉发生了变化，她对我的提问表示了强烈的惊讶："啊？我还以为是我在瞎想（笑）。"原本卫小姐已经发现了自己因为父亲的事情而对男朋友产生了不信任的感觉，但是她以为这样的反应是"比较奇怪的"。但事实上，年轻子女自身的亲密关系不可避免会受到"另一位尚存父母的亲近度"的波及，而这体现的正是次级丧失所引发的多重压力。尤其是当尚存父母进入一段新的亲密关系时，年轻子女需要面对的是被进一步加深的"失去家"的感觉。

> 卫小姐：今年我们清明回家，然后我爸就是……我们基本上都是在那个阿姨家，回去的时候就很夸张，我感受不到回家的感觉。那个阿姨烧菜给我们吃，晚上我回家，自己在家睡，我爸在那个阿姨家睡。我就觉得很难过，就不想回家……以前假期我会回家，现在（母亲去世后）就很少了，好像没有那么多归属感。而且我爸很爱往那个阿姨家跑，也就很少回家打理之类的。我一回家，他就把我带到阿姨家，让我感觉挺别扭的。

但如果另一位尚存父母是母亲，相亲和再婚的现象就会极为不同。曹先生很坦白地说，自从父亲过世1年半至今，母子二人聊到时，母亲都表示没有再找伴侣的计划，以后全靠儿子养；甚至和他开玩笑说，如果再找，又不知根知底，万一找了个吃喝嫖赌的人可怎么办？吴小姐也说，父亲过世后的5年多里，母亲从未有过再找的念头。她解释道，一方面是因为老家没有寡妇再嫁的先例，不会有人上门给母亲介绍；另一方面，他们兄妹几个也不赞成母亲再找，"因为我觉得我爸爸没有办法替代"。

在本研究中，极少出现的母亲再婚的情况，要么是发生在父亲过世多年且子女已经独立后，要么是父亲离世时子女较为年幼，尚在青春期早期。父亲14年前去世的秦小姐告诉我，母亲整整守寡了 10 年后才愿意开始相亲，并且提出了明确的要求：要找丧偶的，不接受离异的。父亲 12 年前去世的戚先生也遇到了类似的情况：母亲守寡多年，独自一人将一双儿女拉扯到了读大学、工作的年纪，最近才在两个孩子的支持下，找了一个伴侣，"我高中毕业之后，因为要出来读大学，在家的时间很少了；姐姐也因为上学，几乎没有时间在家，就希望她（母亲）能够有一个伴，照顾她。"

但是，母亲的再婚并不意味着年轻子女多了一个新的家庭成员，他们还是很清醒地辨别着**什么是母亲的伴侣，什么是自己的亲人**。戚先生很坦白地告诉我，姐姐和他都没有参加母亲的结婚仪式，也不愿意见那位叔叔；而每次回老家看母亲时，都是把母亲约出来，而不愿意去母亲现在的家，他俩心里也有一个感觉："她（母亲）是别人家的。"对于他来说，或许比起"**再婚**"，"**改嫁**"是更适合描述母亲婚姻变化的词语，他也因此深切感受到了"从此（他）没有家了"。5 年前父亲去世的褚小姐也说，她最多愿意称呼母亲现在的伴侣一声"叔叔"，绝不可能改口叫爸爸或是有更多的感情，"我最多把你当成一个比较熟的陌生人"。当魏小姐的父亲在她 12 岁时因车祸过世后，母亲很快因朋友的介绍而开始相亲，但是她们姐妹几人都无法接受，因为感觉太快了。魏小姐说，当时她做了很多过激的事情试图阻止母亲。她的妹妹小魏小姐也说："我觉得我家只能是，要么我爸爸在，要么我们几个在，不能有其他的男人以这种家人的身份出现在我家。"但是后来，魏小姐慢慢意识到了作为母亲和作为女儿的哀伤和需要都是不同的，而这最后让她选择了接受。但她和叔叔的相处也只能停留在礼节性的层面，"你能感觉到彼此之间没有那么亲近，就是一种礼貌"。

　　魏小姐：妈妈改嫁这件事情，可能它就是那么几个字，说出来也很轻松。但是我在接受这个事实的时候，花了很长很长很长的时间，也做了很多很多很多过激的行为，我那时候一直在伤害她，想通过伤害她，让她断了这个念头。但后来我了解到，你没有办法要求所有人都像你一样，可能她对爸爸的感情不像你对爸爸的感情，现实生活中她也需要另外一个人去陪她。对，我理解这个过程花了很多很多的时间。

　　小魏小姐：其实现在回想起来，我觉得我们有点太自私。我们当时也应该多考虑一下妈妈。她作为一个没怎么独当一面过的女人，突然失去了丈夫，又有两个孩子需要喂养，她的压力应该也很大。所以她可能也是想找一个心灵上的依靠。现在看来我是有点自私的。

基于上述，我绘制了图 3-8，实时总结了已有的研究发现。

与哀伤共处

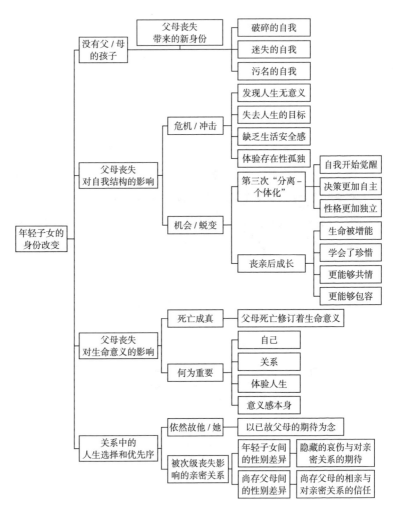

图 3-8 已有发现的实时总结

三、不再是小孩子：被改变的家庭身份

（一）替补逝世父母的家庭角色

迄今为止，我对年轻子女身份改变的探索多集中于**个人层面**。这样进入的路径既是基于他们的叙事，亦符合过往的研究文献，然而在他们因父母过世而变动的人生里，同样牵涉到**家庭层面**的身份改变。就"家庭中的身份"而言，最为突出的变动表现在年轻子女不再是家中的小孩子，转而开始承担各自的家庭责任。值得注意的一个性别差异是，当离世的是父亲时，年轻子女无论当时的年纪有多大，都很可能被还在世的母亲所依靠，甚至成为家庭的照顾者、顶梁柱；但如果去世的是母亲，年轻子女的家庭责任感虽然同样会增加，但却未达到顶替的程度。

14年前父亲去世的水小姐很直接地说，自从她高三时父亲因病去世后，她就顶替了父亲，成为母亲和家庭的"主心骨"。家里的事务，母亲事无巨细都要问她，连生活里的牢骚也要向她倾诉；而反过来，水小姐的事情，包括高考填志愿、升学和就业的选择，都是由她自己拿主意，做出决定后再告知母亲。

父亲3年前突然离世的杨小姐也说，现在的她会把自己在家里的角色摆在父亲的位置：担心母亲的未来，张罗着给不愿意再找的母亲安排相亲，担心弟弟们的工作、学习、情绪，甚至人生方向。而这些需要操心的事情，原本并不是作为女儿的她需要在意的。但是，现在家人一旦遇到什么事情需要商量，都会第一时间找杨小姐："我妈有什么事情要商量，她不会去找弟弟，她就先打电话给我，家里有什么事情都跟我说。老大（杨小姐的大弟弟）

上班有什么事情，他也不找妈妈，而是找我呀。我觉得我就像个纽带一样。"父亲4年前去世的王先生也谈及，父亲离世给他们家造成的最大影响是"以前家里做什么事情，我妈应该会问我爸，现在我爸不在了，我妈都来问我"；而最开始，他也因这一家庭角色的变动而倍感压力，甚至产生了自卑、暴躁的情绪。类似的，陈小姐说，2年前父亲去世后，陈母对女儿越来越依赖，仿佛变成了小孩子；而她也暗自打定主意，接下来要好好照顾母亲。现在陈小姐正计划着攒钱，将独自在老家生活的母亲接到自己工作的城市。但她实际上从未想过有一天会来到现在所在的TI市，在她曾经的人生计划里，一直规划的是等到大学毕业后，她就回老家找一份普通的工作，孝顺父母、结婚生子。

　　我：你觉得爸爸走之后给你最大的影响是什么？

　　陈小姐：妈妈更像一个小孩了，就是很多事需要我反复去跟她叮嘱，去给她教育……很多事情她也想不开，我又要去开导她……（父亲刚去世时）想得特别简单，我要做她（母亲）的支柱，精神上、经济上都要（重音）。我要她看着我，我就好好工作，然后让她把我作为骄傲来向别人炫耀，想得特别特别幼稚。

　　我：为什么觉得这种想法很幼稚？

　　陈小姐：就是因为我跟我妈说了嘛，我努力地工作、跳槽什么的，是希望你把我当成骄傲，就是想用这些事儿让你有盼头。她说："不用啊，我也有我的生活，我有喜欢做的事，没有必要这样做！只要你开心。只要你开心，那也是我的追求之一。"

（二）家庭身份变动的情境脉络

不论幸存父母间的性别差异，年轻子女被改变的家庭角色背后所体现的是，因父母离世而激增的家庭责任感。乍看之下，这一变动似乎正是家庭理论所提到的家庭角色的调整。这样的诠释既可行，也不可行。事实上，如果更深一步探究背后的情境脉络，就会看到不同的理解：这一现象的出现并非年轻子女与家庭之间为维持系统平衡的"缺位－补位"互动，而是依然被深埋在丧亲经验当中，包含着他们对于死亡的恐惧、被修订的人生信念，以及想象已故父母心愿的交织混合。

第一，就对于死亡的恐惧而言，在与年轻子女对话的过程中，能够被清晰捕捉到的是，由于亲身经历过一位父母的离世所引发的深刻痛苦，他们对于再次经历丧失充满了恐惧，"就是会特别特别珍视家人，特别害怕再去失去任何"（褚小姐）。在这一恐惧的驱使下，他们会尽量为现有的家庭成员做更多的事。杨小姐告诉我，由于她3年前是在深夜被亲戚用电话，在毫无准备的情况下，通知了父亲的死讯，所以那种"措手不及"所造成的恐惧，让她现在特别希望能够把母亲接到自己的身边，"这样子，可能对她有个照料吧"。朱小姐也说，其实多年前姥姥的去世让她意识到了死亡是生命的一部分，于是开始恐惧身边的人（尤其是至亲）的死亡，可是万万没想到，5年前，当她还在上高中时，父亲就这么突然去世了。这样的经历让她愈发感到害怕。

> 朱小姐：对于死亡这件事，我就感觉，自己总是在一种
> 很惧怕死亡（的心态）和一种对死亡的极度渴望之中，就在

这种矛盾中度过。我惧怕死亡是因为我害怕身边有人离开，即使没发生，也会莫名其妙地想到我身边的某个人会突然离开我，如果他真的离开我，我会怎么样。就觉得太痛苦了，所以我会很害怕。每天都会有一种反问自己的感觉，问这个人会不会离开我，就觉得很恐惧。但是我自己又很想离开，感觉每天都被这样的东西折磨……说句不该说的，会很希望是自己（离开），我觉得对我来说这真的太解脱了，再也不会有类似的痛苦发生。然后会觉得说不定哪天我如果死去，就可以再见到我爸。

第二，就被修订的人生信念而言，尽管第四节已简单提及，"关系"因为至亲的死亡而在他们的生命意义里占有愈发升高的优先序；而进一步来说，在年轻子女所看重的"与人的关系"中，更加被升高的是"与家人的关系"，也就是"家庭优先"逐渐成了他们的信念。当母亲7年前去世的尤小姐重新审视"何谓重要"时，发现仅有家人在死亡面前还存有意义。她说，过去她曾将爱情看作是最重要的，但经历了丧母之后，现在她认为家人才是最重要的。尽管因为父亲的迅速再婚，尤小姐受了很多伤，但是她依然很看重家庭，希望照顾好父亲和哥哥们。王先生也说，父亲4年前的突然去世让他静下心来思索人生的意义，继而意识到，人这一辈子最重要也最靠得住的其实只有家人。这一信念上的转变，也让他从原来以自我为中心变得越来越关心母亲，譬如连续三年的春节他都选择陪伴母亲，带母亲出去旅行。

　　王先生：父亲去世对我来说，最大的转折点就是让我静下心来思考。其实以前不是没思考，以前思考的是挣钱、娶老婆、养小孩，就按照这个轮回走嘛。但自从父亲去世以后……父亲去世有一个让我很伤心的点，父亲走的时候刚好是端午节，他的很多朋友都出去玩了嘛，父亲走的时候都没人来送。就等于我父亲出殡的时候，可能只有我们家人在，他的朋友就很少。当时确实给了我一个很大的冲击，人这一辈子只有家人陪伴，走了就啥都不是。

　　第三，就想象已故父母的心愿而言，如同本节开篇提到的"依然故他／她"一样，当年轻子女向我解释为何自己会更愿意照顾家人，或者诠释背后的动机时，常常提到的便是他们想象中已故父母的心愿。张小姐告诉我，就在2年前父亲不久于人世时，他对母亲说的是"你是这辈子对我最好的人"，对女儿说的则是"你是这辈子和我最亲的人，以后要好好照顾妈妈"。她一直琢磨父亲留下的这两句话的意思。在张小姐的诠释里，她的理解是，父亲不仅仅担心母亲接下来会一个人很辛苦地生活，更希望张小姐作为他的女儿能够做些什么，来回报母亲对父亲的好。母亲7年前突然去世的尤小姐甚至说，当时父亲执意再娶，伤透了兄妹几个人的心，但是大家为什么仍然愿意包容，就是因为想到这可能是母亲也会在意的事情。

　　尤小姐：更多的时候，我感觉我还有一点义务，我觉得我是我妈最在乎的人。她最想做的事，没有做的事，我想用我的时间、我的力量去帮她弥补，所以说我妈走后，我们兄妹几个的心情是一样的，愿意投入更多的爱去给我爸爸……也就是为什么我爸做了那么多不理智的事情之后，我们依然能原谅他，纵容他……

（三）因家庭责任而变动的人生

杨小姐：就是开始去承担这份责任了，就认认真真地觉得，这就是我的责任，我去把它扛起来，不像以前那样我想扛就扛，不扛的话爱怎么样就怎么样吧。但现在，我是真的想要把它做好，去思考、去在乎（家里）每一个人将来应该是什么样子的，或者能尽量让这个家更多地在一起，就在一起。

类似于父亲3年前突然离世的杨小姐，当年轻子女决定担起更多家庭责任时，他们绝非仅仅把尽责停留在口头言语上，而是付诸行动；并且由于"家庭"此时被明显前置的优先序，他们中的许多人做出了与从前不同的人生选择，甚至为此放弃追求个人层面的自我独立。

年轻子女中十分普遍的一种现象是，考虑到照顾核心家庭的责任，许多人改变了原本的人生选择，包括放弃继续读研究生的机会、选择就业，甚至是暂缓面对家人的"出柜"计划。曹先生就是其中十分典型的例子。父亲1年半前去世时，年仅21岁的他开始肩负起照顾母亲的责任。虽然他还有一个姐姐，但是年长他7岁的姐姐早已结婚嫁人。而因为要"顾家里"，不能留下母亲独自一人在家，大学毕业后，曹先生放弃了出国读研究生的计划；同时也是为了"养这个家"，他选择提前开始实习。和其他朋友那种体验式的实习不同，他的实习目标非常明确，就是通过实习获得一份体面的工作，尽快稳定下来。因此，曹先生不敢跳槽或尝试其他公司的工作。他回忆道，如果这一切都没有发生，他的生活应该会轻松一些，"如果他（父亲）在的话，我可能不会这么早就踏入社会（重音）"。他也表示自己在面对姐姐时好像承担起了父亲的责任，会和姐姐沟通她和丈夫的家庭问题、小孩的教育问题。而在我们第一次访谈时，当我问及父亲去世带来的影响时，他轻描淡写又意义颇重地笑着回答我，这让他在母亲面前更难"出柜"，更不容易做真实的自己了。

　　我：父亲的去世对你来说，比较大的影响是什么？

　　曹先生：可能让我"出柜"更艰难一点吧。对，嗯（笑）。

　　我：为什么？原来爸爸还可能支持你吗？

　　曹先生：（笑）因为怎么讲，如果这个家庭健全的话……因为只剩我妈妈一个人了，跟她说这件事情，她如果接受不了，我不能去我爸那里寻求安慰，也不能跟谁商量。我这边也会更难开口一点，觉得我妈经历过这么多事情之后，还要经历这件事情，我觉得，嗯，这可能对她非常残忍。

　　我：嗯，就是如果爸爸在的话，至少两个人可以分担一下？

　　曹先生：对，对啊，对我来说可能也不会那么自责。

　　此外，非常有趣的是，这一份家庭责任感的"辐射"对象还涉及了扩展家庭，更准确地说是已故父母的亲人。父亲14年前去世的秦小姐说，父亲生前是个大孝子，因此，现在的她"就尽量对爷爷奶奶好"。在爷爷过八十大寿的时候，她无法回国，就在网上买了礼物寄回去，同时也在电话里有意识地向爷爷提及，她是在**替父亲尽孝**，这是来自父亲的心意。施小姐也说，自从母亲7年前去世后，她感觉自己对外公外婆有一份责任，并且这份责任变重了。现在准备在外地找工作的她，有时候也会焦虑，害怕等到有一天外公外婆年纪太大，如果瘫痪或住院了，她是不是就应该回老家照顾长辈。父亲3年前突然去世的沈先生也告诉我，现在的他不仅承担了父亲对家里的责任，还准备承担起关爱自己外甥女的责任，因为这原本也是父亲作为外公的角色。

　　　我：那你要承担父亲原来在家里做的事情？
　　　沈先生：对，另外的话，还比较明显的就是对于我外甥女这一块，我总感觉自己要把爸爸的那份责任也承担起来。
　　　我：外甥女？
　　　沈先生：对啊，我爸是她姥爷嘛，对她的这种疼爱之类的，总感觉我应该也给予她。你看其他人的爷爷奶奶、姥姥姥爷对他们家的孩子怎么怎么样，但是对她来说，却没有来自姥爷的这样一个东西，我就会去弥补她。

第六节　本章小结

正如在前两章所点明的**父母丧失所具有的终身性特征**，对于年轻子女来说，永不止息的可能远远不只是他们痛苦的哀伤情绪和对意义的执着追寻，更有因父母离世而引发的身份改变：变成没有父/母的孩子、被冲击的自我结构、被修订的生命意义、被变动的人生走向，而这些翻转也可能使得他们与哀伤共处的时间被拉长到了一辈子。而当我们深入了解了父母离世在哀伤经验、追寻意义和身份改变三个层面所触发的深刻影响后，基于**"哀伤需要被重新放置于社会情境的脉络中来理解"**的信念，接下来，我们将回过头以整合的情境视角，来重新理解年轻子女与哀伤共处的经验，并探索这一极其私人的经验又是如何在社会情境中被塑造出来的。

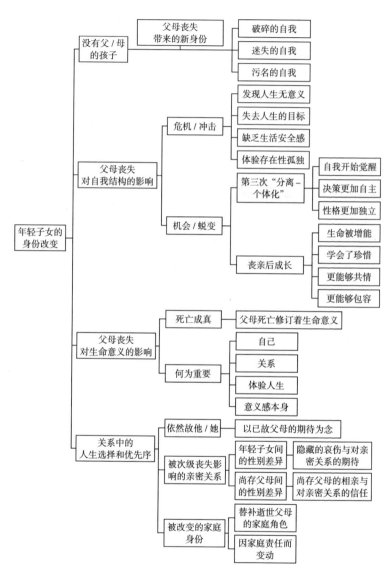

图 3-9　本章研究发现的总结

第四章

放不下的哀伤，剪不断的爱

哀伤就是爱，你爱一个人多久，就会哀伤多久。

——陈智豪教授，2016 年
香港中文大学通识选修课"与哀伤共存"

第一节　导论

最后这一章，首先我将依据前三章所描述的关于年轻子女的研究发现，做出归纳和总结，随后，基于这些主要的发现，我将着重讨论本研究的两个主题。第一，我将回答年轻子女究竟如何与哀伤共处，重点分析哀伤与爱在其经验中的位置。第二，我将依次讨论在内在层面、时间层面以及社会层面里，不同因素会如何塑造年轻子女与哀伤共处的经验。我的结论是，**年轻子女与哀伤共处的经验并非"基因决定论"**，也就是并非唯独由父母离世这一事件永久地决定，而是持续被塑造着（加深或缓解）的改变过程；同时，丧亲从来不是一种发生在真空状态的经验，由社会情境要素所施加的影响不可忽视，而这些影响也需被放置在时间脉络下来理解。

本研究采用了建构主义立场的叙事分析方法，尝试超越专家视角的局限，力图放下研究者的权力，努力在研究者与研究参与者互为主体的互动中，不断建构出更为丰富的哀伤叙事。在此，我将总结年轻子女哀伤叙事中三方面的重要研究发现。

第一，**"父母死亡会引起年轻子女怎样的哀伤经验？"**属于本研究试图响应的第一项研究问题。根据本次研究，年轻子女的哀伤实际上是他们经历了父母离世后出现的**正常反应**。研究数据显示，年轻子女哀伤最显著的特征是**隐藏性**，他们中的绝大多数人都未曾将这份痛苦告知任何人，甚至包括按常理应该会进行亲密分享的家人和朋友；同时，社会情境（包括家庭和同辈）亦会以各种方式干扰他们公开的哀伤分享，譬如"刻意避开哀伤"的家庭哀伤规则。本研究亦发现，年轻子女的哀伤是**持久和反复**的，他们的哀伤像一个计算器运算中的循环：即使代码的初始循环结束，因为他们自己主动维持或各种社会情境的刺激，这段代码又会重新开始运行，继而形成了一份永不止息的哀伤（至少截至他们目前所处的成人初显期）。更进一步来说，根据年轻子女的回忆，当强烈的哀伤爆发后，他们通常会经历与抑郁症非常相似的哀伤反应（譬如失眠和食欲减退等），同时也会经历属于丧亲的特定反应（譬如强烈的愧疚感和孤独感等）。

第二，**"父母死亡会引起年轻子女怎样的追寻意义经验？"**属于本研究试图响应的第二项研究问题。本次研究发现，追寻意义是年轻子女在父母离世后在认知层面出现的正常反应，大多会在他们开始意识到这一死亡的不公平性后出现。根据年轻子女的诠释，父母丧失是他们原本"不该经历"的，这亦让他们的哀伤超出了单一维度的情绪层面，还包含着失序的认知结构。研究数据显示，年轻子女是**执着的意义追寻者**，强烈渴望找到解释的理由，并愿意花费大量的时间和精力；当无法直接找到"为什么"的答案时，重新评估失序的影响和调适冲突的认知结构，是他们另外两种重构秩序的途径。然而，年轻子女的追寻意义是**极易失败**的，即使过了多年，他们中的许多人仍然表示想不通，或有意识地拒绝修改内在的情境评估。本研究还发现，面对重构失败，年轻子女亦极有韧性地发展出了一套自救策略（譬如有意识地命令自己停止），在保留"撕裂"的情况下继续生活。而且，尽管极其稀少、珍贵，其出现不受控制，亦有年轻子女可能经历"顿悟时刻"，即一个重构秩序经验中的关键转折点，意味着他们通过**从认知层面到存在层面的应对策略跨越**，实现了原本断裂叙事的重构。

第三，"**父母死亡会引起年轻子女怎样的身份改变经验？**"属于本研究试图响应的第三项研究问题。研究数据显示，身份改变是年轻子女在经历了父母离世后，在认同层面和人生走向上出现的**正常经历**。父母丧失首先会让他们经历最直接的身份改变，即变成了"**没有父/母的孩子**"，而这一身份往往意味着破碎、迷失和污名，以至于在日常生活经验中，年轻子女会将其极力隐藏。根据本次研究，父母离世还会强烈干扰年轻子女发展阶段的进程，对自我结构造成冲击（譬如失去人生目标等）。研究数据亦显示在这一危险中，年轻子女依然有着再次成长的可能（譬如体验到生命被增能等）。由于真实、近距离地经历过至亲死亡，他们的生命意义、人生选择和优先序会被修订，譬如将自己和家庭看得更加重要。本次研究还发现，各种社会情境（包括父母的再婚与否等）亦在加深着年轻子女适应这一"**被翻转的人生**"的困难；尤其是年轻子女在家庭层面所经历的身份改变，即不再拥有家中小孩子的身份，甚至会让他们因此放弃个人层面的自我实现机会。

除却上述以**研究者为主体**的总结之外，我亦以年轻子女为主体，总结了他们细腻且深刻的哀伤叙事，并撰写了《年轻子女的叙说：关于我们哀伤的总结》（详见附录二）。

第二节　年轻子女究竟如何与哀伤共处？

将复杂的丧亲缩小为简单的**情绪**反应、单一的**内在**进程，以及哀伤**阶段论**的普遍流行，是现有哀伤辅导的主要观点。然而，当我们真的听到（而不是听说）这些痛苦又浓烈的哀伤叙事时，走进（而不是走近）年轻子女在父母过世后所经历的**人生失序**时，会发现丧亲经验并非只由父母离世这一事件独立、线性且永久地决定，**而是持续被塑造（加深或缓解）的动态改变过程。**

具体来说，年轻子女与哀伤共处的经验深受"哀伤经验、追寻意义、身份改变"这三个不同的**内在**要素，"哀伤初显期、强烈哀伤期、后哀伤时期"三个不同的**时间**要素，"避谈生死、丧亲与哀伤的污名、年龄规范"三个不同的**社会**要素，以及逝者这一**超越性**要素的塑造；而这些基于内在、时间、情境、超越四个层面所交织形成的动态张力，将年轻子女与哀伤共处的核心特征塑造成为"**哀伤与爱的来回转换**"的经验。依据这些研究发现，接下来，我将绘制了解年轻子女哀伤的指引图。

一、与哀伤共处的核心特征：哀伤与爱的来回转换

根据本次研究，年轻子女的哀伤经验如同计算器运算中的循

环（详见第一章第三节）：初始循环开始后，他们在情绪体验（哀伤经验）、认知结构（追寻意义）、身份认同（身份改变）上，深刻经历着曾经习以为常的稳定秩序被完全解构的体验（可参见第二章和第三章的标题）。譬如，第一章中陈小姐在街上看到和爸爸身材很相似的路人，就如同被按了按钮一样哭了出来；第二章中杨小姐哭着问老天爷为什么对爸爸这么不公平，为什么对她们家这么不公平；第三章中陶女士把自己比喻成一块空心的、在大海里四处飘荡的木头。

当这些强烈、痛苦的哀伤情绪逐渐消退，也就是初始循环进入尾声时，这并不意味着哀伤的终结，由于多重层面的不同因素，循环随时可能被再次触发。但在尝试恢复秩序的过程里，参与研究的 44 位年轻子女的经验却呈现出两种存在微妙不同的特征。

本研究发现，对于一些年轻子女来说，父母过世直到如今仍然意味着**"分崩离析的拆毁"**，譬如，第一章中何小姐始终无法对男友说出"母亲过世了"这句话，直到今天，她每天依然会梦到母亲；第二章中朱小姐在两次访谈中几乎一致的哀哭和完全拒绝接受的态度；第三章中秦小姐强调她相信"赖活着不如好死"。本研究亦发现，对于另一些年轻子女来说，父母过世带来的伤痛虽然仍在，但却意味着**"伤痕永存的建造"**，譬如，第二章中张小姐重新定义了哀伤的意义，经历了追寻意义的"顿悟时刻"；尤小姐下定决心要为自己而活，并如姐姐一般劝我不要再钻牛角尖了；第三章中王先生借着父亲的猝死反思了过往的人生，并最终在伤口中找到了光。

本研究还发现了**拆毁与建造**在他们现在所处生命阶段里的**来回转换**，譬如，第三章中陈小姐在与我对话时，虽然表达了对于父亲离世的痛苦思念，但仍很有盼头地决意照顾好母亲和她自己，表现出了哀伤强烈的"建造"特征。而就在 2020 年春节，当我们再次联系时，我才知道她曾把母亲接到了自己工作的 TI 市，却发现独自一人难以承担两人高昂的生活成本，于是不得不把母亲送回老家。或许是因为所承受的压力，她去见了医生，被诊断为患有轻度抑郁。根据陈小姐的叙说，可以清晰地看到她在家庭身份上的暂时适应障碍，将其原本哀伤强烈的"建造"特征推动转换成了更为明显的"拆毁"特征。

基于这些研究发现，我的结论是，**哀伤与爱的来回转换**是年轻子女在父母离世后，与哀伤共处的**核心特征**。我绘制了图 4-1，作为理解这一特征的指引图。

图 4-1 指引图：哀伤与爱的来回转换

该图的基础框架来源于蕴含着"阴阳"思想的太极图。这一图中，拆毁为哀，建造为爱，共同画在同一个圆内，一分为二，强调的是哀与爱原本为一，是一个不可分离的整体；白中有黑点，表示爱中有哀，黑中有白点，表示哀中亦有爱；而哀与爱又如同昼夜、寒暑一样，既相对又相连，由一小点的"小阳"发展到"阳极"时，会出现一个"小阴"，预示着哀与爱会阴阳互化、相互消长，而"伤"是辨别哀与爱的界限。

正如《释名·释言语》对于"哀"的解释："哀，爱也。爱乃思念之也。"结合本章开篇，我的论文指导老师陈智豪教授对哀伤的再建构："哀伤就是爱，你爱一个人多久，就会哀伤多久。"甚至连哀（āi）与爱（ài）两个字的中文发音都为同音。因此，失去父母的哀伤与对父母的爱，对于年轻子女来说原本为一，**放不下的哀伤**，恰恰是他们对父母**剪不断的爱**；当伤到达极致时，这份哀伤便成了分崩离析的拆毁，是哀；而当伤暂时消退时，这份哀伤则会转换成伤痕永存的建造，是爱。但哀伤就是爱，始终相互转换着，即使在拆毁之中，年轻子女的哀伤仍然蕴藏着爱；即使在建造之中，他们的爱里同样也有着哀伤。

有趣的是，这一带着强烈中国文化特征的解构与再建构路径，亦契合西方哀伤研究的假设：哀伤研究的开创者弗洛伊德就是将"爱"概念化为"因投注在客体身上的力比多能量而形成的依附关系"，而收回力比多能量这一过程所引发的个体的强烈反抗，正是弗洛伊德界定的"哀伤"。爱哀原本为一，没有爱，就没有哀。从这一角度来理解，年轻子女的哀伤不会消失，因为他们对父母的爱不会结束。

这一讨论站在了年轻子女的立场，而不是局外人的"客观立场"，这拓展了我们对于哀伤内涵的理解。因为无论是弗洛伊德的哀伤工作，或是库伯勒·罗丝等多位学者的哀伤阶段论，都认为哀伤经验有明确的开始和结束，尤其将与逝者的分离视为哀伤的最后阶段。事实上，这一类论述很少能够与年轻子女的哀伤叙事产生共鸣。

但内米耶尔所提出的**意义危机**的概念，则与年轻子女的经验产生了共鸣，也就是父母离世之于年轻子女，意味着的是**失序**，是原本连续的自我叙事被撕裂，也是曾经稳定的秩序被拆毁。事实上，作为经历父母离世后自然而然产生的反应，哀伤早已**超越**了单一的情绪反应（这是哀伤理论的传统视角和大众常识所认定的），或单纯是意义结构上的危机（而这是内米耶尔所强调的），而是包含着情绪失序、认知失序和认同失序这三个内在要素的反应。

顺着这一理解方式，我们就能够理解年轻子女永不止息的哀伤，理解为什么纵然父母过世多年，年轻子女的哀伤却从未消失。年轻子女无法简单地忘记逝世父母，也无法轻巧地满足于与想象中的逝世父母保持持续性联系，**年轻子女所面对的哀伤早已不仅是人生从未经历过的强烈痛苦和难过（情绪失序），更是对不公命运的责问（认知失序）和人生走向的翻转（认同失序）。**而这些多重失序，亦让哀伤中"伤"的一面长久地停留在年轻子女的生命之中。随着尝试恢复这一失序的进程，哀伤与爱在相互消长、来回转换，构成了他们与哀伤共处的生活常态（核心特征）。

基于这一点，另一项具有重要理论和实践意义的讨论，也就是年轻子女的哀伤会基于哪些要素发生转变，便是我们下一部分要进行深入讨论的。

二、与哀伤共处的被塑造经验：多重层面的加深影响

丧亲之痛从来都不是一种发生在**真空状态**的经验。与哀伤共处的经验，首先与个人内在的失序有关，这一内在失序又体现在复杂的社会情境脉络之中。不可否认，个人 – 内在要素是塑造这一经验至关重要的动力，但我们必须将它与情境脉络结合起来，才能明白它之于年轻子女的意义。

（一）年轻子女哀伤的内在层面

当走进年轻子女真实的丧亲处境时，就会理解**父母丧失的哀伤经验**是源头，如果最开始他们的父母没有离世，也就不会有接下来的**追寻意义**和**身份改变**；而年轻子女在后两者的经验里，有怎样的过程、有怎样的所获，或是两者之间发生了何种交织影响，反过来又会影响哀伤经验。因此总结来看，这三个关键的内在要素始终是相互关联、相互影响的，其互动结果也塑造着他们与哀伤共处的经验。然而，为保持讨论的清晰性，接下来我将依次分别讨论三个内在要素。

1. 哀伤经验：正常哀伤的非正常诠释

父母离世强烈冲击着年轻子女，分崩离析地拆毁着他们的内 / 外在世界，因此他们的哀伤实际上是"事出有因"的，并不是病态、奇怪，甚至疯狂的个人反应，**而是在一个混乱、失序、令人不安的世界中自然而然的反应**。因此，"正常化（normalize）哀伤经

验"是我们接下来展开讨论的前提，也就是理解年轻子女的哀伤是正常的，承认这是他们在不正常事件中的正常反应，而非用"病态视角"去评判他们与哀伤共处的经验。然而本研究也意识到，年轻子女很难接纳这些正常的哀伤反应；也就是说，他们对于"经历哀伤"这一正常经验的非正常诠释，反倒增添了新一重压力，甚至强化着"**拆毁**"一面的哀伤体验。

亚历山德拉·普洛哈（Aleksandra Plocha）曾梳理了西方工业化社会关于哀伤论述的一系列主流假设，包括相信（a）哀伤是短期且有限的；（b）哀伤遵循着特定的线性模式，囊括了一些阶段；（c）哀伤是一个"应该被完成"（should be worked through）的暂时状态；（d）哀伤过程的结束是从死亡中找到意义并与死者切断联系；（e）哀伤过程的持续是异常和病态的（Plocha，2017）。虽然这类假设甚少被证实，却成功建构出了一套被西方社会所认可的哀伤评价体系。内米耶尔等西方学者们也发现，如果丧亲者的反应不符合这些标准，就会被视为不正常、过度，甚至是精神障碍。

而中国古代的儒家思想强调中庸，讲究凡事既不可过度，也不可不及。即使是对于"哀戚之至"的丧礼，儒家亦持中庸的导向，《礼记·檀弓下》就这样记载："丧礼，哀戚之至也。节哀，顺变也；君子念始之者也。""节"可解释为节制，"顺"则是顺应的意思，"节哀顺变"的实际意思是劝丧亲者不要过度哀伤，应当节制哀伤，顺应变化。

我们可以清楚地看到，在中国文化的语境下，同样建构出了一套"何谓适宜的哀伤"的评价体系，而其核心主题在于哀伤反应不宜过于激烈，要接受变故，继续生活下去。其具体信念可能包括（a）葬礼过后，就差不多可以停止哀伤了，否则便是反应过度；（b）个人的哀伤不宜公开表露或与他人讨论（无论是在家庭或是其他公共场所）；（c）"不要哭泣，好好继续生活，这才是你过世父母期待看到的。"

文化／社会的力量是如此的强大，以至于如果年轻子女不能"适应"那些哀伤样本的无形规则，或许可以拥有更多的哀伤自由，但付出的代价可能是要面对来自他者（甚至是自己）的异样眼光、批评和压力。详细探讨哀伤经验的第一章第二节，就为我们展示了"隐藏的哀伤"的形成并非完全出自年轻子女的主动意愿，而更多源自他们与社会情境的互动，出自年轻子女所感受到的周围人对于他们真实哀伤的无法接纳，是他们对于避谈死亡的社会情境的适应。

在对于哀伤历程的了解几乎止于"节哀顺变"的中国社会，"母亲过世三年了，我还是在难过，是不是不正常？"（何小姐）甚至是"父亲是因为自然疾病突然去世的，我始终觉得很愧疚，很对不起他，是不是有问题？"（朱小姐）都是第一次经历亲人去世的年轻子女常有的心理挣扎；而这些挣扎也告诉我们，年轻子女其实对于"经历哀伤"这一经验本身充满了困惑和不解，"不明白自己的反应为什么这么大，而其他人看起来都处理得很好"，甚至在一定程度上可以说，年轻子女对于自己强烈的哀伤反应是恐惧的，害怕自己是异常的、有病的。因此一方面，这些看起来失控的情绪让他们选择在人群中隐藏哀伤，伪装成像其他人一样，看起来是"正常"的，而非"不同"的；而另一方面，当个人的哀伤经验无法融入社会的哀伤论述时，年轻子女亦很难接纳自己的哀伤，并且会对正常哀伤反应进行"**非正常诠释**"，譬如李女士曾经如此对我讲述道：

> 李女士：包括我在听到你这句话 ① 的前一秒，心里有一个预示，就是说我必须要……什么时候能平静对待，能完全不在乎这件事（母亲去世），**这才是大众对我的期望，可能也是我对自己的期望**。实际上也许我没有明确地意识到，我是永远也忘不掉的，因为那个人是妈妈……我也真的特别谢谢你刚才说的那句话，真的就是说到心窝里去了，就觉得被理解了，被这句话抚慰了。

试想一下，年轻子女哀伤的持久性是我们已知的，即使父母已经过世多年，他们仍然很痛苦（详见第一章第三节）；但与此同时，年轻子女却又无法接纳"自己仍然在哀伤"的这一现实情况，并由此产生了各种负面评价，甚至是自我攻击，也就是"**正常哀伤的非正常诠释**"。这些诠释很有可能会给他们的哀伤经验额外添加一重压力，甚至进一步维持并强化着年轻子女"**拆毁**"一面的哀伤体验。

---

① 由于意识到"节哀顺变"拥有过于强大的文化权力，以及年轻子女们对于哀伤知识的了解有限，在访谈结束时，我会与他们分享一些关于丧亲和哀伤的知识，响应一些他们的问题，还会将导师的那句话分享给他们。

2. 追寻意义：死亡原因的超执着追寻

正如详细探讨追寻意义的第二章所展现的，无论父母的死因具体为何，是疾病、意外，还是自杀，年轻子女几乎无一例外地花费了大量的时间和精力来诠释为什么父母会过世；而这一执着追寻的存在也反映了，不论是否符合自然规律（哪怕是黑发人送白发人的社会规律），父母的死亡之于他们来说，都意味着难以理解，是非自然死亡，如同蒋小姐的抗议："连老和病都没有经历过的死亡，即使是因为突发疾病的缘故，难道还是自然死亡吗？"波伏娃在年近八旬的母亲过世后所撰写的长篇散文《安详辞世》中也曾提出极其相似的反思，死亡就是死亡，"没有什么自然的死亡，在人身上发生的一切永远都不会是自然"。

基于上述，承认父母离世之于年轻子女的**"非自然性"**，也就是这一丧失本身的难以理解，是我们接下来讨论的基础。纵观第二章的研究发现，我们也很难下结论说，在年轻子女之中有谁真的追寻到了意义①，也就是中国人常说的"想通了"。因此我意识到，父母离世为何会在此时发生，"这一问题的答案就是无解"（秦小姐）；而**很多苦难之所以"苦"，正是因为"无解"**，如果年轻子女反复咀嚼这一无解难题，"超（过度）执着解释死亡为

---

① 事实上，对照第二章的研究发现，尽管年轻子女建构出了父母为何会离世对于丰富的解释，但是如同曹先生苦笑后所言，这些解释其实是"拿来自我安慰的一种手段"。而在哀伤中找到了代替父亲受苦这一意义的张小姐也说道，她在此之前的解释其实并不是真正的认同／理解，也并不是"真的想通了"。但是张小姐追寻到的意义并非对于为何父亲会患有血液病，或是为何没有被治愈的解释，而是她从哀伤中建构出了能够为她所接纳的意义。

何发生"①，也就是冯小姐所比喻的"钻牛角尖"，则很可能会让他们无尽地沉浸在哀伤"**拆毁**"的一面。

通过前面的研究，我们发现，"寻找死亡发生的原因"，也就是从外在社会情境出发的认知调整，是年轻子女追寻意义的方式之一，但无论他们再怎样执着地去搜索，都很难找到足够有说服力的解释。相较之下，"重新评估失序的影响"和"调整冲突的认知结构"，也就是从内在认知结构出发的自适应，则更有可能推动"拆毁"转换为"建造"。

内米耶尔曾将类似的认知转变称为"与丧失的和解（reconciliation）"，本研究发现，年轻子女与失序的和解方式，主要是接纳了"被改造"的认知结构：论到死亡，他们接纳了"死亡纵然再强大，也无法阻断父母对子女的爱，父母的爱、对孩子的养育会一直陪伴着孩子"（云小姐）；论到丧失，他们接纳了"如果父母在他们更年幼时离世的话，现在的他们处境只会更加糟糕"（华小姐）；论到人生，他们接纳了"没准有些人就会幸运一辈子，没准他们自己就是会倒霉一辈子"（钱小姐）；论到公平，他们接纳了"父母离世这个事情，每个人都要经历，只不过他们比别人早了一点"（潘先生）。

---

① 这里需要特别澄清的，与"正常化哀伤经验"一样，"正常化追寻意义"也是必需的，追寻意义同样也是年轻子女面对父母死亡这一失序事件的正常反应，且不论时间过去了多久，不论哀伤的初始循环是否结束，年轻子女都有自由和权利选择他们与哀伤共处的方式。比起责怪年轻子女"你们为何还在问为什么？"更值得家人、朋友、社工和哀伤辅导者了解和倾听的是，究竟是什么社会情境因素让年轻子女超执着，阻碍着他们接受父母离世这一事情？而这些是我们在社会情境层面将会进行深入讨论的。

从结果来看，这两种重新诠释的方式，的确协助他们将失序事件**稍微融入**自我叙事之中，使得他们更能面对父母的"非自然死亡"。曾有西方学者将这样的适应性认知看作乐观的幻想，能够帮助个体在面对令人不安的事件时维持积极的态度，继续关心别人，保持创造力和生产力，以及继续成长、发展和自我实现。然而这一论述明显不符合参与本研究的年轻子女，因为他们的适应性认知明显更加悲观，并且和后来自我结构的蜕变之间的联系并不明显（譬如感觉到了生命被增能，详见第三章第三节）。然而，这些用年轻子女的话来说"很丧"的再构认知，与心理学家斯蒂文·施瓦茨伯格和吉诺夫－布尔曼所做的一个小样本研究结果（Schwartzberg & Janoff-Bulman，1991）产生了共鸣：他们发现与对照组相比，21 位父母过世不久的大学生更难以相信这是一个有意义的世界，更加相信世界是随机且不可控的，而这些消极认知也与更高程度的哀伤水平正相关。

尽管本研究无法解答，究竟是什么让年轻子女愿意在认知上做出一系列妥协调整，让他们不得不为自己所经历的无解找"一个可以让自己得到安慰的地方"（曹先生）。这一动力是否仍然与他们一开始追寻意义的动力相同呢？对此，我的观点是，年轻子女自我安慰式的"妥协"，从侧面反映的是父母过世所造成的失序已经成为生命不能承受之重，继而刺激了他们活下去的内驱力。尼采曾经说过："He who has a why to live can bear almost any how（人若能找到一个为什么继续活下去的理由，那么就可以几乎承受所有——笔者译）。"尽管我们不能认定年轻子女这些对于"为什么"的回答，就是尼采主张的"why"，但是不可否认，**当他们能将"经**

历父母过世"解释成一些并不愉快地认识生命真相的过程时,那些痛苦似乎就没有那么难以承受了。而这一吊诡情境下出现的成长,亦是年轻子女从哀伤中发掘出的苦难的意义,**只是他们所交的"学费"太过于沉重。**

维克多·弗兰克尔在其意义治疗(logotherapy)理论中也曾指出,苦难是生命中不可磨灭的一部分,活着就是要受苦。有趣的是,这也正是张小姐所追寻到的意义,"可能每个人的成长总要经历那么一些事情,有的是亲人的离开,有的是家庭关系的破裂,只是不同的表现形式而已"(详见第二章第三节)。弗兰克尔认为人类的受苦并不是毫无意义的,而是为了找到生命的意义,这也被他称为"悲剧性的乐观"(tragic optimism)。如果个体能够在痛苦中找到意义,那么即使是面对"悲剧三要素"(tragic triad):愧疚、苦难和死亡,所受到的影响也会被削弱。这也意味着面对父母的"非自然死亡"和命运的"不公平",即使被迫承受着哀伤无尽的痛苦,年轻子女仍然有自由去抉择,抉择是否/如何在哀伤中追寻意义,抉择是否接受这一认知妥协,抉择是否与丧失和解。无论抉择的结果如何,在抉择过程开始的那一刻①,实际上他们已经获得了面对死亡的主动权,获得了超越痛苦的力量。就如同第二章的张小姐,当她决定接纳"顿悟时刻",决定接纳自

---

① 此处需要特别解释的是,即使年轻子女拒绝接纳那些"安慰式的认知妥协",也不会对这一结论造成干扰,因为他们此时是有意识、自觉地选择了继续追寻意义,哪怕结果是他们继续沉浸在哀伤中。也就是当年轻子女能够觉察到他们在面对丧亲与痛苦时不是被动的承受者,而是拥有自由意志的主体时,即使他们的决定是继续哀伤并执着追寻,他们仍然超越了苦难对他们的控制。

己对于哀伤的重新定义，即使此刻的哀伤意味着她可能要用几十年的思念来代替父亲要承受的病痛折磨时，张小姐就发掘出了超越痛苦的力量。因此在这一过程中，社工和哀伤辅导者需要做的不仅是陪伴年轻子女在哀伤中找到意义[①]，更在于培育他们觉察 / 发掘内在的自由，将父母丧失的"拆毁"转变为"建造"。

另一方面，我们必须明白，对于绝大多数年轻子女来说，上述那些被改造过的认知结构并不是稳固的，他们常常因为各种原因重启追寻的循环。不少心理学家认为，当一个人正在追寻意义，却无法与冲击事件和解时，那么就很可能陷入"认知反刍"的过程，也就是本研究所提出的"死亡原因的超执着追寻"。而这一经验与"**拆毁**"一面的哀伤体验十分相关。

而要想明白为什么丧亲者会过度执着于解释，其中一个突破点在于了解他们究竟在反刍什么。心理学家克里斯托弗·戴维斯（C.G Davis）等人调查了 51 位配偶或子女因意外和突发性疾病而过世的丧亲者，发现他们反刍死亡原因的重点在于"撤销"（undo），也就是如何能够避免死亡事件的发生。许敏桃（M.T. Hsu）等人在台湾访谈了 35 位丧夫的女性，认为她们反刍死亡原因的诠释重点为如何重获圆满（wholeness），也就是对妻子来说，丈夫的去世

---

① 事实上，本研究中如此丰富的叙事也证明了，年轻子女是积极的意义追寻者。即使是在避谈死亡的中国文化中，一个人孤独地寻找着哀伤的意义，仍然能够建构出对于哀伤与苦难的多样理解；而相较之下，未经历过父母离世的社工 / 哀伤辅导者对于哀伤的理解，也许仅停留在"概念层面"。也就是说，所谓的专业人士在如此隐秘且深刻的话题中能够做的，是放下自己的"专家立场"，尽可能陪伴着年轻子女一起走过"拆毁"出现的时间。

实质上意味着自我的破碎和不完整；通过追寻意义的过程，这些女性们接纳了一个全新的自我。

对比之下，本研究通过观察这 44 位年轻子女，意识到他们反刍死亡原因的重点不完全在于避免悲剧的发生（本来可以做什么），也不完全在于修复自我（未来要怎么办），更多的重点仍然是在于"转失序为有序"（详见第二章标题）：他们试图从认知层面真正理清楚，想通究竟到底为什么，也就是中国人常挂在嘴边的"至少给我一个交代"。这一驱动力明显带着科学主义和理性主义的特征，也就是高度重视控制、掌控和理解。因此，年轻子女所追寻的意义，是对世界秩序的逻辑理解，从而获得生命的掌控感和安全感。[①]

此处出现的一个难题在于，当年轻子女面对着"几乎是不可理喻"的死亡（详见第二章），**可被验证的答案几乎都不能"说服"他们停下，而可能具有说服力的答案又都无法验证，因为它们几乎都会指向宗教信仰**。有趣的是，许多哀伤学者似乎都持有一种想象，认为倚靠着佛教和道教思想，中国人能够更加顺畅地接受亲人的离世，转换与逝者的关系。许敏桃等学者在梳理中国人理

---

① 向前一步来说，即使是年轻子女认为很"丧"的认知，也能够帮助他们预测人生的走向，比如王先生因父亲的猝死而"学习"到"就像我父亲走了这个事情，不在你的能力范围内，不是你能把控的"，而这一认知已成为他如何理解人生的新准则："你只要做好你的事情就好了，所以不管有什么事情，你只要去坚持去做就可以了，至于结果，你是没法去把控的。"因此，无论是丧亲前积极的认知，抑或是丧亲后消极的认知，两者实际上都是年轻子女对于人生的理解，承载着他们对生命、人生走向的掌控感。

解死亡与濒死的传统时，也指出直到现代社会，中国人仍然会用这些延续千年的传统哲学或宗教术语，来解释疾病或死亡发生的原因。

但本研究却发现，年轻子女的经验与这类想象有所出入。譬如，儒、道、佛三大思想的确都将死亡看作生命的一部分，在道家看来，疾病和死亡如同四季变换、春去秋来一样，是生命的自然路径；从这一思路来看，年轻子女执着于"为什么"这一问题就变得无关紧要了。佛教则用"业"的概念提供了另一重替代性的解释路径，也就是因果报应是早已注定的，既然这一永无止境的循环不会因人的一己之力而结束，那么过多的执着就是不必要的。同时佛教也会强调超脱，即学习"放下"，继而跳出轮回，带来随之而来的超越，以此缓解执念造成的痛苦。类似这类转移至外部控制点（locus of control）的方式，譬如解释为前世注定的宿命论，被认为可以减轻丧亲者的负罪感、内疚或自责。

但是对照年轻子女的叙事，值得深思的是，一方面他们中的绝大多数的确会援引"命"的概念来解释父母的悲惨命运，将控制点外移，但是另一方面，这些"宗教"解释并没有缓解他们的哀伤情绪，也无法停止他们追寻意义的脚步。对此，我的观点是，道/佛这类思想之于年轻子女来说，似乎已经不是信仰了，而更多是一种传统中国的文化资本，是在沉重的父母丧失面前略显单薄的解释或概念，无法提供实质意义上的治愈资源。

当我们发现在如此"难以想通"的困局中，年轻子女依然为自己找到了逃生出口，就不得不感叹其生命韧性。"Life will find its way out"（生命会找到自己的出路，出自电影《侏罗纪公园》），不少学者会使用"抗逆力"来描述类似现象，但我很不确定这个词是否能为年轻子女接受。

具体来说，年轻子女找到的第一个出口是"**建构以他人为核心的丧失益处**"。在西方哀伤理论中，"寻找益处"并不是一个陌生的概念，然而中国年轻子女的经验却与这一概念有着颇具启发意义的差别。首先，比起"寻找"一词，年轻子女更偏向于使用"建构"，因为它所强调的主观性胜过客观性，更符合年轻子女想要传递的情感。也就是比起西方哀伤理论所强调的"我从伤痛中获得了什么"，中国的年轻子女更能够接受的是"**除我之外的其他人能够从伤痛中获得什么**"。通过建构出对于离世父母或另外一位父母甚至是医学事业的益处，年轻子女能够稍稍减轻父母丧失带来的痛苦。我的看法是，这背后所传递的信息是中西文化在个人主义和集体主义上的差异。相较于更加强调自我的个人主义，集体主义更强调相互依存和对群体的忠诚，这也与儒家思想所赞赏的"忠孝"保持了一致。试想一下，一旦年轻子女从父母的死亡中获益（哪怕此益为"益处"，而非"利益"），这样的诠释难道不会让他们陷入更强烈的自我审判之中吗？

此外，年轻子女找到的第二个出口是"**重构失败后的自救策略**"。在面对不断失败的重构尝试时，或许是出于"要活下去"的生存本能，年轻子女有意识地叫停了内在的反刍循环，将这些"想不通"封存起来。这种类似于"逃避"的应对方式，也让他们能够暂停对于父母死亡原因的超执着追寻，暂时性地远离"**拆毁**"一面的哀伤体验。

3. 身份改变：人生被翻转的适应障碍

父母死亡在生命里的深远影响，犹如"铭印效应"[①]一样，烙印在年轻子女自知或不自知的层面，即使他们度过了哀伤的初始循环、追寻到了一些意义，之后的他们仍然深受这一失序事件的影响，例如他们所做出的人生抉择。

这种"铭印"的内容里包含着一种由"丧失父母的孩子"的生命底色所触发的失序感。如果回忆详细探讨身份改变的第三章，我们会留意到这一失序感在年轻子女的生活中留下的混乱痕迹。譬如吴小姐意识到父亲去世后，自己就这么荒谬地变成了"半个孤儿"，剩下的一家人变成了"孤儿寡妇"；当曹先生回忆起自己看到父亲从一个活生生的人变成一小盒骨灰时，质疑道："到最后就只剩了一堆灰（语气升调）……人这一辈子有什么意义？"在父亲突然去世后，沈先生对读书失去了兴趣，大二那一年有八门课不及格，后来决定离开学校，和朋友在校外做小生意，"因为我感觉突然一下什么都没意义了，没有一个意义支撑"；母亲的离世让郑小姐猛然间经历了再也不想经历第二次的可怕无助感，以至于在之后选择亲密关系时"有意识地控制和封闭一下自己的情感……你想想，哪天他突然死了，我就不会伤心了，我就会达到一种平衡"。

---

① 铭印效应（imprinting）是 20 世纪初德国行为学家奥斯卡·海因洛特（Oskar Heinroth）归纳出的，他观察到小鹅在破壳而出后，会将第一眼看见的生物当作母亲（不论对象是否为母鹅），接下来小鹅会自动跟随其后，并很难再改变。铭印效应指的是环境的刺激会长久地植入到个体后来的行为当中，如同一种不可逆的学习模式。

基于上述，承认父母丧失之于年轻子女"**人生被翻转**"的意义，也就是他们外在的人生走向会因父母离世而发生剧变，是我们展开后续讨论的基础。当然，丧亲者所经历的生活转变并非完全被学术研究所忽视，但大多数时候，那些研究中的描述远不够贴近丧亲者所经历的失序感。但为什么这些经验很少被纳入丧亲研究中呢？我的观点是，为了集中探讨丧亲与哀伤的内在性，许多研究都忽略了个体日常生活里的变化，因为它们在专家眼中实在太过于理所当然，以至于无法获得特别注意。

年轻子女的生活转变之所以具有理论意义，不在于这一研究记述了他们身份转变的过程，而在于探讨了父母过世作为"震源"在这些转变中扮演着何种角色，即使其所发挥的影响可能如同草蛇灰线。更重要的是，"人生被翻转"的存在，证明了父母离世给他们造成的创伤并不是完全停留在死亡发生的那一刻，而是如同多米诺骨牌一样，长远地铭印在他们接下来的生命里。而以往的丧亲研究受限于偏向于心理学的内在框架，基本忽视了丧亲外在且持续性的影响，再一次印证了哀伤没有真正意义上的终点。

当父母过世后，意识到自己变成"**没有父/母的孩子**"，是年轻子女觉察到人生被翻转的第一步，其标志是他们开始体验到内在的破碎、迷失，以及外在的污名。需要特别指出的是，"没有父/母的孩子"与以往西方研究中"没有孩子的父母"产生了共鸣。心理学家西蒙·鲁宾（Simon S. Rubin）访谈了 55 位以色列的丧子父母，发现父母这一身份的自我认同直接建立在亲子关系之上，孩子离世也意味着"血脉相连"的依附关系随之消失了，同时父母投注在孩子身上的希望、梦想和期待也会随之破灭（Rubin，

1990）。类似的丧失同样适用于年轻子女，例如第三章中尤小姐曾告诉我："我觉得以前的人生意义，更多的时候是为了让我妈开心，让我爸妈开心，然后我去做一些他们希望我做的事情。"此外，社会情境几乎时刻都在为他们接纳"没有父/母的孩子"的身份设置障碍。譬如，第一章中郑小姐与室友分享了母亲过世的消息，但室友转眼就当着她的面给自己的母亲大声地打电话；水小姐和孔小姐则被母亲（甚至祖辈）慎重告诫，不能轻易对外人说起父亲过世的个人情况，这些事件都反映出，年轻子女要想平顺地接纳"没有父/母的孩子"这一身份并不容易，因为社会环境并未给予应得的尊重，这一新身份的适应障碍亦会强化"**拆毁**"一面的哀伤体验，甚至再次引发对于"为何是我"的意义追寻。

就个体的发展历程而言，"人生被翻转"还意味着年轻子女原本的成长节奏被打断，甚至成长方向直接被扭转。我们可以从个体化、责任感和亲密关系三方面来理解这种转变。

就个体化来说，本研究发现，父母的离世可能会让年轻子女继婴儿、青少年时期的两次分离－个体化后，经历**第三次分离－个体化**，再一次减少对父母和家庭的依赖，建立个人内在层面的独立（详见第三章第三节）。特别值得留意的是，此时的"个体化"并非完全处于自然而然的发展过程，而是迫于与所依赖的父母的客观"分离"现实。譬如，第三章中的何小姐，尽管她的内心仍然热切地希望继续把母亲放在首位，但她依然告诉我："现在我妈妈走了，那世界上最重要的人就是我。我不想因为其他的事情让我自己过得不好，我自己的人生，让我自己一个人做主。"这样的现象也被学者命名为"**放手与抓住的悖论**"（Sussillo，2005）。

"放手"与"抓住"之间充满角力，即使这些年轻子女逐渐意识到自己应该才是最重要的，但在"应该放下父母"的这一过程中，他们却承受着各种自我定罪的愧疚感（详见第三章第三节），强化着"拆毁"一面的哀伤体验。

就责任感而言，"一夜长大"是青少年哀伤研究的主题之一，亦是本研究中年轻子女常常提到的。当原本的父母保护被削弱之后，突然间他们不得不学着独立，像成年人一样独自面对生活。这一结果虽然看起来很有"益处"，但是对年轻子女来说，真实体验却如同"被强行催熟的水果"。譬如，第三章中戚先生明显感知到自己和同龄人相比更加成熟，能够更加独立地做决定，但他仍补充说，自己在做决定时更希望能有家人在旁。从存在主义的视角来看，痛苦也被认为是通向超越的路径，因此，父母离世可被看作是年轻子女走向成长的路径。被不同领域的学者广泛研究的"创伤后成长"，就是其中一个类似的范例。但需要提醒的是，如同第二章中反复展现的，年轻子女十分反感将"父母过世"和"个人成长"之间建立起联系，甚至进行等价交换。可以想象，这样的个人成长未必会像局外人期待中那样，缓解他们"拆毁"一面的哀伤体验。

就亲密关系来说，这是一个哀伤领域内没有太多研究的话题。早在 20 世纪 60 年代，就有学者根据临床观察发现，丧亲儿童在成年后更难建立亲密关系，当他们尝试寻找伴侣时，却常常会被对亲密关系不感兴趣或心有所属的人吸引，产生不切合实际的期待；当这段关系没有按照期待来进行时，他们会感到强烈受挫，甚至回到最初的创伤；与非丧亲的同龄人相比，他们的亲密关系之路会走得更加漫长和辛苦（Wolfenstein，1966）。还有学者对比了20岁之前丧失父母的年轻人和没有这种经历的同龄人，发现丧亲组在依附类型上会表现出更显著的焦虑和回避，而这又与低信任度、低承诺感、高亲密恐惧和高孤独感相关（Kopp-Smith，2009）。就像在第三章第五节中详细描述的，年轻子女对于亲密关系的期待，的确会因其经历的次级丧失（包括隐藏的哀伤和另一位尚存父母的感情状况）而受到影响，尤其是女性会特别期待伴侣能够理解、包容和接纳她们真实的哀伤。

总体来看，在个体化、责任感和亲密关系这些方面，年轻子女都很容易出现适应障碍，譬如第二章中听到别人夸她在母亲去世后的"成熟表现"时，冯小姐内心的愤怒："你夸我坚持，夸我能干，或者夸我厉害，我应该谢谢你吗？我应该去写信谢谢这个事情（母亲的去世）让我变得这么坚强、这么能干吗？"无法接受自己被打乱的成长节奏（适应障碍），可能引发年轻子女追问"为什么"，再次强化"拆毁"一面的哀伤体验。

除此之外，"父母在，人生尚有来处；父母去，人生只剩归途"是中文网络上广为流传的一句话。我们还必须明白，父母离世是年轻子女有生以来第一次那么近距离地经历死亡，这必然会让他们猛然意识到"归途"的存在（甚至可能认为它就在不远处），**觉察到生命的脆弱性**，死亡这样原本抽象的概念会变得更加真实。根据第三章第四节的描述，有过丧亲的经历后，年轻子女往往会更谨慎地对待死亡，改变自己过去不健康的生活方式。

社工和哀伤辅导者必须看到死亡在他们生命中留下的痕迹，才能更加全面地理解父母离世之于年轻子女人生走向的影响力。

而在这之中，"**人生的无意义感**"，是社工和哀伤辅导者最值得注意的危险因素，譬如第三章中陶女士在父亲过世后所说的："我没有什么特别想要追寻的，物质欲望没有，精神欲望也没有，我就觉得我妈妈足够坚强，可以自己走下去。"可以理解的是，父母之于这一年龄阶段的子女来说，意味着建立生命意义的基础；当父母离世时，也就意味着这一基础被攻击，甚至可能被攻破。如果年轻子女追问类似问题，也就意味着他们极有可能正体验着无意义感，找不到有意义的事情 / 人。离世亲人是丧亲者生命意义感的重要来源，失去她 / 他会留下巨大的空洞，即空虚感。

如果我们追问年轻子女中究竟有谁真的追寻到了意义，会很难得出肯定的答案；同样，我们也很难回答，他们之中又有谁真的扭转了这一人生无意义感的局面。譬如，第三章中陈小姐就这样告诉我："我不知道活着为了什么，但是我可以明确的是我不想死。"回顾他们在**经历了哀伤、追寻了意义、思想了死亡**之后所做出的人生选择，可以观察到的是，即使他们第三次经历了分离 – 个体化，即使他们开始意识到作为独立的个体，为自己而活是最重要的，即使他们意识到了死亡是生命真实的一部分，绝大多数人所做出的实际选择仍然带着强烈的"关系性"特征（也就是把家人摆在优于自己的优先序上），所选择继续下去的人生仍然很少会带着"觉察自己生命脆弱性"的印记。

要解释这一现象很复杂，所牵涉的哲学、社会、文化、历史原因已远远超出了本研究的范畴，但我仍然想引用吴飞"**过日子**"的概念（吴飞，2007）进行简单响应。基于在华北孟陬县有关自杀问题的人类学研究，吴飞认为中国人的一生其实就是在过日子，"过日子"将人的一生分解为"出生、成长、成家、立业、生子、教子、养老、送终、年老、寿终"等环节。通过"过日子"，年轻子女就能够获得继续生活下去的动力。即使他们始终不明白"为什么是她／他"，即使他们未能找到一个能够真正对抗死亡的人生意义，但是当他们的人生轨迹又重新融入了"过日子"的节奏中时（譬如第三章中杨小姐开始把自己摆在父亲的家庭角色上，张罗着给母亲安排相亲、担心弟弟们的未来），某种程度上他们又找到了新的人生意义，找回了如何适应被翻转人生的路径。也就是说，过日子，甚至**活着本身**就为中国人提供了"追寻生命的意义"的答案，如果他们不钻牛角尖的话。

（二）年轻子女哀伤的时间层面

正如前文不断强调的，年轻子女与哀伤共处的经验并非"基因决定论"，也就是并非唯独由父母离世这一事件永久地决定，而是持续被塑造着的改变过程。丧亲从来都不是一种发生在真空状态的经验，由情境要素施加其上的影响不可被忽视，同时这些影响力也需被放置在时间脉络下。只有这样，我们才能尽可能贴近地理解哀伤与爱的被建构过程。

基于第一章的研究发现，我们可将年轻子女哀伤的时间脉络大致分为：哀伤初显期、强烈哀伤期，以及后哀伤时期（见图4-2）。下面，我将进一步根据时间脉络的推进，探讨不同情境要素如何塑造年轻子女与哀伤共处的经验。

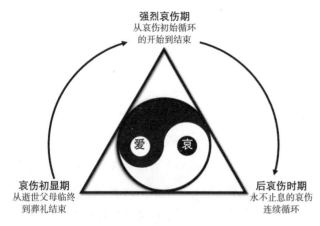

图4-2　指引图：年轻子女哀伤的时间脉络

1. 哀伤初显期："坏死"情境和难以哀悼的葬礼

哀伤初显期是指从父母临终到葬礼结束这一段时期。就像第一章已详细描述的，此时哀伤反应并不会立刻出现，年轻子女更多是在消化父母过世的消息并进行葬礼。要理解哀伤如何被这一时期所发生的事件所塑造，我们必须首先承认死亡所带有的负面意义，这也是接下来展开讨论的前提。因为如果死亡所代表的不是恐怖的生命终结、与挚爱亲友的被迫别离、美好事物被剥夺，也就不会如此令人谈"死"色变，不会让年轻子女经历痛苦的哀伤。本研究发现，当父母经历的死亡是**"坏死"**而非**"好死"**[①]时，更可能加深他们**"拆毁"**一面的哀伤体验。

----

① 我在这里援引的是心理学家亨利·阿布拉莫维奇（Henry Abramovitch）提出的概念。他曾区分了"好死"与"坏死"两个带有强烈的文化和社会建构色彩的概念（Abramovitch，2000），探讨了二者对于死亡与丧亲领域所蕴含的治疗意义。他提出，对"好死"的渴望是跨文化的普遍现象。

很多人都知道美国《独立宣言》开篇的那段话，"我们认为下面这些真理是不证自明的：人人生而平等，造物主赋予他们若干不可剥夺的权利。"若将"人人生而平等"放置在死亡与哀伤这一议题里，值得进一步追问的是：死亡面前，真的是人人平等的吗？即便人终有一死，死亡之于个体真的是平等的吗？我们很难否认，相较于预期自然死亡，非预期自然死亡和非预期暴力死亡似乎还会剥夺个体的"死亡知情权和预备权"，非预期暴力死亡甚至可能增加被无辜牵连的愤怒感；而自杀尽管常被诠释为带着逝世者自主选择的色彩，但丧亲者却可能因此承受更为强烈的愧疚感、自我污名倾向。

如果更进一步，我们会看到，事实上对于年轻子女来说，没有哪种死亡方式可被称为自然死亡；尤其是相较于其他成年人的尚健在，逝世父母的死亡是极不公平的早逝（详见第二章第二节）。我们几乎可以毫不犹疑地说，父母的死亡对于活着的年轻子女来说，是一种**坏死**。例如曹先生谈到患有肝癌且接受了一段时间治疗的父亲时，他也认为像"我这个做儿子的也好，都觉得为什么这么好的人，我爸这么好的人就要得这种病，还走得这么快。就是非常不解"（详见第二章第四节）。这样的"坏死"情境，更可能带出丧亲者更强烈的哀伤体验、更执着的意义追寻。甚至在汉语中，就有一句**"不得好死"**的日常诅咒。

基于上述也可大致看出，关于死亡好坏之分，并非完全以客观条件为判断标准（譬如死前的预备时间或死因），而更关注个体的主观诠释。归纳来看，年轻子女在诠释父母死亡时，在意的标准大致包括四类：（a）逝世父母是否留有遗憾，譬如第二章中云小姐常会想象，母亲会遗憾缺席女儿未来的婚礼，看不到自己的外孙辈诞生。（b）子女是否被告知了实情，譬如第一章中褚小姐在父亲去世后两个多月才被告知实情；（c）子女是否陪伴父母走完了最后一段路，譬如第二章中张小姐因为家人的隐瞒，直到父亲临终时才得知实情，事后也深深愧疚于自己没有好好照顾父亲。（d）死亡是否能为逝世父母带来益处（例如从痛苦中解脱出来，有些情况下这些益处也可扩展到其他家庭成员）。譬如第一章中，当金小姐亲眼看见父亲在最后两个月的诊治过程中吃了很多的苦，最后说道："其实事情发生的时候，我觉得还是可以接受的……我觉得与其这样活着遭罪，还不如就……"而常常容易让中国丧亲者难以释怀的另两个情境：是否在家离世和是否见到最后一面，在年轻子女的叙事中却表现得不明显，这或许可以成为未来研究继续探索的一个方向。

除此之外，本研究发现，葬礼作为难以哀悼的一个情境，也在塑造着他们**"拆毁"**一面的哀伤体验。西方学者多将参加葬礼或是参与葬礼的筹备工作看作一个能够帮助丧亲者更好地适应哀伤、完成哀悼的策略。但就像第一章中详细描述的，繁重的治丧任务导致年轻子女在一个被期待／要求哭泣的葬礼场景中，反而会选择压抑哀伤，塑造出一副"我没事"的样子，而郑小姐也观察到"整个葬礼都很仓促……他们好像没有时间去悲伤，反正我整个（葬礼）过去没有感受到任何情绪上的宣泄"。

如果追问为什么年轻子女会承担更多治丧任务时，云小姐无意间的一句话引起了我对中国传统丧葬礼仪的兴趣，"那些丧葬的一些仪式，很多都要我去做。我也不太懂，反正就是我爸没有什么事情，但是基本上都要在我这边做……"顺着这一线索，我开始查阅资料，意外发现在中国的儒家文化中，丧礼所强调的重点实际上并非横向的夫妻关系，而是**纵向的父子关系**。这意味着中国丧葬仪节的主要功能在于，**报答父母的生养之恩，尽哀报恩之孝**。费孝通先生曾在《乡土中国》中比较了传统的中国家庭和西方家庭，指出与以"夫妻关系"为主轴的西方家庭不同，"父子关系"在中国家庭中占据了强调血脉延续的轴心："它的主轴是在父子之间，在婆媳之间，是纵的，不是横的。夫妻成了配轴。"

虽然现代社会的家庭变迁逐渐改变着中国的家庭形态，"夫妻关系"开始成为家庭关系的核心，但这些变化目前仍然未触及到葬礼仪式，丧礼在中国各地依然遵循着原来的传统规范。这一根深蒂固的文化结构，让葬礼的现实情况复杂于哀伤理论的设想。现有的葬礼仪式常常无法给予年轻子女足够的时间来宣泄哀伤，因为他们需要承担繁杂的治丧任务，而这也很大程度上促使他们选择压抑自己的哀伤，以更好地"送亲人最后一程"。也就是说，在葬礼上，个体的哀伤让位给了传统文化中"孝"的实践。

这又带出了一个新谜题，虽然很多治丧责任是事务性的（选墓地、订花圈），但也有一些仪式（哭丧）可以让年轻子女宣泄哀伤，那么为何仍然极少听到他们对葬礼上哀悼的正向评价呢？这里，我们可以参考一下杨小姐的叙事。当父亲突然离世后，杨小姐立刻赶回家奔丧，却被姑姑们拦阻说开棺时不可哭，也不可以摸父亲，甚至直到第二年，她仍被告知不能在新坟边上哭。这样的例子意味着，许多地区的葬礼习俗并没有我们想象中那么允许宣泄哀伤，而仍保留着抑制哀悼的老旧习俗。因为在传统观念看来，葬礼上的哭泣会让逝者无法放下对生者的牵挂，阻碍他们安心离开、投胎转世。

此外，传统仪式在中国影响力的式微也提供了一部分解释。对于年轻一代来说，许多丧葬仪式是违背情理的老旧规矩，是流于表面而无实际意义的形式主义，譬如杨小姐就将这些习俗骂为不合情理的"破规矩"。而当传统丧葬观念逐渐失去它在年轻一代的影响力时，也失去了与年轻子女产生情感连接和共鸣的可能；仪式的形式感重于其原有的文化意涵，这也让葬礼越来越难以成为"可哀悼"的一个情境。

2. 强烈哀伤期：哀伤被隔离和他者的疏离

强烈哀伤期是指从哀伤初始循环的开始到结束这一段时期。此时哀伤反应集中爆发，年轻子女开始体验情绪失控，既包括与抑郁症类似的失眠、食欲减退、自杀念头等反应，也包括与丧亲有关的特定反应，如强烈的愧疚感、孤独感等。在本研究中，我们清楚地看到，葬礼过后，无论面对家人还是他人，年轻子女都在隐藏着哀伤；而这一经验的建构之中明显能够察觉到家人和他人的参与痕迹。更准确来说，哀伤被隔离和他者的疏离，是其中两个会加深哀伤"**拆毁**"一面的危险情境。

选择使用"**哀伤被隔离和他者的疏离**"这一表述，而没有沿用第一章"**隐藏的哀伤**"，是我有意的选择。新冠肺炎在全球的扩散，让隔离（isolation）和与他人保持社交疏离（social distancing）开始进入人们的生活，为人们熟知。但对年轻子女来说，这样的经验从来都不是什么陌生的生命经验。经历了父母的离世后，他们的哀伤就如同被隔离一样，几乎完全被隔开到真空的"病房"，像有传染性的疾病一样，被身边的人回避着（详见第一章第二节）。

这样的表述方式不单单是基于他们的亲身体验。人类学家玛丽·道格拉斯（Mary Douglas）曾从《圣经》和日常生活经验出发，剖析了洁净（purity）与污秽（defilement）在社会结构和秩序中的存在与功能，并将后者界定为一种社会反应，声讨着任何一种可能混淆或抵触原有秩序的物体或观念。如果我们援用她的观点，把对于哀伤的理解从经验性描述带进象征性领域，也就可以将年轻子女的哀伤看作一种模糊原有秩序，对特定结构本身构成威胁的**"污秽"**。中国的民间习俗也常将与人谈论死亡 / 哀伤视为"晦气"，会触其他人的霉头，带来坏运气。

另一方面，如果继续从社会秩序的角度来切入，年轻子女止不住的眼泪亦是在公开提醒这个否认死亡的世界，"死亡是真实存在的，且避无可避"，这样的提醒对于绝大多数人来说，可能会让他们无意识地想象到自己的死亡，经历死亡焦虑和惊恐（详见第三章第四节）。这样的惊恐是危险的，且压倒一切（既可能打破个体的生活平衡，也可能冲击社会运行秩序）。道格拉斯就认为，清除这些污秽（危险），即惩罚扩散污秽的这些个体，正是为了避免社会的其他部分受污染，是维系社会规范的手段。

本研究亦发现，年轻子女的哀伤经验也在经历类似的"惩罚"：哀伤被隔离和他者的疏离。就像我在第一章第二节中已详细描述的，社会情境在以冷漠的方式响应着年轻子女，并教导他们将哀伤"锁在柜子里"。譬如吊唁者在面对如此浓烈的哀伤时，只有一句"节哀顺变"；亲戚在听到他们哭泣时，只会说"都这么久了，别再说了"；而家人之间也只能面面相觑，将哀伤浅浅带过，这样疏离的哀伤距离又进一步加深了他们内在"哀伤被隔离"的体验感。

台湾作家苏绚慧在父亲离世后出版了一本书，书名就是《**请容许我悲伤**》。当哀伤的人要用那么卑微的语气来提出请求的时候，我们不能责怪他们为什么不能勇敢一点说出自己真实的哀伤，而是应该反思我们（他者）究竟做了什么（或者是没做什么），以至于让他们连再正常不过的哀伤/思念都不敢说出来。她在书中也写道："真正伤害人的不是事件本身，而是周遭人的态度与反应。"我们（他者）能接受（允许）年轻子女流泪吗？会在他们流泪时给一个拥抱吗？这些问题的答案，根据年轻子女的亲身经验，几乎全是否定。**他者**在"**被隔离的哀伤**"这一经验中，与年轻子女的互动是**疏离的**。然而值得注意的是，同样作为他者，家人和他人的疏离亦存在着本质上的不同。

首先，就**他人的疏离**而言，年轻子女体验到的负面经验大致包括三类。第一类是即使倾诉了哀伤，听者给出的反应也是无感，带着距离和无法共情，"别人给我的感觉就是，**要么就只是当作听了一件事，要么就是很不能理解你**，说这件事情已经过去了，说搞不懂你到底在难过什么"（朱小姐）。第二类则是，他人的疏离响应会让年轻子女感受到被可怜、被同情，"和一些没有经历过这样事情的人聊的时候，她会觉得可怜你，**可能讲一两句就可怜一下你**……会说抱抱你啊什么的，但是其实她心里一点都不懂。其实如果当面抱一抱的话，我觉得是很正常的"（金小姐）。第三类则是，他人的响应让年轻子女直接地体验到了被排斥。

事实上，即使不进行这次研究，我们也能够想象，**公开地**分享哀伤几乎是不可能的，甚至会被视为疯子。举例来说，在小说《祝福》里，鲁迅先生生动描绘了祥林嫂如何在儿子阿毛被狼吃掉后，不断和身边的人倾诉哀伤的痛苦，而最终沦为众人的笑柄，遭到社会排挤的故事。祥林嫂也的确作为反面教材，出现在了年轻子女的叙事里："**刚开始遇到这种问题的时候，我会很真诚地脱口而出。**你再遇到两个人、三个人跟他们讲，别人就会觉得你是**祥林嫂**，他只是很客套地问你一句，但是对于我们这种人，**缺少朋友的人，**就会一五一十地跟他讲出来。"（冯小姐）

虽然鲁迅先生的原意并不在此，但无心插柳，在一个对哀伤缺乏基本普及教育的文化里，祥林嫂的叙事成为一个强有力地塑造日常哀伤互动的示范。当强烈的哀伤止不住时，当年轻子女迫切想要依赖身边的他人时，当他们的倾诉超过了"节哀顺变"的文化期待时，他人所给出的响应会让年轻子女体验到不被接纳，如同祥林嫂一样被嘲笑、被边缘化。于是最后他们逐渐学乖了，学会不再倾诉哀伤，把哀伤隔离起来，试图让自己看起来和身边其他人一样。而这也正是社会情境在惩罚丧亲者，试图将他们的哀伤（污秽）从这个社会中清除，以维护整个社会的洁净。

其次，就**家人的疏离**而言，尽管我们无法从年轻子女的叙事中直截了当地得到答案①，但根据详细描述了家庭互动的第一章第

---

① 这一点的确值得深思，当我们讨论到为什么不告诉家人时，他们往往说不出所以然，"跟爸爸很少聊（母亲），因为……**好奇怪，明明是最应该去讲的事情，**但是反而会回避这些"（卫小姐）。而问到为何要在他人面前隐藏哀伤时，这些年轻子女却能给我列出一系列合理化响应。

二节，"在集体主义文化下，哀伤是相互依存的"这一观点，为我们理解年轻子女的"**拆毁**"经验如何被"**家庭避讳公开哀伤**"加深，提供了非常有说服力的解释。有学者区分了东西方文化中的自我建构，认为是两者是"**相依自我建构**"与"**独立自我建构**"的差异；在东方文化中，自我的建构更多是融入社会脉络之中，而不像西方文化中的自我是以身体为边界、有稳定的独立界限（Markus & Kitayama，1991）；而相依的自我具有明显弹性和可变性，强调根据不同的关系、角色而采取不同行动，沟通是间接的，要能够读懂弦外之音（Singelis，1994）。这种相依自我的建构，历来受到华人社会的推崇（详见第二章第六节）。在尝试发展适合华人的哀伤评估工具时，学者也发现香港丧亲者的哀伤反应中，多出了一些不同于西方量表的、与人际关系有关的项目，例如"我要继续维持这个家""我担心自己的哀伤会影响其他人"（Tsui，2001）。无论是根据家庭系统理论，还是家庭之于华人社会的核心意义，我们都会意识到，年轻子女**看似独立的哀伤**其实是存在于中国家庭之中，会受到相互依存的家庭动力的影响。

当亲身体验到了"隔离哀伤"的家庭规则时（褚小姐），当亲眼看到母亲在葬礼上的崩溃时（陈小姐），年轻子女自觉地把"家庭福祉"放在了"倾诉哀伤"的需要之前。许敏桃等人在台湾访问了35位丧夫的妻子后发现，为了维持家庭完整性，她们会试图向孩子营造出"一切都不会发生改变"的氛围，家庭中每个人都是在私底下各自哀伤，躲避着其他家庭成员的视线（Hsu，2002）。这一发现与年轻子女的叙事产生了共鸣，"其他的亲戚，包括我母亲，也很少提及（父亲）……大家就假装什么都没有发生过，继续生活"（邹女士）。但哀伤疏离并不会像尚在的另一位父母所期待的那样缓解年轻子女的伤痛，"就是关心这个结果，但不会关心到这一段时间你的情绪怎么样……并不会来关心你到底……不会关心你晚上流了多少泪……我希望告诉她（母亲），我这些年过得并不好，想把自己千疮百孔的内心给她看看"（邹女士），反倒会让他们体验到哀伤不被接纳、被隔离，以及他们自己不被关心、被忽略。

总体来看，无论是哀伤被隔离，还是家人和他人的疏离，年轻子女的这些经验，实质上都与肯尼斯·多卡所提出的"被剥夺的哀伤"（详见第一章第二节）产生了共鸣。哀伤中的丧亲者会关注自己的情绪是否会破坏集体的气氛，倾诉是否会给他人造成困惑，甚至还会反过来安慰他人，并"保证自己会好好地、识相地活下去"。而这些**"隔离政策"**往往只会加深年轻子女**"拆毁"**一面的哀伤体验。

3. 后哀伤时期：父母再婚与增加的家庭责任

后哀伤时期是指在哀伤初始循环结束后，年轻子女开始进入到哀伤连续循环的时期（详见第一章第三节）。相对于强烈哀伤期来说，这一时期的哀伤强度可能更加平缓，出现频率也没有那么密集。许多学者使用了"接受""重组""疗愈"等术语来命名该时期，然而在本研究中，我们可以清楚地看到，年轻子女在这一时期的哀伤并未完全被已有理论所解释：他们的哀伤既没有结束，也没有转换，而是依然存在着，只是以循环的方式不时地活跃在他们接下来的生活中。于是我将这一时期命名为"后哀伤时期"，强调"**后哀伤**"并非意味着年轻子女的哀伤已结束，而是表明它在情绪体验、认知结构、身份认同等各层面的影响力逐渐减小。在这一时期，父母再婚与增加的家庭责任，是两个会加深哀伤"**拆毁**"一面的危险情境。

年轻子女所经历的丧亲变化，外在最明显的是"亲缘①被削弱"。首先，曾经的"**双亲健在**"变成了如今的"**单亲家长**"，这一经验所带来的拆毁体验已经贯穿了本研究的始终，不再过多赘述。然而，如同第三章第五节已详细描述的，一个被以往研究忽略的现实是，当父母离世后，年轻子女很可能会因为尚存父母的婚恋状况而经历再一次的次级丧失，继而重启哀伤循环模式的"开关"。本研究发现，这类情境多出现在母亲过世的年轻子女身上，也就是绝大多数父亲通常会很快开始相亲，而子女也就被迫经历另一种类型的父母丧失：仅拥有的父亲成为另一个阿姨的丈夫、另一个同龄人的叔叔（甚至爸爸），这不仅可能让年轻子女替离世的母亲感到深深的不值得、不公平，也很可能会加深他们哀伤**拆毁**一面的体验。譬如华小姐就坦诚地说："其实我还是会觉得，**我爸再婚是对我和我妈的背叛**。我妈妈去世以后，他（父亲）为了我做了很多很多的事情。但还是蛮难释怀……现在我得承认，自己是一个比较记仇的人，我可能不会表现出来，喜怒不形于色，但仍然记着这件事情。"**一个家庭成员的死亡也意味着一次家庭危**

---

① 使用亲缘这一措辞，灵感部分源自曹先生向我推荐的安德鲁·所罗门（Andrew Solomon）所著的《背离亲缘：那些与众不同的孩子，他们的父母，以及他们寻找身份认同的故事》。同时，"亲缘"一词所对应的英文是 family relationship，亦契合年轻子女在这一叙事中所反映的核心主题。

机，甚至某些时候也代表着一个家庭的死亡。丧偶家长如何抉择：是与子女一起继续生活、维持原有家庭，还是加入新的家庭成员、重组家庭，这一家庭生命周期的转变也同样会影响着年轻子女如何与哀伤共处。如果另一位父母选择再婚，无论间隔时间长或短（其实华小姐的父亲是过了较长一段时间才开始下一段婚姻），都可能强烈冲击年轻子女的内在情绪，产生家庭分崩离析的体验感，加深哀伤"拆毁"一面。

除此之外，根据社会心理发展理论，自主地寻找生命目的和探索人生意义，原本是年轻子女在这一阶段身份发展的核心任务，然而当父母离世成为"人生底色"之后，他们却似乎被动地卷入了家庭责任的再次分工中。本研究详细描绘了"不再是小孩子"这一现象出现的情境脉络（详见第三章第五节），尤其解释了若想明白年轻子女为何会情愿顶替离世父母的家庭角色，不单要看到家庭成员间试图恢复系统平衡所产生的张力，还要理解父母死亡在他们生命中留下的**"铭印效应"**：也就是对死亡的恐惧、人生信念被修订，以及想象已故父母心愿这三者的交织混合，才促使正处于成人初显期、本应更关注自我的年轻子女放弃了追求个人自由，选择了承担增加的家庭责任，甚至会做出"把家庭放在人生优先序第一位"的重大决定。

与此同时，本研究亦增加了另一项关于父母离世所存在的性别差异，也就是当离世的是父亲时，如果年轻子女已成年（或接近成年），那么有更大可能会被母亲所倚靠，甚至成为家庭的顶梁柱；但如果去世的是母亲，年轻子女虽然也会增加家庭责任的承担，却不至于顶替。譬如第三章中水小姐很直接地说，自从父亲去世后，当时才刚刚高三的她成了母亲和家庭的主心骨；家里的事务，母亲事无巨细都要问她，甚至连日常生活的牢骚也要向女儿倾诉。在第三章中，曹先生也曾分享说，因为父亲过世，他在大学毕业后放弃了出国读研究生的计划，回到了家乡读研，提前开始了以就业为目标的实习，并且因为顾及母亲一个人或许难以承受，而不敢向母亲出柜。

除了增加的家庭责任给年轻子女带来的显性的、直接的适应压力之外，大多数中国年轻子女实际上还经历着另一重隐性的压力，那就是独生子女的特殊性。他们所拥有的亲缘，即同一个家庭中的兄弟姐妹，要远远少于成长于大家庭的父母一辈。在经历父母死亡和承担家庭责任这类沉重的人生课题时，他们不得不孤独地面对这一切。譬如陶女士就这样跟我分享，当父亲生病时，**身为独生女的她不得不独自做出医疗决定**，承担所有的压力；即使在后哀伤时期，需要照顾母亲时，她已经有了配偶的陪伴，但仍然觉得兄弟姐妹是无法代替的，"真的很孤单，在爸爸生病或者以后妈妈面临困难时，独生子女最大的问题就是没有人跟你商量，**没有人跟你有一样的感受**，我要为每一个决定负责任。如果这件事情决定错了，我就要扛住所有的压力，包括我的亲戚朋友认为我过度治疗"。这些不得不独自承担的家庭责任，无疑也会给年轻子女如何与哀伤共处添加额外压力，甚至进一步强化他们"拆毁"一面的哀伤体验。

基于上述，我绘制了图4-3，更新了理解年轻子女哀伤的时间脉络之指引图。

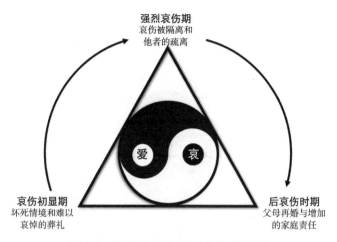

图 4-3 指引图:年轻子女哀伤的时间脉络

(三)年轻子女哀伤的社会层面

当追溯着时间脉络,了解了"拆毁"一面的哀伤体验是如何被不同情境要素所加深时,我们就会愈发认同:丧亲从来不是一种发生在真空状态的经验,还存在着超越死亡方式、葬礼形式、与他者的哀伤互动、丧亲家庭内在张力的情境因素;这些更深层次的社会脉络,塑造着年轻子女与哀伤共处的经验。在其间,避谈死亡的文化禁忌、丧亲与哀伤的污名化、成人过渡的年龄规范交错纠缠(见图 4-4),有形或无形地把哀伤推向"失语",加深年轻子女哀伤"拆毁"的一面。

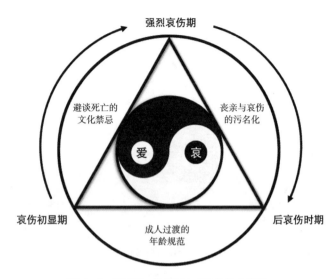

图 4-4　指引图：年轻子女哀伤的社会脉络

1. 避谈死亡的文化禁忌

《论语·先进》曾记载："季路问事鬼神。子曰：'未能事人，焉能事鬼？'曰：'敢问死。'曰：'未知生，焉知死？'"孔子所说的"**未知生，焉知死**"，几乎从实用导向出发，将死亡这一主题剥离出了中国文化，这句话的意思是活着这么实在的事情如果都处理不好，思考死亡那么虚无的事情又有什么意义呢？这样务实地考虑死亡、哀伤与生活的思维方式，也以他者的话语出现在年轻子女的叙事里，其中大多数时候是他人"好心地"规劝他们赶紧放下哀伤，好好生活。譬如杨小姐就曾经这样说起离世父亲的姐姐："像我姑姑这种到了一定年龄的人，她会觉得，嗯，活着的人眼前还有一堆事情不知道怎么做呢，你闹这些情绪是搞什么鬼？要买房子，有生存压力，眼前的事情都顾不过来了，为什么要顾那些事情？"

这种回避死亡的态度，对中国人思考死亡的方式无疑有巨大的影响，绝大多数中国人在经历亲人离世之前，实际从未在真正意义上思考过/经历过死亡。也就是说，死亡这一话题在中国人的日常生活事件中被"搁置"起来了（详见第三章第四节）。这并不是否认死亡的存在，假装人不会死；而只是不去讨论它，假装自己和家人经历的都只会是**寿终正寝的好死**。梁漱溟在其《东西文化及其哲学》中也写道："孔家没有别的，就是要顺着自然道理，顶活泼顶流畅的生活……孔子只管当下生活的事情，死后之事他不管的。"

但是"未知生，焉知死"很明显没有办法阻止年轻子女执拗的思考，如同季路那样"敢问死"，也无法为他们对于死亡原因的超执着追寻提供任何答案（无论是哲理响应，还是务实解答）。当他们真实地经历了父母离世所带来的全方位失序，全线回避的谈论规则只会把他们的哀伤经验推向更多一重的伤痛。

而谈死色变的文化禁忌，也成为阻止丧亲者向他人倾诉哀伤的一个阻力，同时间接塑造了避讳公开谈论哀伤的家庭氛围。死亡被视为忌讳/禁忌，甚至被看作不吉利，教导着中国人不要轻易与人谈论死亡。于是在中国家庭中，很常见的一种现象是，即使是亲人身患重疾，家人之间也几乎不会讨论其身后事的安排，甚至很少会将病情的严重程度向病人如实相告，因为这些直接谈论死亡的对话被认为是晦气的，可能会给家庭带来厄运。

本研究发现，中国家庭更倾向于向年轻子女们隐瞒父母重病/离世的消息，更倾向于建立避免分享哀伤的家庭规则，更倾向于教导年轻子女向周围人隐藏丧亲身份；而另一方面，年轻子女也因这一文化禁忌在父母的病榻前强忍哀伤、假装坚强，在父母葬礼上隐藏对完成治丧任务没有价值的哀伤情绪，也在葬礼结束后自始至终没有告诉过家人："其实你不知道，过了这么久，我还在一直难过着。"

蔡佩真教授曾经在台湾家庭的研究中直言不讳地提到，华人的哀伤情感与死亡，就像是诅咒一样难以表达，一切关于自责、罪恶感与痛苦，都是那么强烈却**难以用字眼**表现（蔡佩真，2012）。此处的"难以用字眼"并非单纯的文学比喻，而是在中文语境下真实的写照。面对不同的人群，没有一个中文词汇被普遍认定为专属于丧亲。香港的哀伤辅导者们发现，提供咨询的第一个挑战正是丧亲等概念缺乏对应的中文词汇。而丧亲语言中缺乏适宜的概念，也被认为是开展研究的一项阻碍。

语言是个体传达内在感受或情绪最直接，也是最重要的媒介，但是一旦哀伤语言缺乏相应的**普遍性和专属性**，则会无可避免地限制丧亲者在倾诉（甚至是思考）哀伤时可以使用的概念、语言与文字、表达方式和思维方式。J.K. 罗琳曾在其小说系列《哈利波特》中创造了一位危险强大的黑巫师伏地魔，因为所有人都害怕他，恐惧到连听到他的名字都要打寒战，于是连伏地魔的名字都成为一种禁忌，人们将他称之为"**那个不能说出名字的人**"。根据与年轻子女的对话，本研究亦观察到死亡、丧亲与哀伤这类词汇，正是他们生命经验中"**那些不能说出来的字眼**"。

以褚小姐的哀伤语言为例（详见第一章第二节），整个访谈里，她从头到尾没有提过"死"这个字一次，只是分别提过两次"去世"和"离开"，但是却说过 77 次"**事情**"，用来代指父亲的死亡。类似于"这件事情""那件事情"等模糊、充满距离感的词汇，几乎是所有年轻子女的哀伤语言中常用的概念。甚至很多时候，我亦会受到访谈中存在的张力的影响，顾及他们的访谈感受，有意识地调整访谈提纲里的措辞：减少使用直接、准确的丧亲语言，而更多使用间接、含糊的代称，达成年轻子女与我之间"不可言传只可意会"的微妙平衡。

然而如同临床心理学所强调的，能够命名情绪，是学会与情绪共处的第一步。**如果一个文化连丧亲这类词汇的语言都没有"提供"**，那么身处其中的个人也就自然而然地被"剥夺"了使用语言来分享和思考哀伤的空间；而无论是追寻死亡原因的旅程，还是重构破碎的生命叙事，这些都以语言作为最基础的媒介。因此，在这样一个避谈死亡的文化处境下，"**哀伤语言的缺失**"不仅会减少年轻子女与失序和解的可能，反而可能加深他们"**拆毁**"一面的哀伤体验。

2. 丧亲与哀伤的污名化

本研究发现，在身份改变的经验里，年轻子女因为丧失父母而背负着具有污名的身份，即"没有父/母的孩子"，强烈地感受着内在被排斥的污名感，包括"劣势""可怜"和"与其他人不一样"。而在经历哀伤的经验里，年轻子女将自己长久时间里"放不下的哀伤"视为不能说的秘密，对着家人和朋友掩盖哀伤，更遑论采用躲藏策略，在人群中假装双亲健在。在决定是否接受研究邀请的过程里，许多年轻子女极其注重保密个人资料，从头到尾都未向我透露真实的姓名、家在何处；有的年轻子女需要确认我有过类似的丧亲经历，还通过搜索引擎查找我的个人信息；也有人需要反复和我确认文章中绝对不会出现他们的真实姓名（哪怕是英文名）。这一系列不寻常现象的存在，也透露着年轻子女正因为丧失父母而承受着不为人知的社会污名，"因为我不想让别人知道我妈不在了，我觉得我妈妈不在的话，**给我的标签就是我很不幸**"（尤小姐），体验着被可怜、被同情以及被排斥的污名感，"我还不想让他们对我露出那种同情的表情，还不想听他们对我说同情的话，因为他们理解不了"（何小姐）。

从理论上追溯，"污名"这一概念之所以成为社会科学中广泛受认可的重要概念，要归功于美国社会学家欧文·戈夫曼（Erving Goffman）。他在其著作《污名：受损身份管理札记》中将"污名"定义为个体在社会人际关系中所拥有的某种令人"丢脸"的特征，这一特征使其拥有者具有一种受损身份（spoiled identity）。根据年轻子女的描述（详见第三章第二节），父母丧失这一身份的确带着"令人羞愧"的特征，以至于可能无法向人启齿，何小姐至今从未告知过任何人"母亲已过世"，而水小姐和孔小姐则被亲人慎重告诫，不能轻易对外人说起父亲过世的情况。

在戈夫曼看来，污名化（stigmatization）同样是一个动态过程，**是个体将世俗社会所加诸的污名正当化，并内化为身份认同的一部分**。具体来说，他将这一污名化过程分成四个阶段：（a）具有受损身份的个体学习关于这一身份的知识；（b）接触到外在世界对这一受损身份的评价和反应；（c）了解到世俗世界的排斥后，个体学习一些掩饰污名身份的方式；（d）在能够掩饰受损身份后，开始以正常世界的价值观，与他人进行互动。

如果援用戈夫曼的分析框架，本研究同样清晰地观察到了这一过程，当父母离世后，他们开始经历哀伤，明白丧亲之于个人、家庭意味着什么；而随后在与社会情境的互动中，他们也慢慢意识到，丧亲与哀伤不属于这个世界所认定的正常状态；恐惧不被接纳的内在焦虑，是促进污名化进程的关键动力，他们学习着隐藏哀伤情绪、掩饰丧亲身份；最后在日常生活中，年轻子女修正着一言一行，学习着如何像双亲健在的同龄人一样回应，譬如类似于"你爸爸妈妈最近还好吗？"这样的问题（详见第一章第二节），同时也在逐渐认同外在世界关于"父母丧失"的看法，认同自己属于"**单亲家庭的孩子**"这样一个当下被贴满污名标签的群体，即使他们中的许多人在父母离世时早已成年（或即将成年）。

由于哀伤的污名化，年轻子女的哀伤被清晰地分割成内外两面，如同一个硬币的两面一样：**对内是永不止息的哀伤，对外却是默不作声的哀伤**。然而，这样的分割并没有带来与哀伤的和平共处；恰恰相反，浸染在污名化丧亲和哀伤的环境里，年轻子女又从未获得过相应的死亡教育的资源，只能被动地、更深地内化着社会情境加诸于身的污名，加深"**拆毁**"一面的哀伤体验。

3. 成人过渡的年龄规范

父母离世是年轻人所面对的最具压力的生活事件之一。西方学者也大多认同，面对创伤事件时，处于成人过渡期的年轻人极具抗逆力，也有着增加的脆弱性（Patterson & Rangganadhan，

2010)。社会心理学家伯尼斯·纽加尔顿（Bernice Neugarten）等人曾讨论过年龄规范（age norms），并将其描述为"一系列嵌入成年人生活之中的文化期待"（Neugarten，1965）。本研究发现，类似的年龄规范也同样出现在年轻子女与哀伤相处的经验里，大多数时候会以"年龄限制"（age constraints）的面貌，加深他们应对哀伤的脆弱性。

首先，在西方工业社会，**"建构稳定的身份，并成为完整且有生产力的成人"**，被认为是属于成人过渡期的年龄规范（Perkins，2001）。纵观整个研究，这一规范也与年轻子女的叙事产生了共鸣：当父母的离世撕裂了他们原本连续、稳定的生命叙事时，年轻子女在情绪失序、认知失序和认同失序三个层面的各种经验，背后实际反映的正是他们试图重建稳定的秩序，想要恢复具有一致性的世界观、人生观和价值观，他们在被翻转的人生中所经历的"危－机"转换、人生意义的更替、家庭责任的担当，反映的也是年轻子女在挣扎着适应创伤事件，努力成为能够照顾家庭的成年人（详见第三章）。

同时，本研究亦发现，他们成人过渡的阶段目标发生了微妙的变化，也就是从广泛的**"有生产力的成人"**到具体的**"照顾家庭的成人"**。当家庭中的一位父母过世后，年轻子女会因为对家庭的忠诚而经历适应丧亲后生活的障碍，阻碍其寻找自我，尤其是可能消减"成人初显期"原本具有的"生活充满着各种可能性"之特权（详见第三章第五节）。处于成人初显期的年轻人在丧亲后，也会为了照顾家庭的需要而调整人生规划，放弃一部分个人自由。而年轻子女因对家庭的忠诚而所做出的"个人牺牲"，在其后哀

伤时期可能会造成一定的适应障碍，将其哀伤转换成更为明显的
"拆毁"（详见陈小姐的叙事）；与此同时，这些家庭责任亦可能
将"迷失"的年轻子女重新放置回"过日子"的意义序列，使他
们获得继续生活下去的动力（详见杨小姐的叙事）。

　　年轻人同时还被期待着与父母分离并获得情感独立，和同龄
人建立新的更成熟的关系等，这些年龄规范同样塑造着他们与哀
伤共处的经验。但父母死亡的现实并不会让年轻子女顺应着类似
的年龄规范或哀伤规则，乖乖地放下哀伤；在成人过渡的阶段，
年轻子女仍然将父母视为自己的一部分，还没有完成与父母的分
离，因此"放手"之于他们，也意味着要舍弃自己的一部分。譬
如，当我在最开始还预设着"哀伤需要被放下"，与何小姐讨论
什么可能让她放下时，她反驳了我："**我倒是想问一句，什么能让
你放下呀**？……它不像一段恋爱，我可能有了新欢，结婚生子之
后，前一段恋爱也许就能放下了，但这是亲情，是真的骨肉关系，
我是从她的肚子里出来的，她对我的人生有非常大的影响，可以
说她塑造了我的整个人格，怎么可能放下？我倒是想知道什么原
因会让人放下。"因此，类似的年龄规范会加剧他们内在的痛苦
和压迫感，无助于转换与哀伤共处的经验。

　　除此之外，为了与同龄人维持关系所带来的合群压力，亦会
额外增加在成人过渡期应对哀伤的脆弱性。如同详细描述哀伤的
第一章所展现的，年轻子女会在同辈面前极力隐藏哀伤和丧亲身
份。本研究亦发现，许多年轻子女往往不需要任何访谈引导，就
会说出父母过世让他们变得自卑，变得没有自信。譬如当我问起
戚先生，能否说一个让他感觉自己变得更胆怯的事时，他分享说，

他读中学时有一次和同学打架，母亲来到学校后却对他说："你在学校要老老实实的呀，别惹事。惹了事，**家里面没有人替你做主，没有人替你撑腰啊，家里面谁也帮不了你。**"这一印象深刻的经历，让他从此再也不敢态度强硬地和同龄人发生冲突了。社会情境再次在年轻子女的个人哀伤中扮演了关键角色。

（四）年轻子女哀伤的超越层面

当我和郑小姐讨论到，她似乎已度过了强烈哀伤期、放下了对死亡原因的追寻、建构出了丧亲后的益处，并接受了身份的转变等，却为何在与哀伤共处的经验里表现出了强烈的"**拆毁**"特征：她对于母亲的突然离世依然耿耿于怀，经常做颇为恐怖的噩梦。郑小姐回答道："她（母亲）是我最亲密的人，而且也是跟我相伴时间最长的。"也正是这一回答让我突然意识到，弗洛伊德的哀伤工作对于哀伤理论更深一层的影响，也就是即使哀伤理论的新视角已逐渐打破了"丧亲者需要释放哀伤，切断与逝者的连接关系"的信念，然而我们在无意识的层面，仍然继承着哀伤工作的另一个信念："**我们所爱的人是可以被替换或者取代的。**"

因此，如果采纳整合情境的使用来理解年轻子女的哀伤时，我们还需要看到一个超越了个人 – 内在层面、时间 – 情境层面、社会 – 文化层面的因素，那就是"**不可替代的逝者**"。当我因郑小姐的叙事而受启发，意识到了**逝者的不可替代性**之于哀伤的意义时；当我带着这一敏感度再次回到叙事里时，才真正看到年轻子女实际上在不断诉说，且始终放不下哀伤的一点正在于，**离世的父母是不可替代的**。顺着这一线索，我重新开始查阅资料，发现关于依附关系是否可被替代（replaceable）的争论，实际上早已存在于哀伤研究之中。本研究发现，逝世父母的不可替代性大致体现在感情、功能和意义三个方面。

就**不可替代的感情**而言，父母是子女依附关系建立的最初对象，承载着子女过去的记忆，象征着无条件的爱。陶女士最开始答应我的研究邀请时尚未结婚，2018 年 3 月我们开始商量第一次访谈时间时，此时她已进入婚姻并且怀孕在身；然而这些人生的进程，包括建立自己的家庭、找到新的重要他人、即将有自己的孩子，甚至是建构出对父亲的益处（父亲最后深受病痛的折磨），都没能让她的丧父之痛转换成"建造"，"我现在痛苦的点是，**我想要得到他（父亲）的关爱，我完整的家庭消失了**。虽然说以前经常和他有冲突，但是那种互动是很密切的，他的消失对我来说，让我更孤单了"。陶女士的这些生命转变与"**拆毁**"经验的并存，也再一次响应了父母之于年轻子女不可替代的感情。父母的死亡意味着子女失去了生命中最重要的"那一个人"。尤其是对于独生的年轻子女来说，父母生前给予了他们全部的关系、爱和照顾，而只有当父母离世后，他们才逐渐在哀伤的时间脉络里觉知到，那一段感情是无法被其他人际关系替代的，原来父母才是和自己关系最为紧密的人，"第一次那么强烈地感觉到，跟你最有关系的那个人离开了。以前会很理所当然地觉得别人应该照顾你……但是后来会觉得，啊，谁都不是你妈（笑），那个无条件疼你的人都不在了（哭）"（卫小姐）。

就**不可替代的功能**而言，参与本研究的 44 位年轻子女都不同程度地叙说过，父母的离世如何让他们感觉到失去了来自父母和家庭的保护，类似的诠释包括"有人给我依靠""在你背后支持着""我心里面的一座大山""有痛苦有什么，我也没有地方去说""头顶上的一片天塌了""没有人帮我"。父母之于子女的功能性意义包括提供家庭照顾、情感慰藉、经济支持等。尤其对于尚未成家立业的年轻子女来说，在他们过往的成长经验里，来自父母的保护就如同不会动摇的坚固磐石，不会因为其他利益冲突的加入而改变。就像杨小姐所说的："他（父亲）是我的天……他说，你欺负谁都不能欺负我女儿。你知道吗？有他在，**所有的事情，不管什么人骂我，他都一定会保护我**（停顿，哭），他是一定不会让我吃亏的。"即便许多子女已经将近成年，并不像孩童那样需要父母在生活中提供具有实质意义的保护，但是在他们的内心深处，父母的存在本身就象征着安全，具有不可替代的功能。需要澄清的是，**"不可替代的感情"**和**"不可替代的功能"**的细微差异在于，前者强调的是离世父母与子女之间紧密的感情连接，而后者则更强调父母这一角色的功能之于年轻子女的意义。

本研究还发现，"父母－我"这一关系的存在之于年轻子女来说，就有着**不可替代的意义**。当我和沈先生讨论究竟是什么让我们走不过去时，他给了我一个特别有哲学意味的回答："**这个关系的存在，本身就已经让我走不过去了**。"为了解释得更清楚，他举了一个例子，"有一部电影，它的片尾曲是蔡琴唱的，叫《你一定要是个孩子》"，电影中有一些角色的脑袋上有吸管，而只有插上吸管、它们才能吸收营养长大，而一旦断开就会马上死亡。①

---

① 后来我查到这部电影是 2017 年上映的《大护法》。

父母和子女的关系，在他看来，就像这些角色和那些供应营养的吸管一样；但很残忍的一个事实是，当父母去世之后，"我们会有一段时间熬不下去，你的睡眠质量变得很差，脊椎很痛"，失去了来自父母在感情、功能上的"供应"，却不会像电影里的角色一样死掉。在沈先生的诠释里，即使年轻子女在感情和功能上可以与父母断开，但是"你的心理上还是会念念不忘。人这种动物，就是因为有了这个所谓的感情的存在吧"。更深一步来说，"父母－我"关系的毁坏，即是他哀伤的源头，也是他能感知到的自己生而为人的原因。通过与父母的关系，年轻子女在这个世界上定义了自己的身份，也从源头上消除了"父母－子女"这一关系的可被替代性。

此外，本研究还发现，父母之于年轻子女来说，往往还意味着"完整的家"。当尚存的另一位父母选择再婚时，年轻子女会告诉我"没有家的感觉"。譬如 3 年前母亲去世的李女士在父亲再婚后，意识到继母成为父亲心目中最重要的人，而父亲也把老家的东西搬到了他组建的新家庭里，此时李女士一下子感觉到自己是无家可归的人了。而当另一位父母保持单身时，年轻子女的感受是"整个家庭变冷清了"，"心里面感觉就是很凉呀，就会有一点凄凉的感觉。父亲去世了，冷清、凄凉，就用这两个词来形容"（戚先生）。因此，当父母之于子女有着不可替代的意义时，这也限制了他们放下哀伤或转换与逝者关系的可能，继而加深"**拆毁**"一面的哀伤体验。

基于上述，我绘制了图 4-5，总结了整合情境视角下，不同层面的因素如何塑造了年轻子女与哀伤共处的经验。

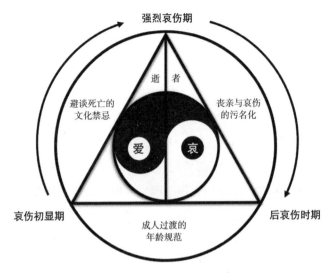

图4-5 指引图：年轻子女哀伤的整合视角

第三节 本研究的限制与未来研究的建议

在这一节，我将阐述本研究在研究方面的限制，并提出对未来研究的建议。

一、研究限制

本研究力图放下研究者的权力，借着我与丧亲者互为主体的持续互动，收集了充满丰富回忆和复杂诠释的哀伤叙事，带领读者真实地走进年轻子女在父母离世后所经历的全方位失序。但本研究亦存在着以下三方面的研究限制，让其他哀伤研究学者、社工和哀伤辅导者需要批判性思考地运用最终的研究结果。

第一，**关于研究结果的推广度**。讨论质性研究的推广问题并非易事，因为"推论"强调的是研究发现在样本外一定范围内的适用性。尽管与以往丧亲研究相比，本研究的参与者数量已经算是规模较大，然而本研究所采取的并非概率抽样，而是遵循基于深度与丰厚而进行的"目的性抽样"原则。这一研究设计决定着，本研究结果仍然只取自我于 2017 年 8 月 14 日至 2018 年 9 月 4 日这一期间访谈的 44 位中国年轻子女的经验，不能从数量上推广到所有经历父母离世的年轻子女身上。不过就质性研究的内在逻辑而言，研究结果能否实现外部推论，并非质性研究的主要目的。质性研究的优势正是在于对小样本深入、长期、动态的研究。针对以量化研究为参照的研究限制，质性研究学者提出了另外两种推广度的评估标准：一是通过对研究结果的认同来达到推论；二是通过建立有关的理论来达到推论。

基于上述两个标准，一方面，如果本研究借着深描父母离世的丧亲经验，能够得到读者在思想上和情感上的共鸣，并且对读者产生实际意义（如情感上的安慰、经验上的指引），与其过往经验相互呼应，产生共鸣，那么本研究便起到了推论的作用。另一方面，虽然本研究采用的并非"扎根"理论（即基于样本进行深入分析而建立相关理论），但是上述研究讨论，包括"指引图：年轻子女哀伤的整合视角"（图 4-5），展示了研究结果对于现有理论的丰富和补充。

第二，**关于特定角度的深入挖掘**。本研究有意识地强调丧亲者作为研究参与者的主体性，将其贯穿于研究的所有环节。事实上正是基于与丧亲者的积极合作，让我几乎完全修改了研究计划，从最开始关注经历**亲人突然离世的中国家庭**，到第二阶段聚焦型访谈时将探讨现象聚焦为**父母离世的丧亲经验**，再到第四阶段聚焦型访谈时进一步明确聚焦于**父母丧失的年轻子女**。尽管这样"放下研究者的权力"的研究过程，让我在避谈死亡的文化里有效地收集到了丰富的哀伤叙事，却也让研究结果缺乏特定角度的深入挖掘，例如性别差异和家庭声音。

就性别差异而言，尽管性别与哀伤表达是丧亲研究里的热门议题，本研究也有 11 位年轻男性参与了研究访谈，获得了较为丰富的来自男性的叙事数据，但是在数据整理和分析的过程中，我并未捕捉到年轻女性与年轻男性之间在三个关键性概念上的显著差异，仅在最后撰写研究发现时，在描绘身份改变经历之中的"对亲密关系的期待"和"当你的另一位尚存父母开始相亲"两个主题上，看到了明显的性别差别（详见第三章第五节）。

就家庭声音而言，虽然我一开始的研究计划是以"家庭整体"为研究单位，从个人和家庭层面收集数据，借助家庭取向来重新思考丧亲经验；但在第二阶段的聚焦型访谈中，却遇到了进入丧亲家庭的困难，最终导致收集家庭丧亲经验的失败，尤其是缺乏另一位尚存父母的声音，无从探索充满动态张力的家庭互动过程。

第三，**关于研究者的个人因素**。在质性研究中，研究者的个人素质（也就是我的训练背景与个人倾向）既构成了我所拥有的研究能力，也影响着建构研究结果的框架、与丧亲者的互动。作为访谈者，我自本科时期就开始修读社会工作专业，在丰富的实践中锻炼了共情能力、沟通能力等，并且作为经历过失去至亲的同路人，我同样与哀伤共处了五年时光；上述素质都帮助我了解丧亲者的所想、所思和所感，能够更好达至同理。

然而不可否认的是，我在父母离世的经验上带着强烈的个人倾向，包括我始终放不下失去母亲的哀伤，每天依然在想念她；包括我始终执着于理解死亡和哀伤；以及我的父亲在隐瞒我的情况下很快开始相亲，让我特别痛苦并进一步促使我为母亲感到命运的不公。值得指出的是，针对上述倾向，参与本研究的44位年轻子女的经验亦与我存在着许多差异，包括面对亲友的"隔离哀伤的措施"，他们大多选择沉默接受，而我会选择反击；包括他们努力重构着冲突的认知结构，而我坚持保留失序，对他们追寻意义的丰富诠释表示惊讶；包括他们中的许多人认同自己变成了"单亲家庭的孩子"，而我对此感到诧异。这些类似的差异也被我觉察到，并最终保留在了研究报告中。

我的"个人倾向"也可能在我无意识的情况下，将自己的经历投射到与研究参与者的互动中，并带着先入为主的"眼镜"诠释了年轻子女与哀伤共处的经验。针对这一研究限制，我亦采用了反馈法和参与者检验法来确保研究结果的"可靠性"，包括在研究的所有环节，保持与论文指导老师陈智豪教授的交流，实时反馈研究进展，并在指导老师的督导下，审视自己的研究方法和研究过程，降低分析资料时的误差和偏见；包括在获得初步的研究结论后，我会邀请年轻子女来检视我再建构的哀伤叙事与其主观经历的符合程度、叙事的脉络和结构是否贴近她／他的自身体验；包括在撰写最后结论的过程中，将研究发现的总结版本和《年轻子女的叙说：关于我们哀伤的总结》发送给了 44 位年轻子女，并与他们展开对话，邀请他们提出修改意见或观后感受。譬如郑小姐就这样回复我："写得太好了，每一条都中了！"

三、未来研究的建议

在中国社会，要如何招募到一群愿意对一位陌生的"外人"敞开心底最深处疼痛故事的丧亲者，无疑是艰难的。曹先生在我们最开始认识时，就曾经用"蛮少有人会这么明目张胆地研究这个东西"来形容我。后来我在访谈过程中也发现，在谈到哀伤经验时，连丧亲者自己都常常不知从何说起，不知道该如何叙说，因此，本研究有效收集到的丰富叙事，一定程度上反映着对于研究敏感话题的方法论突破，而对于整个研究过程的反思，亦有助于未来类似研究的顺利开展。

第一，**就研究参与者的邀请过程而言**，根据以往相关研究的招募经验，要招募到愿意接受质性访谈的丧亲者并不容易，而我在最开始开展先导性研究的过程中，同样体验到了类似的招募困境。而这一困境得以解决，完全得益于 2017 年 10 月 25 日，我借助微信公众号平台发布了访谈邀请信。后来在访谈过程中，当我询问年轻子女为何愿意响应这一邀请时，他们提到的一个原因是"那篇文章读起来很温暖"。因此总结来看，未来研究在招募研究参与者时，可以尝试：

1. 尽可能通过多元渠道发布研究的招募信息，尽可能多地让符合研究主题的丧亲者看到研究邀请函，包括网络邀请（如微信、微博等）、通过熟人网络的转介，以及寻找国内的哀伤辅导机构或提供哀伤服务的相关社工机构和公益机构,寻求其转介支持。

2. 研究者可以撰写研究邀请函 ①,给予潜在的研究参与者足够的信息,让他们决定是否愿意接受研究访谈。而根据本次招募的经验,相较于有专业距离感的邀请函,丧亲者更愿意响应温暖、有人情味的邀请函。由于丧亲与哀伤的污名化,丧亲者可能极其注意个人资料保密,因此研究者可以在研究邀请函中说明研究伦理,尤其强调匿名和保密原则。

第二,**就收集资料的过程而言**,原本根据叙事分析的方法论,研究者应尽可能地鼓励丧亲者来完整叙说他们的哀伤故事,而我在前期的访谈过程中却发现,这一方法的效果并不理想,因此我拟定了半结构式访谈提纲,借助提问来引导丧亲者回忆其叙事,并且敏感地追踪出现在提纲之外的要点。② 在具体的访谈过程中,我亦观察到,丧亲者因为回忆起了心底最伤痛的故事,常常会泣不成声(尤其在第一次访谈时)。由于我自己每一天都在真实地经历着哀伤,因此不会因为这些眼泪而不知所措或害怕,能够"听到"他们伤痛背后对于父母的爱,并暂停访谈,与他们在哀伤中同在。因此总结来看,未来研究在收集数据过程中,可以尝试:

1. 尊重丧亲者在接受访谈时的哀伤表达权,尽可能支持他们

---

① 事实上,在我撰写研究报告的期间,亦有同样研究丧亲与哀伤的年轻学者通过这一研究邀请函与我取得联系,希望能够参考我的写法,并询问了我的研究经验。

② 也正是由于半结构式访谈提纲所带来的自由度,我渐渐追踪到了"身份改变"这一主题在年轻子女与哀伤共处经验之中的重要意义。在查阅文献并与导师反复讨论后,我也在第四阶段的聚焦型访谈将这一主题加入了研究问题之中,并进行了补充访谈。

自主地叙说自己的哀伤经验，不要带着一颗尽快收集资料的功利心，而是将资料收集的过程视为一段"陪伴丧失者同行"的旅程。

2. 预备好半结构式的访谈大纲，确保提纲的问题设置和语言表述带有"哀伤敏感度"，包括带着设计好的问卷寻求他人的建议，譬如论文导师、专业的哀伤研究者和社工，以及经历过丧亲之痛的朋友等。

3. 研究者自身也需要正常化哀伤经验，不要因为害怕他们的眼泪而急于安慰、给建议或不知所措，不用带着一颗想让他们从此不再哭泣的"社工心"，而是理解访谈中的眼泪之于年轻子女的意义，陪伴他们，真实接纳他们的哀伤（认真倾听就是一种接纳！ ① ），与他们的哀伤同在。

4. 研究过程要尽可能温暖和有人情味。研究者一定要充分表达对逝者的尊重！而不是因为逝者已逝，就将他们非人化。譬如当与年轻子女聊到逝世父母时，我都是很自然地直接用叔叔／阿姨的称呼。研究者应敏感地观察丧亲者的哀伤语言，并尽可能在访谈中采用或模仿，譬如使用"这件事情"等模糊的词汇。而在访谈时间以外，譬如春节、中秋节、父母忌日等重要日子，研究者亦可以发送一条信息，让丧亲者真实地知道"还有一个人知道她／他的哀伤和想念"。

第三，**就社交媒体在研究中的使用而言**，近年来，随着社交

---

① 譬如当我问蒋小姐为什么愿意相信我这个素昧平生的陌生人时，她告诉我，因为在我们第一次通过电话进行访谈时，当她说起对父亲的想念时，我这么回应了她："听到这些时，你或许看不到，但是我的眼睛里有泪。"这句响应让她相信我应该是一个温暖的人。

媒体的迅速崛起，人与人之间的交流频率、内容，甚至方式都发生了永久性的改变。在这一全球数字化革命的大背景下，包括高等学府在内的许多研究机构、非营利组织建立和运营社交媒体的账户，并对社交媒体加以利用的做法非常普遍。而在本研究中，社交媒体更是在寻找潜在的研究参与者和成为访谈过程的媒介上，证明了其在学术研究（甚至是哀伤辅导）中的潜在价值。

就招募研究参与者而言，社交媒体因其公开性、社区化、连通性等特点，赋予每个人创造并传播内容的能力，倘若研究者拥有通过文字、视频等内容向公众"证明"其研究的重要性／意义的能力时，即有可能获得几何式增长的传播效果，传播空间十分广阔。就数据收集而言，正如研究数据所显示的，因为丧亲与哀伤的敏感性和污名化，丧亲者可能极其注重保护个人资料，而网络访谈所创造的一个较为私密且安全的环境（只有声音而无需见面，能够对个人信息进行加密处理），能够让丧亲者更坦诚地与研究者展开对话，甚至存在让网络访谈成为未来哀伤辅导媒介的新可能。因此总结来看，未来研究无论是在招募研究参与者还是收集数据的过程中，都可以善加利用社交媒体，但在使用过程中务必谨慎关注伦理问题，尤其是注意保护研究参与者的隐私，并确保访谈资料不会在网络上泄露。

最后，**就未来研究的方向而言**，在中国，关于丧亲与哀伤的知识积累是极度缺乏的。本研究亦显示，中国处境下的哀伤经验与西方理论有较大间隙。同时由于经历父母的早逝，年轻子女会长期受到情绪体验、认知结构、身份认同三个方面"失序状态"

的冲击，而他们所在的社会情境也在以"冷漠回避"或"恶意污名"的方式，进一步增强他们"拆毁"一面的哀伤体验，再加上年轻子女的哀伤在丧亲研究中依然是被漠视的小众议题。因此，中国迫切需要对丧亲现象展开全方位的研究，以便提供本土化的知识经验，指导哀伤辅导者和社工有效地陪伴和支持丧亲者。总结来看，未来相关研究在选择研究方向时，可以尝试：

基于年轻子女的知情同意，继续长时段追踪本次研究的44位参与者，以便详尽、深入地探索父母离世之于子女丧亲经验的动态过程，包括探索他们在进入婚姻、生育子女、养育子女、经历另一位父母离世等关键生命节点时的生命体验。

增加哀伤理论中"适性发展"的敏感度，深入比较处于不同发展阶段的子女在经历父母离世时的经验差异，譬如探索在学龄儿童期丧失父母的子女在不同时期与哀伤共处的经验。

增加中国处境下影响丧亲经验之因素的深入探索，包括探索"婚否""生否""成熟否""双重丧失""血缘关系"等因素会如何塑造丧亲经验，譬如深入比较"结婚与否"的丧亲子女在哀伤经验、追寻意义和身份改变等经验上的差异。

增加中国处境下丧亲经验的"性别"敏感度，深入探索女儿与儿子在经历父母离世时的经验差异、母亲与父亲在经历子女离世时的经验差异、妻子与丈夫在经历配偶离世时的经验差异。

增加哀伤理论中"家庭取向"，以家庭为研究单位，深入探索在经历父母离世的中国家庭之中，家庭成员及家庭整体在与哀伤共处的过程中所产生的经验，彼此的相互影响及各自的诠释。

增加中国处境下丧亲经验的"死亡方式差异"的敏感度，深入比较亲人因不同原因（预期自然死亡、非预期自然死亡、非预期暴力死亡和自杀）而离世时，个体在面对哀伤、追寻意义、身份转变等经验上的不同。

增加中国处境下丧亲经验的"文化"敏感度，带着纵向的历史视角，探索70后、80后与90后的子女在经历父母离世后，在面对哀伤、追寻意义、身份转变等经验上的不同。

增加中国处境下丧亲与哀伤的统计数据，包括针对大规模的社区人口进行不同类型的丧亲流行率的调查，包括父母离世、子女离世、配偶离世等。

第四节 实践意义与建议

根据本次研究发现，年轻子女与哀伤共处的经验是一个"**拆毁**"一面哀伤体验持续被加深（而非缓解）的动态过程。哀伤中的年轻子女几乎完全是独自一人经历着哀伤、追寻着意义、承受着翻转。他们的家庭、朋辈等社会情境并不能被乐观地期待成为"天然"的疗愈系统；由于种种原因，年轻子女对于会见心理咨询师的抗拒，哀伤辅导者和社会工作者（以下统称为工作者）难以在会谈室里见到他们，再加上文化禁忌的影响，尽管每个人都会经历丧亲之痛，目前却极少有专门的机构跟进丧亲者，为其提供全面有效的哀伤辅导。

同时，本次研究亦显示，不同社会情境的主体（家庭、朋辈等）

不仅没有为年轻子女提供保护性的支持资源，反倒成了加深其"**拆毁**"经验的主要力量。倘若最后的实务建议仅以年轻子女为对象，而忽略了社会情境的参与，那么就是再一次将最后"与哀伤共处"的结果和责任完全推卸给了丧亲者个人，实质上是对现有哀伤理论中"责怪丧亲者"论述的延续。

基于此，上述研究发现提示我们，"**与年轻子女同哀**"在未来的实践中需要倡导从年轻子女个人、家庭、学校 / 社区、专业人士、政策法规等层面的多重介入方式，最大限度地培养丧亲者个人和社会环境的疗愈能力 / 资源，尽可能地减少年轻子女哀伤中的"**拆毁**"经验。

一、年轻子女层面

本次研究显示，对于年轻子女来说，由于生死教育和哀伤教育的缺失，使得"避谈死亡"的文化禁忌强烈地渗透在他们处理父母濒死和随后与哀伤共处这些经验的方方面面，并给他们带来了意想不到的压力和痛苦；再加上丧亲与哀伤的污名化，以至于年轻子女很难接纳本为正常的哀伤。于是，两者合力加深着他们"拆毁"一面的哀伤体验。因此，"**哀伤的正常化**"便成了当下介入年轻子女的当务之急。

若论到哀伤教育的提供方，按照常理推断，学校老师、专业人士等多方应义不容辞地成为实践者。然而国内目前少有实务机构专门针对年轻人提供哀伤教育，亦少有学校有计划地针对在校学生开展生死教育。针对这一现实困境并结合本次研究发现，我撰写了《**针对年轻子女自助的实践建议**》（详见附录三），来作为年轻子女进行自我哀伤教育的材料，以试图培育他们的自我疗愈能力。期待着没有机会（或不愿意）接触辅导资源的年轻子女能够通过阅读这一自助手册，来增加他们对丧亲和哀伤的认识，以减少他们面对丧亲时所受到的冲击和伤害。

另一方面，比较现实的做法是，我强烈建议学校、社区和更多非营利组织等不同社会力量在未来逐渐关注这些年轻子女，关注这群被漠视的丧亲者，意识到死亡离年轻人并不遥远；继而通过开设生死教育／哀伤教育，以课程或工作坊等多样化的活动形式 ①，来尽可能增加年轻子女对于死亡、丧亲与哀伤的了解，以协助他们承认和接纳自己在情绪上、认知上和认同上的不同哀伤反应。在接受系统的哀伤教育之前，年轻子女可能会在文化和社会规训下，认为死亡是不可以被讨论的话题，而这样的想法反过来会继续加深他们对于死亡的恐惧，也减少他们和家人沟通的机会。所以，借着生死教育／哀伤教育的普及，对于丧亲的禁忌感可能会被消除，使得年轻子女更可能在父母重病和濒死的过程中主动打开与家人沟通的渠道，减少遗憾；并且当父母离世后，他们也更有可能告知工作者和老师，主动寻求支持，而不是"被动地"选择隔离自己的哀伤，孤立地应对丧亲之痛。

---

① 主题可以包括介绍死亡现象、哀伤的反应和过程、宗教和哲学的死亡观、葬礼习俗与哀伤、死后的生命意义、生活与影视作品中的死亡和哀伤等等。生死教育的目标并非消除个体对于死亡的恐惧，而在于增能，即增加年轻人面对死亡与哀伤的勇气，也就是获得说出**那些不能说出来的字眼**的勇气。

二、丧亲家庭层面

本次研究显示，当下丧亲家庭之于年轻子女的治愈功能几乎不可见，但我们依然不可否认，家庭是能够有力改写年轻子女丧亲之痛的潜在保护因素。也只有帮助家庭培养、发挥其天然的疗愈能力，年轻子女才可能获得最有效和最持续的支持资源。上述发现也提示着我们，中国丧亲家庭亟须专业力量的介入。[①]从理论上来说，家庭系统理论也视家庭为能够学习、改变和成长的有机体，而家庭成员的死亡实质上是一场家庭危机，再加上"**过日子**"的人生意义实质上是以家庭为根基性脉络。因此，我认为丧亲家庭层面的支持力量，无论是对于年轻子女个人还是其他家庭成员来说，都有着至关重要的意义。现实情况下，目前这一力量的发动和维持无法单一地依靠丧亲家庭内部的觉醒，而需要外部力量的介入，包括专业力量的辅助、社会文化潜移默化的转变等。

就专业力量对丧亲家庭的支持而言，我建议在哀伤辅导中添加**"家庭取向"**的介入视角，工作者尤其需要意识到一个家庭成员的死亡对于整个家庭系统的平衡所造成的冲击，并更多以家庭系统的视角，通过家庭社会工作手法等方式进行干预，来支持哀伤中的年轻子女和其他家庭成员，以适应家庭的丧亲危机，并最大限度地保护和培养家庭的抗逆力。更具体地说，年轻子女在葬礼过

---

① 不可否认，根据本次研究的实际经验，进入丧亲家庭在中国处境下仍然是非常困难的。因此以下的实务建议都是在假设的理想情境下提出的，而不对如何进入丧亲家庭进行更深一层的讨论。

后，面对家人时出于各种各样的考虑，会做出避谈哀伤的抉择；然而他们依然强烈依赖着自己的家庭，家庭也是他们建立安全感、生活基础和人生意义的安全堡垒；再加上年轻子女之所以不与家人倾诉哀伤，很大程度上是源自家庭默认的"刻意避开哀伤"的规则。因此，发动丧亲家庭来支持哀伤中的年轻子女，建立以家庭为依托的哀伤共处模式，可以被纳入工作者为家庭提供支持/咨询的重点。而从研究结果中亦可发现，死亡与哀伤的禁忌化是存在于家庭层面的关键性影响因素；针对这一点，工作者则需要重点关注如何能够在家庭层面营造良好的沟通氛围，允许在家庭内部的哀伤表达/分享，以培育保护性的家庭资源。

在跟进丧亲家庭的过程中，由于讨论死亡或哀伤都容易引起不适感，工作者可先尝试与不同家庭成员（尤其是尚存的另一位父母）单独沟通，为"去禁忌化"做好澄清与预备，随后再通过带领家庭讨论，来引导年轻子女与其家庭去讨论一些较敏感的话题，包括鼓励沟通和情感表达，协助父母直接回答死亡原因、彼此真实哀伤状况等问题，以达到支持和预防伤害的功能。此外，工作者亦十分有必要为父母提供关于认识哀伤的支持性咨询；尤其是，根据哀伤的时间脉络（哀伤初显期、强烈哀伤期，以及后哀伤时期），工作者可以教导父母如何在不同时期为年轻子女提供支持、关心和爱，尤其是示范如何表达对年轻子女哀伤的关注和接纳态度，并协助丧亲家庭适应因父母离世而衍生出来的问题，包括家庭角色的再分工、另一位父母可能的再婚等议题，加强家庭内部有意义的沟通和正面互动。

三、学校／社区层面

据 2018 年 10 月 20 日网易新闻的报道，四川大学音乐系的一位大三学生因为外公过世而向老师请假，却被拒绝；老师表示："你可以回去，但我要扣分。"随后老师还在该学生并未将外公过世的事情告知任何朋友的情况下，向全系学生直接公开了学生的丧亲隐私，并称"如果这学期你家里有四个人去世，我这门课，你只能重修"。在现实中，大部分学校的关注点仍然在学业上，学生被期待认真完成课程要求，将学业进步作为主要人生目标，而对于如何促进年轻人的全面发展，尤其是对其心理、社会和灵性等各方面发展的关注，往往只是一带而过。即使各式各样的学生服务信息在校园里已愈发普及，然而与丧亲、哀伤相关的父母信息仍然不多见。因此，无论基于现实情况还是本次研究，我们都可以发现，学校／社区之于年轻子女的保护作用都是近乎不可见的，甚至还可能反过来成为加重伤害的角色。

基于此，我强烈建议，学校在未来应当密切关注哀伤中的年轻子女，并增加在学生事务中的**丧亲敏感度**，更多普及丧亲与哀伤的知识，以减少同辈／社群冷漠、不在意，甚至是污名化哀伤等不当反应对年轻子女所造成的伤害，以预防校园伤害，而社区亦是如此。更具体来说，学校／社区应该对年轻人保持真正的关心：当父母离世等丧亲事件发生时，学校／社区需要意识到这一危机的严重性，并及时跟进年轻人，或将信息提供给相应的工作者。学校的老师和社区的工作人员需要随时保持敏感度，注意到他们能够提供的实务性协助或紧急的陪伴；倘若帮不上忙，也应起码做到不在无心的状况下增加对丧亲者的伤害。而这种丧亲敏感度的培育，主要源自工作者事先在学校 / 社区层面进行的生死教育，即工作者需要通过适当的课程，协助学校的老师和社区工作人员较为系统地了解丧亲与哀伤，并逐渐发展出系统的、及时的工作机制，以应对年轻人的丧亲危机。此外，我也建议学校 / 社区主动承担开展生死教育的责任，向所有学生（包括其同辈群体）和社区居民普及哀伤知识。鉴于丧亲具有**极强的隐蔽性特征**，即工作者和老师很难知道社区 / 学校中有哪些年轻人正在经历丧亲之痛的折磨，因此借着这些生死教育 / 哀伤教育，工作者亦更有可能在学校、社区中识别出哀伤中的年轻人，继而提供持续跟进的哀伤支持。

四、专业人士层面

处理父母离世所带来的一系列连锁反应，是一个极其复杂、艰难、动态的过程。无论是研究，还是中西方所有关于哀伤的理论，它们都支持了一个论点：父母离世所带来的哀伤，对于年轻子女来说是一个长期的旅程，甚至有着终身性的影响；此外哀伤有着延迟开始的特征，需要经过一些时间才会浮现。因此，很显然，当家庭、学校 / 社区等主体暂时无法成为保护力量时，专业力量对于年轻子女个人的持续追踪，是尽可能减少"拆毁"经验的重要策略。

个别支持 / 咨询指的是当父母离世后，工作者通过一对一的个别化方式，为年轻子女提供支持和辅导。尤其是根据本研究结果，年轻子女在不同的哀伤时期、面对哀伤反应的不同面向时（失序的情绪体验、费解的人生不公平、翻转的人生轨迹），几乎是完全处于孤立无援的状态，迫切需要获得支持资源，尤其是澄清其对于丧亲与哀伤的非正常诠释。针对这一点，我建议针对年轻子女提供个别支持／咨询，并保持持续性地跟进，以此作为工作者进行事后预防时的工作重点。

具体来说，专业力量的介入可包括"危机时期的立即支持"和"后期的持续跟进"两部分。根据研究发现，从父母重疾、临终到葬礼这一段时间，年轻子女经历着多重危机，包括直面死亡和人生第一次重大丧失，同时兼顾照顾另一位父母和完成治丧任务等，亟须专业力量的陪伴和支持。因此工作者宜与学校、社区和医院等建立合作机制，及时识别陷入危机中的年轻人，并立即提供处理危机的协助，包括接触、评估、建立信任关系和事务性协助等等。当葬礼结束后，工作者并非要立即介入，而是通过持续关心年轻子女，让他们意识到在与哀伤共处的过程中，当感到痛苦和有需要时，他们是能够获得专业力量的支持的。而此时工作者应当做的是为年轻子女提供一个安全、不批判的环境，借由讨论、同理和澄清的支持，协助他们认识和表达哀伤、讨论死亡和意义，并学习如何与哀伤共处。尤其注意的是，这样的持续跟进中同样有培育年轻子女"反脆弱"的可能，也就是借着单独的深入交流，工作者有机会增加年轻子女危机转换的可能，譬如在与哀伤共处的过程中，通过反思找到哀伤的意义，包括"我从经历她／他的离世中学习到了什么"。

除此之外，工作者亦需要注意识别年轻子女中哀伤痛苦的高危个体，以进行真正有必要的转介。根据本次研究发现，工作者尤其需要关注的指标有：逝者是谁（不可替代的程度等）、死亡是如何发生的（突然程度等）、丧亲后的家庭适应（是否能够提供成长所需的照料等）、与另一位父母的关系（是否再婚等），以及与年轻子女的哀伤反应（是否有危及生命的行为等），并借着持续关注，识别其中的高危险人群，以将其转介给临床心理学家等提供更进一步的专业介入。

五、政策法规层面

在中国，绝大多数经历父母离世的年轻子女尚在冰山之下，无人关注。微观层面（年轻子女个人）或中观层面（家庭或学校）的介入，对于此刻正处于困境之中的丧亲者来说是紧急且必要的；然而，倘若处在历史和文化的脉络里，我们又会看到宏观层面的介入（即相关政策法规的出台）对于丧亲者的长远和重要意义。自20世纪以来，依托于相关法规的颁布，医务社会工作开始在主要一线城市（比如上海）逐步开展，临终关怀已开始被纳入政策制定的体系中。2019年3月，全国人大代表、北京大学肿瘤医院主任医师顾晋也建议全民开展生死教育，从中小学生开始。这些政策上的改变，亦让哀伤辅导相关政策的提出在中国成为可能。

基于本次研究，我们可以看到年轻子女在父母离世后的短期或长期内，都会在情绪、认识、认同三个层面受到强烈且持续的负面影响，再加上国内尤其缺乏提供哀伤辅导的实务机构和专业人士，因此我强烈建议中国在未来出台相应的政策法规，正视这一群被漠视的丧亲者，可考虑将哀伤辅导纳入医院临终关怀的服务架构中，为丧亲者提供持续性的关怀和支持，使更多丧亲者得到合适的紧急或长期服务。从研究结果中亦可发现，年轻子女不仅对于死亡和哀伤缺乏认知，甚至会抗拒接受哀伤辅导，这亦表明亟须相关政策法规针对社会大众提供生死教育和哀伤辅导，尤其是引导社会媒体改善社会大众对于丧亲的理解，推广哀伤的公众科普，扭转"节哀顺变"等传统民间论述等；同时，我亦强烈建议增加政府部门在哀伤辅导领域（包括生死教育中）的政府购买投入和比重，并出台政策鼓励和推动社会工作者和哀伤辅导人员的专业化和职业化。

结语

　　如我在序言中所说，这是一个很自私的研究。研究的源起来自我的私心：我想知道死亡、丧亲和哀伤究竟是怎么一回事；我想知道我的母亲她现在究竟在哪里，过得好不好；我无法忘记她，或是放下她，也不知道该怎么独自一人继续活下去。

　　展开这项研究时，我满是伤痕，天真地以为或许完成研究就能找到答案；但在即将结束的此刻，如同电影大结局那样完美的叙事并没有出现，我没有和失去母亲这件事情和解，我还是放不下哀伤，它依然在真实地疼痛着，就像腹部插着的一把刀，而我每天一寸又一寸地主动将它推进我的身体。

　　尽管我始终抗拒合理化这份不公平的丧失，但却不得不承认，我很感激它带领我遇见了这些丧亲者。在这个对于哀伤极其冷漠的社会里，曾经有机会"借着研究的名义"，把他们对逝去亲人的浓烈想念、对死亡与苦难的孤独思索，以及对翻转人生的痛苦挣扎，真实地记录下来，没有因避谈死亡的文化禁忌而让它们沉默地掩埋在各自的心里。

　　尽管我始终不太确信这个研究的意义（尤其是当我自己的哀伤看起来"始终没有被治愈"时），我很感激参与本次研究的44

位年轻子女，谢谢你们愿意信任我，向一个完全陌生的"外人"袒露你们心底最真实的脆弱，谢谢你们在我那么不敢确信的时候，当我把《针对年轻子女自助的实践建议》发给你们时，用温暖的响应和鼓励，让我看到了叙事过程中带来了改变的力量，继而找到了一些研究的意义：

> 非常感谢，你说**哀伤不是一种病，不需要治愈，哀伤是爱**；还有一位朋友说**我们可以选择过得幸福，也可以选择活在痛苦里面**，这两句话给了我深刻的启示。这些文字，**在每次伤心的时候，我都会拿出来重新读，这种感觉就像我们围在一起谈心**。我昨天做了一个梦。梦里有人和我说，妈妈不是去世了，她其实还活着，但是我依然永远也不能再见她。因为她觉得现在生活太痛苦了，所以决定离开家，去追求自己的幸福。梦里的我难过、无奈地哭了，流着眼泪，嘴上却说着：挺好的，妈妈去追求自己的幸福了，留下我就留下我吧，只要她开心她幸福就好。一个具有哲学色彩的梦……（何小姐）

> 很高兴能和他们建立这么特殊的联系，爱你！我发现每个人的自我治愈过程和进度都很不一样，还有就是我觉得当我一次性看到这么多有类似经历的人，看到他们的话，**感觉很奇异，稍微有点觉得……我还不算那么奇葩……我好像明白你在做的这件事的意义了**。（陈小姐）

对于我来说，这个研究一直在发生效应。与你的第一次交谈，也是我第一次真正直面妈妈的离开，在那之前它一直是禁忌话题（直到现在，了解我真实情况的人也不多，但如果被问及的话，我可以比较缓和地直面这一话题了）。那次之后的交流，你总能挖掘出我内心潜藏的真实想法，比如上次对婚姻的讨论。最最最重要的是，因为这项研究，我才有机会认识你哦。相信它也在另一个地方，对另一些人，发挥着化学反应。**我也没走出难过**，只是相比最初那个完全无助的自己稍稍好了些。**我甚至觉得，这道撕裂的伤口永远无法愈合**，它只会被越结越厚的痂覆盖。可是一有机会，它便会裂开、淌血。看着他人有父母撒娇、赌气、吵闹，抑或挣钱后想送她礼物而不能，伤口都会不自觉地疼痛……离开之人的位置，是无法替代的。有一天我遇到相爱的另一半，即便是他，也无法取代那独一无二的位置和至死方休的伤痛。（赵小姐）

也正是基于我自己亲身的伤痛，以及所听到的44位年轻子女的哀伤叙事，我深切地企盼着我们的社会有一天不会再谈死色变，不会再漠视那些正在哀伤的年轻人，而是能够真正看见并承认他们的伤痛，不会污名化他们的哀伤倾诉和丧亲身份。我也深切地企盼着在家庭、学校、社区等各个地方，能够孕育出更多疗愈的资源，即使无法完全感同身受，却能因为真实地关心那位丧亲者，而愿意与她/他同哭，温柔地陪伴她/他走一段路程。我还深切地企盼着，同样经历了父母离世的你，在未来的某一天会看到这项研究，找到45位孤独而又不孤单的同类，从我们的眼泪与挣扎里，获得一些共鸣、慰藉与启发，不再以丧亲和哀伤为耻，而是能够在哀伤里看到对亲人的爱，找到生命的光，成为改变的力量。

感谢阅读，愿你平安，与你拥抱！

参考文献

蔡佩真：《华人家庭关系脉络中悲伤表达模式之探讨：以台湾经验为例》，《台湾心理咨商季刊》2012年4卷1期。

陈维梁、钟莠筠：《哀伤辅导手册：概念与方法》，香港：赈明会，1999。

陈向明：《质的研究方法与社会科学研究》，北京：教育科学出版社，2000。

邓家宙：《殡祭之礼——民间信俗看生死》，载伍桂麟等《生死教育讲呢啲》，香港：明窗出版社，2019。

费孝通：《乡土中国》，北京：北京大学出版社，2012。

何贤文、许莺珠：《生命意义的再建构——以丧子女父母为例》，《生死学研究》2007年第6期。

洪雅琴：《传统丧葬仪式中的哀悼经验分析：以往生到入殓为例》，《中华辅导与咨商学报》2013年第37期。

黄菊珍、吴庶深：《剥夺的悲伤：新生儿死亡父母亲的悲伤与辅导》，新北：心理出版社股份有限公司，2008。

李日斌：《先秦儒家殡葬伦理的诠释与现代意义》，《生活科学学报》2010年第14期。

李闰华：《台湾善终服务社会工作者之丧亲辅导经验的叙说分

析》，香港中文大学博士学位论文，2009。

林绮云：《从社会建构论谈国人忧郁与自杀现象的隐忧》，《新世纪宗教研究》2002 年第 1 卷第 2 期。

林绮云：《社会文化与悲伤反应》，《生死学研究》2002 年第 2 期。

林秀玲：《丧子女佛教徒之哀伤意义重构历程研究》，高雄师范大学博士学位论文，2009 年。

龙迪：《披露家外儿童性侵犯的中国东北农村家庭经验探索性研究》，香港中文大学博士学位论文，2005 年。

苏完女、林秀珍：《从意义建构观点谈丧亲者的哀伤调适历程》，《咨商与辅导》2010 年第 294 期。

苏绚慧：《请容许我悲伤》，南京：译林出版社，2012。

吴飞：《论"过日子"》，《社会学研究》2007 年第 6 期。

王纯娟：《哀伤或不哀伤？当西方的哀伤治疗遇上台湾的宗教信仰与民俗》，《生死学研究》2006 年第 3 期。

伍育英：《基督宗教信念对女性丧偶者生命意义重构历程之叙说研究》，台湾师范大学博士学位论文，2010。

萧瑞麟：《不用数字的研究：锻炼深度思考力的质性研究》，台北：培生教育出版股份有限公司，2007。

许敏桃等：《哀悼伤逝的文化模式：由连结到疗愈》，《本土心理学研究》2005 年第 24 期。

阎云翔：《私人生活的变革：一个中国村庄里的爱情、家庭与亲密关系（1949—1999）》，龚小夏译，上海：上海书店出版社，2006。

杨中芳等：《中国人的人际关系、情感与信任》，台北：远流出版事业股份有限公司，2001。

瞿佳、高玲玲：《2006 年—2015 年 Web of Science 数据库丧亲研究文献计量学分析》，《护理研究》2017 年第 31 卷第 4 期。

张淑美、谢昌任：《台湾地区生死学相关学位论文之分析》，《生死学研究》2005 年第 2 期。

张淑容：《青少年丧亲经验意义建构之叙说研究》，屏东教育大学硕士学位论文，2015 年。

郑志明：《当代殡葬礼仪的困境与再造》，《中华礼仪》2010年第 22 期。

Abramovitch, H. H. "Good Death and Bad Death: Therapeutic Implications of Cultural Conceptions of Death and Bereavement." In Malkinson, Ruth, S. S. Rubin and E. Witztum, eds. *Traumatic and Nontraumatic Loss and Bereavement: Clinical Theory and Practice.* Madison: Psychosocial Press, 2000, p.255–272.

Adler, A. *What Life Should Mean to You.* New York: Little Brown, 1931.

Ainsworth, M. D., Mary C. Blehar, Everett Waters and Sally N. Wall. *Patterns of Attachment: A Psychological Study of the Strange Situation.* New York: Routledge, 2015.

Anderson, J., JoAnn Perry, Connie Blue et al. "Rewriting Cultural Safety within the Postcolonial and Postnational Feminist Project: Toward New Epistemologies of Healing." *Advances in Nursing Science,* Vol.26, No.3, 2003, p.196–214.

Arnett, Jeffrey J., R. Žukauskienè and K. Sugimura. "The New Life Stage of Emerging Adulthood at Ages 18–29 years: Implications for Mental Health." *The Lancet Psychiatry,* Vol.1, No.7, 2014, p.569–576.

Arnett, Jeffrey J. "Emerging Adulthood: A Theory of Development From the Late Teens Through the Twenties." *American Psychologist,* Vol.55, No.5, 2000, p.469–480.

Arnett, Jeffrey J. "Conceptions of the Transition to Adulthood Among Emerging Adults in American Ethnic Groups." *New Directions for Child and Adolescent Development,* Vol.2003, No.100, 2003, p.63–76.

Attig, T. *How We Grieve: Relearning the World.* New York: Oxford University Press, 1996.

Attig, T. *"Relearning the World: Making and Finding Meanings."* In Neimeyer, R. A.,eds. *Meaning Reconstruction and The Experience of Loss.* American Psychological Association, 2001.

Balk, D. E. "Effects of Sibling Death on Teenagers." *Journal of School Health,* Vol.53, No.1, 1983, p.14–18.

Balk, D. E. and C. A. Corr. *"Bereavement During Adolescence: A Review of Research."* In Stroebe, M. S., R. O. Hansson, W. Stroebe and H. Schut eds. *Handbook of Bereavement Research: Consequences, Coping, and Care.* American Psychological Association, 2001, p.199–218.

Balk, D. E. "Bereavement and Spiritual Change." *Death Studies,* Vol.23, No.6, 1999, p.485–493.

Balk, D. E. and C. A. Corr. "Adolescents, Developmental Tasks, and Encounters with Death and Bereavement." In Balk, D. E. and C. A. Corr, eds. *Adolescent Encounters with Death, Bereavement, and Coping.* New York: Springer Publishing Company, 2009, p.199–218.

Baumeister, R. F. *Meanings of Life.* New York: Guilford, 1991.

Baumeister, R. F. and M. Muraven. "Identity as Adaptation to

Social, Cultural, and Historical Context." *Journal of Adolescence,* Vol.19, No.5, 1996, p.405–416.

Berzonsky, M. D, "A Social-Cognitive Perspective on Identity Construction." In Schwartz, S.J., K. Luyckx and V. L. Vignoles, eds. *Handbook of Identity Theory and Research.* New York: Springer Publishing Company, 2011, p.55–76.

Biank, N. M. and A. Werner-Lin. "Growing Up with Grief: Revisiting the Death of a Parent over the Life Course." *OMEGA-Journal of Death and Dying,* Vol.63, No.3, 2011, p.271–290.

Blos, P, *Adolescent Passage.* New York: International Universities Press, 1979.

Bonanno, G. A, "Grief and Emotion: A Social–Functional Perspective." In Stroebe, M. S., R. O. Hansson, W. Stroebe and H. Schut eds. *Handbook of Bereavement Research: Consequences, Coping, and Care.* American Psychological Association, 2001, p.493–515.

Bonanno, G. A. and S. Kaltman. "Toward An Integrative Perspective on Bereavement." *Psychological Bulletin,* Vol.125, No.6, 1999, p.760–776.

Bonanno, G. A., C. B. Wortman and R. M. Nesse. "Prospective Patterns of Resilience and Maladjustment During Widowhood." *Psychology and Aging,* Vol.19, No.2, 2004, p.260–271.

Bowlby, J. *Attachment and loss: Loss (Vol. 3).* New York: Basic Books, 1980.

Brodie, S. "Art Therapy and Adolescent Parental Bereavement: Case Study of a 14 Year-old Girl." Ph.D. dissertation, Concordia University,

2007.

Brown, M. *Politics of Mourning in Early China.* New York: SUNY Press, 2012.

Cait, C.A. "Identity Development and Grieving: The Evolving Processes for Parentally Bereaved Women." *British Journal of Social Work,* Vol.38, No.2, 2006, p.322–339.

Calhoun, L. G. and R. G. Tedeschi. *Handbook of Posttraumatic Growth: Research and Practice.* New York: Routledge, 2014.

Chan, C. L. and A. Y. Chow. "An Indigenous Psycho-Educational Group for Chinese Bereaved Family Members." *The Hong Kong Journal of Social Work,* Vol.32, No.1, 1998, p.1–20.

Chan, C. L., A. Y. Chow, S. M. Ho, Y. K. Tsui, A. F. Tin, B. W. Koo and E. W. Koo. "The Experience of Chinese Bereaved Persons: A Preliminary Study of Meaning Making and Continuing Bonds." *Death Studies,* Vol.29, No.10, 2005, p.923–947.

Chan, C. L. and A. Y. Chow. *Death, Dying and Bereavement: A Hong Kong Chinese Experience (Vol. 1),* Hong Kong: Hong Kong University Press, 2006.

Cheng, T. T. "Continuing a Normal Life as a Normal Person: A Hermeneutic Phenomenological Study on the Reconstruction of Self Identity of Chinese Women Within the Lived Experience of Breast Cancer Survivorship." Ph.D. dissertation, University of Toronto, 2010.

Chow, A. Y., C. L. Chan and S. M. Ho. "Social Sharing of Bereavement Experience by Chinese Bereaved Persons in Hong Kong." *Death Studies,* Vol.31, No.7, 2007, p.601–618.

Chow, A. Y. M., B. W. Z. Koo, E. W. K. Koo and A. Y. Y. Lam. "Turning Grief into Good Separation: Bereavement Services in Hong Kong." In Fielding, R. and C. L. W. Chan, eds. *Psychosocial Oncology and Palliative Care in Hong Kong: The First Decade.* Hong Kong: Hong Kong University Press, 2000, p.233-254.

Chow, A. Y. "The Bereavement Experience of Chinese Persons in Hong Kong." Ph.D. dissertation, Hong Kong University, 2006.

Christ, G. H., K. Siegel and A. E. Christ. "Adolescent Grief: It Never Really Hit Me... Until It Actually Happened." *Jama*, Vol.299, No.10, 2002, p.1269-1278.

Chung, S. F. and P. Wegars. *Chinese American Death Rituals: Respecting the Ancestors.* Berkeley: Altamira Press, 2005.

Cleiren, M. P. *Bereavement and Adaptation: A Comparative Study of the Aftermath of Death.* New York: Taylor & Francis, 1993.

Clewell, T. "Mourning Beyond Melancholia: Freud's Psychoanalysis of Loss." *Journal of the American Psychoanalytic Association,* Vol.52, No.1, 2004, p.43-67.

Cowles, K. V. "Cultural Perspectives of Grief: An Expanded Concept Analysis." *Journal of Advanced Nursing*, Vol.23, No.2, 1996, p.287-294.

Craig, Y. "The Bereavement of Parents and Their Search for Meaning." *The British Journal of Social Work*, Vol.7, No.1, 1977, p.41-54.

Creswell, J. W. *Educational Research: Planning, Conducting, and Evaluating Quantitative.* Upper Saddle River: Prentice Hall, 2002.

Currier, J. M., J. M. Holland and R. A. Neimeyer. "Sense-Making, Grief, and the Experience of Violent Loss: Toward a Mediational Model." *Death Studies*, Vol.30, No.5, 2006, p.403–428.

Cushman, P. *Constructing the Self, Constructing America: A Cultural History of Psychotherapy.* Boston: Addison-Wesley/Addison Wesley Longman, 1996.

Davis, C. G. "Searching for Meaning in Loss: Are Clinical Assumptions Correct?" *Death Studies*, Vol.24, No. 6, 2000, p.497–540.

Davis, C. G., D. R. Lehman, C. B. Wortman, R.C. Silver and S. C. Thompson. "The Undoing of Traumatic Life Events." *Personality and Social Psychology Bulletin*, Vol.21, No.2, 1995 p.109–124.

Davis, C. G. and S. Nolen-Hoeksema. "Loss and Meaning: How Do People Make Sense of Loss?" *American Behavioral Scientist*, Vol.44, No.5, 2001, p.726–741.

Davis, C. G., S. Nolen-Hoeksema and J. Larson. "Making Sense of Loss and Benefiting from The Experience: Two Construals of Meaning." *Journal of Personality and Social Psychology*, Vol.75, No.2, 1998, p.561–574.

De Vries, B., C. G. Davis, C. B. Wortman and D. R. Lehman. "Long-Term Psychological and Somatic Consequences of Later Life Parental Bereavement." *OMEGA-Journal of Death and Dying*, Vol.35, No.1, 1997, p.97–117.

Dehlin, L. and L. M. Reg. "Adolescents' Experiences of a Parent's Serious Illness and Death." *Palliative & Supportive Care,* Vol.7, No.1, 2009.

Di Ciacco, J. *The Colors of Grief: Understanding a Child's Journey Through Loss from Birth to Adulthood.* Philadelphia: Jessica Kingsley Publishers, 2008.

Doka, K. J. *Disenfranchised Grief: New Directions, Challenges, and Strategies for Practice.* Champaign: Research Press, 2002.

Dyregrov, K. "Long-term Impact of Sudden Infant Death: A 12-to 15-year Follow-up." *Death Studies*, Vol.23, No.7, 1999, p.635–661.

Edelman, H. *Motherless Daughters: The Legacy of Loss.* London: Hachette UK, 2014.

Ellis, R. T. and J. M. Granger. "African American Adults' Perceptions of the Effects of Parental Loss During Adolescence." *Child and Adolescent Social Work Journal*, Vol.19, No.4, 2002, p.271–284.

Emswiler, M. A. and J. P. Emswiler. *Guiding Your Child Through Grief.* New York: Bantam, 2000.

Engelkemeyer, S. M. "The Role of Perceived Social Support and Cognitive Processing in Reports of Personal Growth Following Bereavement." Ph.D. dissertation, University of Missouri, 2008.

Erikson, E. H. *Identity and the Life Cycle.* New York: W. W. Norton & Company, 1994.

Fleming, S. J. and R. Adolph. "Helping Bereaved Adolescents: Needs and Responses." In C.A. Corr and J.N. McNeil, eds. *Adolescence and Death.* New York: Springer, 1986, p.97–118.

Fleming, S., and L. Balmer. "Bereavement in adolescence." In Corr, C.A. and D.E. Balk, eds. *Handbook of Adolescent Death and Bereavement.* New York: Springer, 1996, p.139–154.

Folkman, S. "Positive Psychological States and Coping with Severe Stress." *Social Science & Medicine,* Vol.45, No.8, 1997, p.1207–1221.

Folkman, S. *"Revised Coping Theory and The Process of Bereavement."* In Stroebe, M. S., R. O. Hansson, W. Stroebe and H. Schut, eds. *Handbook of Bereavement Research: Consequences, Coping, and Care.* American Psychological Association, 2001, p.563–584.

Fosnot, C. T. *Constructivism: Theory, Perspectives, and Practice.* New York: Teachers College Press, 2003.

Frankl, V. E. *The Will to Meaning: Foundations and Applications of Logotherapy.* New York: Plume, 1988.

Frankl, V. E. "The Concept of Man in Logotherapy." *Journal of Existentialism*, Vol.6, No.21, 1965, p.53–58.

Frankl, V. E. *Man's Search for Meaning.* New York: Simon and Schuster, 1985.

Freud, S. "Mourning and Melancholia." *The Journal of Nervous and Mental Disease,* Vol.56, No.5, 1917, p.543–545.

Gillies, J. and R. A. Neimeyer. "Loss, Grief, and The Search for Significance: Toward a Model of Meaning Reconstruction in Bereavement." *Journal of Constructivist Psychology*, Vol.19, No.1, 2006, p.31–65.

Goffman, E. *Stigma: Notes on the Management of Spoiled Identity.* New York: Simon and Schuster, 2009.

Guba, E. G. and Y. S. Lincoln. "Competing Paradigms in Qualitative Research." In Denzin, N. K. and Y. S. Lincoln. *Handbook of Qualitative Research*, London: Sage, 1994, p.105–117.

Hamdan, S., N. M. Melhem, M. G. Porta, M. S. Song and D. A. Brent. "Alcohol and Substance Abuse in Parentally Bereaved Youth." *The Journal of Clinical Psychiatry*, Vol.74, No.8, 2013, p.828–833.

Harris, E. S. "Adolescent Bereavement Following the Death of A Parent: An Exploratory Study." *Child Psychiatry and Human Development*, Vol.21, No.4, 1991, p.267–281.

Hershberger, P. J. and W. B. Walsh. "Multiple Role Involvements and The Adjustment to Conjugal Bereavement: An Exploratory Study." *OMEGA-Journal of Death and Dying*, Vol.21, No.2, 1991, p.91–102.

Hibberd, R. "Meaning Reconstruction in Bereavement: Sense and Significance." *Death Studies*, Vol.37, No.7, 2013, p.670–692.

Ho, D. Y. "Selfhood and Identity in Confucianism, Taoism, Buddhism, and Hinduism: Contrasts with the West." *Journal for the Theory of Social Behaviour*, Vol.25, No.2, 1995, p.115–139.

Ho, D. Y. "Relational Orientation and Methodological Relationalism." *Bulletin of the Hong Kong Psychological Society*, Vol.26, No.27, 1991, p.81–95.

Ho, S. M., A. Y. Chow, C. L. Chan and Y. K. Tsui. "The Assessment of Grief Among Hong Kong Chinese: A Preliminary Report." *Death Studies*, Vol.26, No.2, 2002, p.91–98.

Ho, S. M. and Y. K. Tsui. "Interdependence in Death and Grief Among Hong Kong Chinese." *Newsletter of Hong Kong Society of Palliative Medicine*, Vol.1, 2002, p.1–4.

Hoffman, J. A. "Psychological Separation of Late Adolescents from their Parents." *Journal of Counseling Psychology*, Vol.31, No.2, 1984, p.170-178.

Hoffman, L. "Constructing Realities: An Art of Lenses." *Family Process*, Vol.29, No.1, 1990, p.1-12.

Holland, J. M., J. M. Currier and R. A. Neimeyer. "Meaning Reconstruction in the First Two Years of Bereavement: The Role of Sense-Making and Benefit-Finding." *Omega-Journal of Death and Dying*, Vol.53, No.3, 2006, p.175-191.

Hooghe, A. and R. A. Neimeyer. "Family Resilience in the Wake of Loss: A Meaning-Oriented Contribution." In Becvar, D. S. eds. *Handbook of Family Resilience*, New York: Springer, 013, p.269-284.

Hsieh, D. H. "Buddhism: China." *Encyclopedia of Modern Asia*, Vol.1, 2002, p.337-341.

Hsu, C.Y., M. O'Connor and S. Lee. "Understandings of Death and Dying for People of Chinese Origin." *Death Studies*, Vol.33, No.2, 2009, p.153-174.

Hsu, M.T., D. L. Kahn and M. Hsu. "A Single Leaf Orchid: Meaning of A Husband's Death for Taiwanese Widows." *Ethos*, Vol.30, No.4, 2002, p.306-326.

Hsu, M.T., D. L. Kahn, D. H. Yee and W. L. Lee. "Recovery Through Reconnection: A Cultural Design for Family Bereavement in Taiwan." *Death Studies*, Vol.28, No.8, 2004, p.761-786.

Huang, Y. "Remarriage, Gender, and Life Course in Contemporary Inland Rural China." *Journal of Comparative Family Studies*, Vol.43, No.2, 2012, p.313-330.

Humphrey, G. M. and D. G. Zimpfer. *Counselling for Grief and*

Bereavement. London: Sage, 2007.

Hwang, K. K. "Filial Piety and Loyalty: Two Types of Social Identification in Confucianism." *Asian Journal of Social Psychology*, Vol.2, No.1, 1999, p.163–183.

Isaacs, H. R. "Basic Group Identity: The Idols of the Tribe." *Ethnicity*, Vol.1, No.1, 1974, p.15–41.

Janoff-Bulman, R. *Shattered Assumptions*. New York: Simon and Schuster, 1982.

Janoff-Bulman, R. "Assumptive Worlds and the Stress of Traumatic Events: Applications of the Schema Construct." *Social Cognition*, Vol.7, No.2, 1989, p.113–136.

Janoff-Bulman, R. and C. McPherson Frantz. "The Impact of Trauma on Meaning: From Meaningless World to Meaningful Life." In Power, M. J. and C. R. Brewin, eds. *The Transformation of Meaning in Psychological Therapies: Integrating Theory and Practice*, New York: John Wiley & Sons, 1997, p.91–106.

Jenkins, R. *Social identity*. New York: Routledge, 2014.

Jochim, C. "Chinese Religions: A Cultural Perspective." *Philosophy East and West*, Vol.37, No.1, 1987, p.96–97.

Jonah, B. A. "Accident Risk and Risk-Taking Behaviour Among Young Drivers." *Accident Analysis & Prevention*, Vol.18, No.4, 1986, p. 255–271.

Joseph, S. and P. A. Linley. "Positive Adjustment to Threatening Events: An Organismic Valuing Theory of Growth Through Adversity." *Review of General Psychology*, Vol.9, No.3, 2005, p.262–280.

Kaffman, M. and E. Elizur. "Bereavement Responses of Kibbutz and Non-Kibbutz Children Following the Death of the Father." *Journal of Child Psychology and Psychiatry*, Vol.24, No.3, 1983, p.435–442.

Kaiser, E. "How Millennials Mourn." *Washingtonian*, 2015.

Kalish, R. A. "The Social Context of Death and Dying." *Handbook of Aging and the Social Sciences*, Vol.2, 1985, p.149–170.

Kandt, V. E. "Adolescent Bereavement: Turning a Fragile Time into Acceptance and Peace." *The School Counselor*, Vol.41, No.3, 1994, p.203–211.

Kastenbaum, R. *"Grieving in Contemporary Society."* In M. S. Stroebe, R. O. Hansson, H. Schut and W. Stroebe, eds. *Handbook of Bereavement Research and Practice: Advances in Theory and Intervention*. American Psychological Association, 2008, p.67–85.

Kastenbaum, R. *"Children and Adolescents' Understanding of Death."* Macmillan Encyclopedia of Death and Dying (2010), https:// www.encyclopedia.com/social-sciences/encyclopedias-almanacs-transcripts-and-maps/children-and-adolescents-understanding-death.

Kaufman, K. R. and N. D. Kaufman. "Childhood Mourning: Prospective Case Analysis of Multiple Losses." *Death Studies*, Vol.29, No.3, 2005, p.237–249.

Kelly, G. *The Psychology of Personal Constructs: Theory and Personality*. New York: Routledge, 2002.

Kim, U., H. C. Triandis, Ç. Kâğitçibaşi, S. C. Choi and G. Yoon. *Individualism and Collectivism: Theory, Method, and Applications*. London: Sage, 1994.

Kirwin, K. M. and V. Hamrin. "Decreasing the Risk of Complicated Bereavement and Future Psychiatric Disorders in Children." *Journal of Child and Adolescent Psychiatric Nursing*, Vol.18, No.2, 2005, p.62–78.

Klass, D. "The Deceased Child in the Psychic and Social Worlds of Bereaved Parents During the Resolution of Grief." *Death Studies*, Vol.21, No.2, 1997, p.147–176.

Klass, D, "*The Inner Representations of The Dead Child in the Psychic and Social Narratives of Bereaved Parents.*" In Neimeyer, R. A. eds. *Meaning Reconstruction and the Experience of Loss*. American Psychological Association, 2001, p.77–94.

Klass, D. and T. Walter. "*Processes of Grieving: How Bonds Are Continued.*" In Stroebe, M. S., R. O. Hansson, W. Stroebe and H. Schut, eds. *Handbook of Bereavement Research: Consequences, Coping, and Care*. American Psychological Association, 2001, p.431–448.

Kleinman, A. and J. Kleinman. "Somatization: The Interconnections in Chinese Society Among Culture, Depressive Experience, and The Meaning of Pain." In Kleinman, A. and B. Good, eds. *Culture and Depression: Studies in Anthropology and Cross-Cultural Psychiatry of Affect and Disorder*. Los Angeles: University of California Press, 1985, p.429–490.

Kopp-Smith, A. K. "Parental Bereavement and the Romantic Relationship of Adults." Ph.D. dissertation, Long Island: Adelphi University, 2009.

Kübler-Ross, E. *On Death and Dying*. London: Routledge, 1969.

Kuntz, B. "Exploring the Grief of Adolescents After the Death of a Parent." *Journal of Child and Adolescent Psychiatric Nursing*, Vol.4, No.3, 1991, p.105–109.

Lagrand, L. E. "Loss Reactions of College Students: A Descriptive Analysis." *Death Education*, Vol.5, No.3, 1981, p.235–248.

LaGrand, L. E. *Coping with Separation and Loss As A Young Adult: Theoretical and Practical Realities*. Springfield: Charles C. Thomas Publisher, 1986.

Lalande, K. M. and G. A. Bonanno. "Culture and Continuing Bonds: A Prospective Comparison of Bereavement in The United States and The People's Republic of China." *Death Studies*, Vol.30, No.4, 2006, p.303–324.

Leung, P. "Experiences and Meaning Reconstruction Among Chinese Women with Breast Cancer in Hong Kong." Ph.D. dissertation, Hong Kong University, 2007.

Li, B. "A Brief Overview of Sino-Western Exchange: Past and Present." In Hayhoe, R. et al, eds. *Knowledge Across Cultures: Universities East and West,* Toronto: OISE Press, 1993, p.301–308.

Li, J. *Contagion and Its Consequences: The Problem of Death Pollution in Ancient China*. Tokyo: Ishiyaku EuroAmerica, 1999.

Li, J, M. Stroebe, C. L. Chan, and A. Y. Chow. "Guilt in Bereavement: A Review and Conceptual Framework." *Death Studies*, Vol.38, No.3, 2014, p.165–171.

Lieblich, A., R. Tuval-Mashiach, and T. Zilber. *Narrative Research: Reading, Analysis, and Interpretation* (Vol. 47). London: Sage, 1998.

Lindemann, E. "Symptomatology and Management of Acute

Grief." *American Journal of Psychiatry*, Vol.101, No.2, 1944, p.141–148.

Lindemann, E. *Beyond Grief: Studies in Crisis Intervention* (Vol. 1). Lanham: Jason Aronson, 1979.

Lo, Y. C. "The Relationship Between the Taoist School and Taoism." *Journal of Chang Gung Institute of Nursing*, Vol.1, 1999, p.145–154.

Lofland, J. and L. H. Lofland. *Analyzing Social Settings: A Guide to Qualitative Observation and Analysis*, Belmont: Wadsworth Publishing Company, 1984.

Longaker, C. *Facing Death and Finding Hope: A Guide to the Emotional and Spiritual Care of The Dying.* New York: Random House, 2011.

Mahler, M. S., F. Pine and A. Bergman. *The Psychological Birth of the Human Infant. Symbiosis and Individuation.* New York: Basic Books, 1975.

Mahoney, M. J. "Connected Knowing in Constructive Psychotherapy." In Goldberger, J. T., B. Clinchy and M. Belenky, eds. *Knowledge, Difference, and Power: Essays Inspired by Women's Ways of Knowing.* New York: Basic Books, 1996, p.126–147.

Main, M. and J. Solomon. "Procedures for Identifying Infants as Disorganized/Disoriented During the Ainsworth Strange Situation." *Attachment in the Preschool Years: Theory, Research, and Intervention,* Vol.1, 1990, p.121–160.

Mak, M. H. *Promoting A Good Death for Cancer Patients in Asian Culture.* London: Whiting and Birch, 2007.

Mallon, B. *Working with Bereaved Children and Young People.*

London: Sage, 2010.

Marcia, J. E: "Identity in Adolescence." In Adelson, J. eds. *Handbook of Adolescent Psychology*, New York: Wiley, 1980, p.159–187.

Markus, H. R. and S. Kitayama. "Culture and The Self: Implications for Cognition, Emotion, and Motivation." *Psychological Review*, Vol.98, No.2, 1991, p.224–253.

Masterson, A. "The Lived Experience of School for the Adolescent after the Death of A Parent." Ph.D. dissertation, Columbia University, 2012.

McCarthy, J. R. "Young People Making Meaning in Response to Death and Bereavement." In Balk, D. and C. Corr, eds. *Adolescent Encounters with Death, Bereavement and Coping*. New York: Springer, 2009, p.21–38.

McIntosh, D. N., R. C. Silver and C. B. Wortman. "Religion's Role in Adjustment to A Negative Life Event: Coping with the Loss of a Child." *Journal of Personality and Social Psychology*, Vol.65, No.4, 1993, p.812–821.

Melhem, N. M., G. Porta, W. Shamseddeen, M. W. Payne and D. A. Brent. "Grief in Children and Adolescents Bereaved by Sudden Parental Death." *Archives of General Psychiatry*, Vol.68, No.9, 2011, p.911–919.

Meshot, C. M. and L. M. Leitner. "Adolescent Mourning and Parental Death." *OMEGA-Journal of Death and Dying*, Vol.26, No.4, 1993, p.287–299.

Michael, S. T. and C. R. Snyder. "Getting Unstuck: The Roles of Hope, Finding Meaning, and Rumination in the Adjustment to

Bereavement among College Students." *Death Studies*, Vol.29, No.5, 2005, p. 435–458.

Moos, R. *Coping with Life Crises: An Integrated Approach*. New York: Springer, 2013.

Morris, B. *Western Conceptions of the Individual*. Oxford: Berg Publishers, 1991.

Muller, J. H. "Narrative Approaches to Qualitative Research in Primary Care." *Doing Qualitative Research*, Vol.2, 1999, p.221–238.

Murphy, S. A., L. C. Johnson and J. Lohan. "Finding Meaning in A Child's Violent Death: A Five-Year Prospective Analysis of Parents' Personal Narratives and Empirical Data." *Death Studies*, Vol.27, No.5, 2003, p.381–404.

Murray, M. "Narrative psychology." In Smith, J. A., eds. *Qualitative Psychology: A Practical Guide to Research Methods*, London: Sage, 2003, p.111–131.

Nadeau, J. W. *Families Making Sense of Death* (Vol. 10). London: Sage, 1998.

Nakkula, M. "Identity and Possibility: Adolescent Development and The Potential of Schools." In Sadowski, M., eds. *Adolescents at School, Perspectives on Youth, Identity, and Education,* Cambridge: Harvard Education Press, 2003, p.7–18.

Neimeyer, G. J. "Personal Constructs in Career Counseling and Development." *Journal of Career Development*, Vol.18, No.3, 1992, p.163–173.

Neimeyer, R. A. and A. Anderson. "Meaning Reconstruction

Theory." In Thompson, N. and J. Campling, eds. *Loss and Grief*. New York: Springer, 2002, p.45–64.

Neimeyer, R. A. and N. J. Keesee. "Dimensions of Diversity in the Reconstruction of Meaning." In Doka, K. J. and J. D. Davidson, eds. *Living with Grief: Who We Are, How We Grieve*, Brunner/Mazel, 1998, p.223–237.

Neimeyer, R. A., H. Levitt and C. Snyder. "Coping and Coherence: A Narrative Perspective on Resilience." *Coping with Stress: Effective People and Processes*, Vol.1, 2001, p. 47–67.

Neimeyer, R. A., H. Levitt and C. Snyder. "Social Constructionism in The Counselling Context." *Counselling Psychology Quarterly*, Vol.11, No.2, 1998, p.135–149.

Neimeyer, R. A. "Searching for the Meaning of Meaning: Grief Therapy and The Process of Reconstruction." *Death Studies*, Vol.24, No.6, 2000, p.541–558.

Neimeyer, R. A. *Meaning Reconstruction and The Experience of Loss*. American Psychological Association, 2001.

Neimeyer, R. A., S. A. Baldwin and J. Gillies. "Continuing Bonds and Reconstructing Meaning: Mitigating Complications in Bereavement." *Death Studies*, Vol.30, No.8, 2006, p.715–738.

Neimeyer, R. A. and N. S. Hogan. "Quantitative or Qualitative? Measurement Issues in The Study of Grief." In Stroebe, M. S., R. O. Hansson, W. Stroebe and H. Schut, eds. *Handbook of Bereavement Research: Consequences, Coping, and Care*. American Psychological Association, 2001, p.89–118.

Neimeyer, R. A., D. Klass and M. R. Dennis. "A Social Constructionist Account of Grief: Loss and the Narration of Meaning." *Death Studies*, Vol.38, No.8, 2014.

Neimeyer, R. A., A. Laurie, T. Mehta, H. Hardison and J. M. Currier. "Lessons of Loss: Meaning-Making in Bereaved College Students." *New Directions for Student Services*, Vol.20, No.1, 2008.

Neugarten, B. L., J. W. Moore and J. C. Lowe. "Age Norms, Age Constraints, and Adult Socialization." *American Journal of Sociology*, Vol.70, No.6, 1965, p.710–717.

New York Life Foundation and Comfort Zone Camp. "Nationwide Poll of the Parents of Grieving Children"(2009), https://childrengrieve.org/awareness/nationwide-poll-of-the-parents-of-grieving-children.

Normand, C. L., P. R. Silverman and S. L. Nickman. "Bereaved Children's Changing Relationships with The Deceased." In Klass, D. and P. R. Silverman, eds. *Continuing Bonds: New Understandings of Grief.* Washington: Taylor & Francis, 1996, p.87–111.

Novelle, M. A. "I'm Still Here: Adolescent Social Orphans in Colombian State Care: The Process of Identity Formation in The Absence of Permanency." Ph.D. dissertation, Boston University, 2014.

O'Connor, M. F. "Making Meaning of Life Events: Theory, Evidence, and Research Directions for An Alternative Model." *OMEGA-Journal of Death and Dying*, Vol.46, No.1, 2003, p.51–75.

Ollerenshaw, J. A. and J. W. Creswell. "Narrative Research: A Comparison of Two Restorying Data Analysis Approaches." *Qualitative Inquiry*, Vol.8, No.3, 2002, p.329–347.

Oltjenbruns, K. A. "Developmental Context of Childhood: Grief and Regrief Phenomena." In Stroebe, M. S., R. O. Hansson, W. Stroebe and H. Schut, eds. *Handbook of Bereavement Research: Consequences, Coping, and Care*, American Psychological Association, 2001, p.169–197.

Padgett, D. K. *Qualitative Methods in Social Work Research* (Vol. 36). London: Sage, 2016.

Palmer, M., M. Saviet and J. Tourish. "Understanding and Supporting Grieving Adolescents and Young Adults." *Pediatric Nursing*, Vol.42, No.6, 2016, p.275–281.

Pargament, K. I. and C. L. Park. "Merely A Defense? The Variety of Religious Means and Ends." *Journal of Social Issues*, Vol.51, No.2, 1995, p.13–32.

Park, C. L. "Making Sense of The Meaning Literature: An Integrative Review of Meaning Making and Its Effects on Adjustment to Stressful Life Events." *Psychological Bulletin*, Vol.136, No.2, 2010, p.257–301.

Park, C. L., D. Edmondson, J. R. Fenster and T. O. Blank. "Meaning Making and Psychological Adjustment Following Cancer: The Mediating Roles of Growth, Life Meaning, and Restored Just-World Beliefs." *Journal of Consulting and Clinical Psychology*, Vol.76, No.5, 2008, p.863–875.

Park, C. L. and S. Folkman. "Meaning in The Context of Stress and Coping." *Review of General Psychology*, Vol.1, No.2, 1997, p.115–144.

Parkes, C. M. "Bereavement and Mental Illness: Part 2. A

Classification of Bereavement Reactions." *British Journal of Medical Psychology*, Vol.38, No.1, 1965, p.13–26.

Parkes, C. M. "Psycho-Social Transitions: A Field for Study." *Social Science & Medicine*, Vol.5, No.2, 1971, p.101–115.

Parkes, C. M. "A Historical Overview of The Scientific Study of Bereavement." In Stroebe, M. S., R. O. Hansson, W. Stroebe and H. Schut, eds. *Handbook of Bereavement Research: Consequences, Coping, and Care.* American Psychological Association, 2001, p.25–45.

Parkes, C. M., P. Laungani and W. Young. *Death and Bereavement Across Cultures.* New York: Routledge, 2015.

Parkes, C. M and H. G. Prigerson. Bereavement: *Studies of Grief in Adult Life.* New York: Routledge, 2013.

Patterson, P. and A. Rangganadhan. "Losing A Parent to Cancer: A Preliminary Investigation into the Needs of Adolescents and Young Adults." *Palliative & Supportive Care*, Vol.8, No.3, 2010, p.255–265.

Patton, M. Q. *Qualitative Evaluation and Research Methods.* London: Sage, 1990.

Pecchioni, L., T. L. Thompson and D. J. Anderson. "Interrelations Between Family Communication and Health Communication." In Turner, L. H. and R. West, eds. *The Family Communication Sourcebook*, London: Sage, 2006, p.447–468.

Perkins, D. F. *Adolescence: Developmental Tasks.* University of Florida Cooperative Extension Service, Institute of Food and Agricultural Sciences, 2001.

Pesonen, A. K. and K. Räikkönen. "The Lifespan Consequences of

Early Life Stress." *Physiology & Behavior*, Vol.106, No.5, 2012, p.722–727.

Pfeffer, C. R., D. Karus, K. Siegel and H. Jiang. "Child Survivors of Parental Death from Cancer or Suicide: Depressive and Behavioral Outcomes." *Psycho-Oncology*, Vol.9, No.1, 2000, p.1–10.

Plocha, A."How Do Parentally Bereaved Emerging Adults Define Resilience? It's a Process"(2016). *Graduate Doctoral Dissertations*. 284. https://scholarworks.umb.edu/doctoral_dissertations/284

Prager, K. J. *The Psychology of Intimacy*. New York: Guilford Press, 1995.

Rando, T. A: "Parental Adjustment to The Loss of a Child." In Papadatou, D. and C. Papadatos, eds. *Children and Death*, Washington: Hemisphere Publishing, 1991, p.233–253.

Rando, T. A. *Grief, Dying, and Death: Clinical Interventions for Caregivers*. Champaign: Research Press, 1984.

Rando, T. A. *Parental Loss of A Child*. Champaign: Research Press, 1986.

Rando, T. A. *Grieving: How To Go On Living When Someone You Love Dies*. Lanham: Lexington Books, 1988.

Ratti, T. H. *I Have To Go On: The Effect of a Mother's Death On Her Daughter's Education*. Arizona State University, 2011.

Ribbens M. J. "'They All Look As If They're Coping, But I'm Not': The Relational Power/Lessness of 'Youth' in Responding to Experiences of Bereavement." *Journal of Youth Studies*, Vol.10, No.3, 2007, p.285–303.

Riches, G. and P. Dawson. "Communities of Feeling: The Culture of Bereaved Parents." *Mortality*, Vol.1, No.2, 1996, p.143–161.

Riegel, J. "Confucius", The Stanford Encyclopedia of Philosophy (2002), https://stanford.library.sydney.edu.au/archives/fall2014/entries/confucius/.

Riessman, C. K. *Narrative Analysis.* London: Sage, 1993.

Riessman, C. K. *Narrative Methods for the Human Sciences.* London: Sage, 2008.

Romanoff, B. D, "Research as Therapy: The Power of Narrative to Effect Change." Paper delivered to Reclaiming Voice: First Annual Conference on Ethnographic Inquiry & Qualitative Research for a Postmodern Age, Los Angeles, US, Jun, 2001.

Rosenblatt, P. C. "A Social Constructionist Perspective on Cultural Differences in Grief." In Stroebe, M. S., R. O. Hansson, W. Stroebe and H. Schut, eds. *Handbook of Bereavement Research: Consequences, Coping, and Care*, American Psychological Association, 2001, p.285–300.

Rosenblatt, P. C., R. P. Walsh, and D. A. Jackson. *Grief and Mourning in Cross-Cultural Perspective.* New Haven: Human Relations Area Files, 1976.

Rostila, M. and J. M. Saarela. "Time Does Not Heal All Wounds: Mortality Following the Death of A Parent." *Journal of Marriage and Family*, Vol.73, No.1, 2011, p.236–249.

Rothbaum, F., J. Weisz, M. Pott, K. Miyake and G. Morelli. "Attachment and Culture: Security in The United States and Japan." *American Psychologist*, Vol.55, No.10, 2000, p.1093–1104.

Rubin, S. S. "Death of the Future?: An Outcome Study of Bereaved Parents in Israel." *OMEGA-Journal of Death and Dying*, Vol.20, No.4, 1990, p.323–339.

Sanders, C. M. *Grief: The Mourning After: Dealing With Adult Bereavement*. New York: John Wiley & Sons,1989.

Sandler, I. N., S. A. Wolchik, and T. S. Ayers. "Resilience Rather Than Recovery: A Contextual Framework on Adaptation Following Bereavement." *Death Studies*, Vol.32, No.1, 2007, p.59–73.

Sawyer, S. M., P. S. Azzopardi, D. Wickremarathne and G. C. Patton. "The Age of Adolescence." *The Lancet Child & Adolescent Health*, Vol.2, No.3, 2018, p.223–228.

Schultz, L. E. "The Influence of Maternal Loss on Young Women's Experience of Identity Development in Emerging Adulthood." *Death Studies*, Vol.31, No.1, 2007, p. 17–43.

Schwartzberg, S. S. and R. Janoff-Bulman. "Grief and The Search for Meaning: Exploring The Assumptive Worlds of Bereaved College Students." *Journal of Social and Clinical Psychology*, Vol.10, No.3, 1991, p.270–288.

Servaty-Seib, H. L. and L. A. Hamilton. "Educational Performance and Persistence of Bereaved College Students." *Journal of College Student Development*, Vol.47, No.2, 2006, p.225–234.

Servaty-Seib, H. L. and D. J. Taub. "Bereavement and College Students: The Role of Counseling Psychology." *The Counseling Psychologist,* Vol.38, No.7, 2010, p.947–975.

Shapiro, E. R. "Grief in Interpersonal Perspective: Theories and

Their Implications." In Stroebe, M. S., R. O. Hansson, W. Stroebe and H. Schut, eds. *Handbook of Bereavement Research: Consequences, Coping, and Care.* American Psychological Association, 2001, p.301-327.

Shapiro, L. J. "The Loss that Lasts a Lifetime: The Adult's Experience of the Death of a Parent in Childhood." Ph.D. dissertation, Adelphi University, 2013.

Shaver, P. R. and C. M. Tancredy. "Emotion, Attachment, and Bereavement: A Conceptual Commentary." In Stroebe, M. S., R. O. Hansson, W. Stroebe and H. Schut, eds. *Handbook of Bereavement Research: Consequences, Coping, and Care.* American Psychological Association, 2001, p.63-88.

Shaver, P., J. Schwartz, D. Kirson and C. O'Connor. "Emotion Knowledge: Further Exploration of a Prototype Approach." *Journal of Personality and Social Psychology*, Vol.52, No.6, 1987, p.1061-1086.

Singelis, T. M. "The Measurement of Independent and Interdependent Self-Construals." *Personality and Social Psychology Bulletin*, Vol.20, No.5, 1994, p.580-591.

Spira, M. and E. Kenemore. "Adolescent Daughters of Mothers with Breast Cancer: Impact and Implications." *Clinical Social Work Journal,* Vol.28, No.2, 2000, p.183-195.

Stephenson, J. S. *Death, Grief, and Mourning.* New York: Free Press, 1985.

Stevenson, R. " 'I Thought about Death All The Time...': Students, Teachers, and The understanding of Death." In Grollman, E. A, eds. *Bereaved Children: A Support Guide for Parents and Professionals,*

Boston: Beacon Press, 1996, p.196–211.

Strickland, S. J. *Family Narrative/Music Therapy: Children Dealing with the Death of a Parent*. Florida State University, 2006.

Stroebe, M. S. and H. Schut. "The Dual Process Model of Coping With Bereavement: Rationale and Description." *Death Studies*, Vol.23, No.3, 1999, p.197–224.

Stroebe, M. S., and H. Schut. "Meaning Making in The Dual Process Model of Coping with Bereavement." In Neimeyer, R. A., eds. *Meaning Reconstruction and The Experience of Loss*, American Psychological Association, 2001, p.55–73.

Stroebe, M. S. "New Directions in Bereavement Research: Exploration of Gender Differences." *Palliative Medicine*, Vol.12, No.1, 1998, p.5–12.

Stroebe, M. S., R. O. Hansson, W. Stroebe and H. Schut, eds. *Handbook of Bereavement Research: Consequences, Coping, and Care*. American Psychological Association, 2001.

Stroebe, M. S., W. Stroebe and R. O. Hansson. *Handbook of Bereavement: Theory, Research, and Intervention*. London: Cambridge University Press, 1993.

Stroebe, M. S. and H. Schut. "The Dual Process Model of Coping with Bereavement: A Decade On." *OMEGA-Journal of Death and Dying*, Vol.61, No.4, 2010, p. 273–289.

Stroebe, M. S. and H. Schut. "Family Matters in Bereavement: Toward an Integrative Intra-Interpersonal Coping Model." *Perspectives on Psychological Science*, Vol.10, No.6, 2015, p.873–879.

Stroebe, M. S and H. Schut. "Overload: A Missing Link in The Dual Process Model?" *OMEGA-Journal of Death and Dying*, Vol.74, No.1, 2016, p.96–109.

Stroebe, M. S, H. Schut and W. Stroebe. "Attachment in Coping with Bereavement: A Theoretical Integration." *Review of General Psychology*, Vol.9, No.1, 2005, p.48–66.

Stroebe, M. S. and W. Stroebe. "Does Grief work Work?" *Journal of Consulting and Clinical Psychology*, Vol.59, No.3, 1991, p.479–482.

Stroebe, W. and M. S. Stroebe. *Bereavement and Health: The Psychological and Physical Consequences of Partner Loss*. London: Cambridge University Press, 1987.

Sussillo, M. V. "Beyond the Grave—Adolescent Parental Loss: Letting Go and Holding On." *Psychoanalytic Dialogues*, Vol.15, No.4, 2005, p.499–527.

Syed, M. and K. C. McLean. "Understanding Identity Integration: Theoretical, Methodological, and Applied Issues." *Journal of Adolescence*, Vol.47, 2016, p.109–118.

Taylor, S. E. "Adjustment to Threatening Events: A Theory of Cognitive Adaptation." *American Psychologist*, Vol.38, No.11, 1983, p.1161–1173.

Taylor, S. E., R. R. Lichtman and J. V. Wood. "Attributions, Beliefs about Control, and Adjustment to Breast Cancer." *Journal of Personality and Social Psychology*, Vol.46, No.3, 1984, p.489–502.

Taylor, S. E., J. V. Wood and R. R. Lichtman. "It Could Be Worse: Selective Evaluation as A Response to Victimization." *Journal of Social*

Issues, Vol.39, No.2, 1983, p.19–40.

Tebeka, S., N. Hoertel, C. Dubertret and Y. Le Strat. "Parental Divorce or Death During Childhood and Adolescence and Its Association with Mental Health." *The Journal of Nervous and Mental Disease,* Vol.209, No.9, 2016, p.678–685.

Thompson, S. C. and A. S. Janigian. "Life Schemes: A Framework for Understanding The Search for Meaning." *Journal of Social and Clinical Psychology,* Vol.7, No.2, 1988, p.260–280.

Tsui, Y. K. Y. *"Other-Focused Grief."* Paper delivered to the 8th Hong Kong International Cancer Congress, Hong Kong, 2001.

Tu, W. and Du, W. *Confucian Thought: Selfhood As Creative Transformation.* New York: SUNY Press, 1985.

Tyrka, A. R., L. Wier, L. H. Price, N. S. Ross and L. L. Carpenter. "Childhood Parental Loss and Adult Psychopathology: Effects of Loss Characteristics and Contextual Factors." *The International Journal of Psychiatry in Medicine,* Vol.38, No.3, 2008, p.329–344.

Uba, L. *Asian Americans: Personality Patterns, Identity, and Mental Health.* New York: Guilford Press, 2003.

Umberson, D., and M. D. Chen. "Effects of A Parent's Death on Adult Children: Relationship Salience and Reaction to Loss." *American Sociological Review,* Vol.59, No.1, 1994, p.152–168.

Uren, T. H. and C. A. Wastell. "Attachment and Meaning-Making in Perinatal Bereavement." *Death Studies,* Vol.26, No.4, 2002, p.279–308.

Walker, A. C., J. D. Hathcoat and I. C. Noppe. "College Student Bereavement Experience in A Christian University." *OMEGA-Journal of Death and Dying*, Vol.64, No.3, 2012, p.241–259.

Walter, T. "A New Model of Grief: Bereavement and Biography." *Mortality*, Vol.1, No.1, 1996, p.7–25.

Walter, T. *On Bereavement: The Culture of Grief.* New York: McGraw-Hill Education,1999.

Walter, T. "Grief Narratives: The Role of Medicine in The Policing of Grief." *Anthropology & Medicine*, Vol.7, No.1, 2000, p.97–114.

Wayment, H. A. and J. Vierthaler. "Attachment Style and Bereavement Reactions." *Journal of Loss & Trauma*, Vol.7, No.2, 2002, p.129–149.

Wheeler, I. "Parental Bereavement: The Crisis of Meaning." *Death Studies*, Vol.25, No.1, 2001, p.51–66.

World Health Organization. "Child and Adolescent Health and Development: Progress Report 2009: Highlights" (2010), https://apps.who.int/iris/handle/10665/44314.

Whyte, M. K. and W. L. Parish. *Urban Life in Contemporary China.* Chicago: University of Chicago Press, 1985.

Willick, M. L. "The Grief Never Goes Away: A Study of Meaning Reconstruction and Long-term Grief in Parents' Narratives of Perinatal Loss." Ph.D. dissertation, University of Saskatchewan, 2006.

Wolf, A. P. *Studies in Chinese Society.* Redwood: Stanford University Press, 1978.

Wolfelt, A. *Helping Children Cope With Grief.* New York: Routledge, 2013.

Wolfenstein, M. "How is Mourning Possible?" *The Psychoanalytic*

Study of the Child, Vol.21, No.1, 1966, p.93–123.

Wolfenstein, M. "Loss, Rage, and Repetition." *The Psychoanalytic Study of the Child*, Vol.24, No.1, 1969, p.432–460.

Wong, W. S. and R. Fielding. "Eating Ability Predicts Subsequent Quality of Life in Chinese Patients with Breast, Liver, Lung, or Nasopharyngeal Carcinoma: A Longitudinal Analysis." *Acta Oncologica*, Vol.47, No.1, 2008, p.71–80.

Woo, K. Y. "Care for Chinese Palliative Patients." *Journal of Palliative Care*, Vol.15, No.4, 1999, p.70–74.

Worden, J. W. *Grief Counseling and Grief Therapy: A Handbook for The Mental Health Practitioner*. New York: Springer, 2018.

Worden, J. W. *Children and Grief: When A Parent Dies*. New York: Guilford Press, 1996.

Wortman, C. B. and R. C. Silver. "The Myths of Coping with Loss." *Journal of Consulting and Clinical Psychology*, Vol.57, No.3, 1989, p.349–357.

Yalom, I. D. *Existential Psychotherapy*. New York: Basic Books. 1980.

Yalom, I. D. and M. A. Lieberman. "Bereavement and Heightened Existential Awareness." *Psychiatry*, Vol.54, No.4, 1991, p.334–345.

Yeo, S. S., B. Meiser, K. Barlow-Stewart, D. Goldstein, K. Tucker and M. Eisenbruch. "Understanding Community Beliefs of Chinese-Australians About Cancer: Initial Insights Using an Ethnographic Approach." *Psycho-Oncology*, Vol.14, No.3, 2005, p.174–186.

Yick, A. G. and R. Gupta. "Chinese Cultural Dimensions of Death,

Dying, and Bereavement: Focus Group Findings." *Journal of Cultural Diversity*, Vol.9, No.2, 2002, p.32–42.

Zisook, S. and K. Shear. "Grief and Bereavement: What Psychiatrists Need to Know." *World Psychiatry*, Vol.8, No.2, 2009, p.67–74.

附录

附录一 年轻子女的基本情况

	年轻子女						逝世父母			哀伤状态	访谈状况	
姓名	性别	访谈时年龄	丧亲时年龄	学历	婚姻	逝者	死亡方式	忌日/离世时长	哀伤程度	次数	时长
1	赵小姐	女性	25	21	大专	未婚	母亲	预期自然死亡 罕见病	选择遗忘 / 4年	其他（请说明）: 死亡预料之中，哀伤意料之外	2	3.5小时

续表

	姓名	年轻子女					逝世父母			哀伤状态		访谈状况	
		性别	访谈时年龄	丧亲时年龄	学历	婚姻	逝者	死亡方式	忌日/离世时长	哀伤程度		次数	时长
2	钱小姐	女性	22	20	本科	未婚	父亲	预期自然死亡 肝癌	2015年9月20日/ 2年	比较能接受 偶尔很痛苦		2	3.5小时
3	孙小姐	女性	24	12	硕士	未婚	父亲	非预期暴力死亡 意外	2005年7月10日/ 12年	部分能接受 依然很痛苦		2	3小时
4	李女士	女性	27	24	本科	已婚	母亲	自杀	2014年1月13日/ 3年	部分能接受 依然很痛苦		2	4.5小时
5	周先生	男性	21	10	本科	未婚	母亲	非预期暴力死亡 车祸	未提供/ 10年	/		2	2.5小时
6	吴小姐	女性	23	18	本科	未婚	父亲	非预期自然死亡 突发肝硬化	未提供/ 5年	部分能接受 依然很痛苦		2	3小时
7	郑小姐	女性	22	19	硕士	未婚	母亲	非预期暴力死难 海难	未提供/ 3年	部分能接受 依然很痛苦		2	6.2小时
8	王先生	男性	34	30	硕士	未婚	父亲	非预期自然猝死 心源性猝死	未提供/ 4年	比较能接受 很少会痛苦		2	4小时

续表

	年轻子女						逝世父母			哀伤状态	访谈状况	
	姓名	性别	访谈时年龄	丧亲时年龄	学历	婚姻	逝者	死亡方式	忌日/离世时长	哀伤程度	次数	时长
9	冯小姐	女性	29	21	大专	未婚	母亲	预期自然死亡 未知病因	2010年9月/8年	部分能接受 依然很痛苦	2	3.5小时
10	陈小姐	女性	24	23	本科	未婚	父亲	预期自然死亡 肺癌	2016年10月31日/2年	其他(请说明): 完全接受现实,却无法避免突如其来的想念	3	7小时
11	褚小姐	女性	21	16	本科	未婚	父亲	预期自然死亡 肝腹水后期	2012年4月8日/5年	部分能接受 依然很痛苦	1	2小时
12	卫小姐	女性	19	18	本科	未婚	母亲	预期自然死亡 病毒性心肌炎	未提供/1年	比较能接受 偶尔很痛苦	3	6.5小时
13	蒋小姐	女性	29	28	博士	未婚	父亲	非预期自然死亡 感染性休克	2017年1月24日/1年	部分能接受 依然很痛苦	4	8小时
14	沈先生	男性	23	20	硕士	未婚	父亲	非预期自然死亡 主动脉夹层	2014年5月25日/3年	比较能接受 偶尔很痛苦	3	2.5小时

续表

		年轻子女				逝世父母			哀伤状态		访谈状况	
	姓名	性别	访谈时年龄	丧亲时年龄	学历	婚姻	逝者	死亡方式	忌日/离世时长	哀伤程度	次数	时长
15	韩小姐	女性	23	15	本科	未婚	父亲	非预期暴力死亡 意外	未提供/8年	比较能接受 很少会痛苦	1	2.5小时
16	杨小姐	女性	24	21	大专	未婚	父亲	非预期自然死亡 猜测心梗	未提供/3年	部分能接受 依然很痛苦	3	6小时
17	朱小姐	女性	21	16	本科	未婚	父亲	非预期自然死亡 猜测因高血压	2012年10月16日/5年	完全不能接受 依然很痛苦	4	8小时
18	秦小姐	女性	30	16	博士在读	未婚	父亲	预期自然死亡 肺癌脑转移	未提供/14年	部分能接受 依然很痛苦	2	4.5小时
19	尤小姐	女性	33	26	硕士	离异	母亲	非预期自然死亡 脑出血	未提供/7年	部分能接受 依然很痛苦	3	8.4小时
20	许先生	男性	28	26	本科	未婚	双亲	非预期自然死亡 脑出血	母:1994年农历六月二十日 父:2015年农历六月五日/2年	部分能接受 依然很痛苦	1	1.5小时

	年轻子女						逝世父母			哀伤状态	访谈状况	
	姓名	性别	访谈时年龄	丧亲时年龄	学历	婚姻	逝者	死亡方式	忌日/离世时长	哀伤程度	次数	时长
21	何小姐	女性	23	20	硕士	未婚	母亲	非预期自然死亡 突发心梗	2015年7月13日/3年	部分能接受 依然很痛苦	2	5小时
22	吕小姐	女性	24	19	博士在读	未婚	继父	非预期自然死亡 脑梗	未提供/5年	其他(请说明): 不能接受,偶尔痛苦	1	1.5小时
23	施小姐	女性	23	16	硕士	未婚	母亲	抑郁症自杀	2011年12月14日/7年	部分能接受 依然很痛苦	2	5.5小时
24	张小姐	女性	21	19	本科	未婚	父亲	预期自然死亡 肺部感染	2015年10月2日/2年	比较能接受 偶尔很痛苦	2	3小时
25	孔小姐	女性	24	18	硕士	未婚	父亲	非预期自然死亡 突发心梗	2012年10月4日/6年	比较能接受 偶尔很痛苦	1	1.5小时
26	曹先生	男性	23	20	硕士	未婚	父亲	预期自然死亡 肝癌晚期	2016年5月31日/1.5年	比较能接受 偶尔很痛苦	2	4.2小时

序号	年轻子女						逝世父母			哀伤状态	访谈状况	
	姓名	性别	访谈时年龄	丧亲时年龄	学历	婚姻	逝者	死亡方式	忌日/离世时长	哀伤程度	次数	时长
27	严先生	男性	25	19	博士在读	未婚	父亲	非预期自然死亡 脑梗	选择不记得/6年	比较能接受 很少会痛苦	1	1.5小时
28	华小姐	女性	32	15	硕士	未婚	母亲	预期自然死亡 风湿性心脏病	2000年10月23日/17年	比较能接受 偶尔很痛苦	2	3.2小时
29	金小姐	女性	21	20	本科	未婚	父亲	预期自然死亡 心脏病手术感染	未提供/6个月	比较能接受 偶尔很痛苦	1	2小时
30	魏小姐	女性	25	13	本科	未婚	父亲	非预期暴力死亡 车祸	2005年农历七月五日/12年	部分能接受 依然很痛苦	2	4.5小时
31	小魏小姐①	女性	24	11	专科	未婚				/	1	2.5小时

① 小魏小姐是第30位研究参与者魏小姐的妹妹。当我与魏小姐完成第一次访谈后，她将妹妹介绍给我。为了显示两人的姐妹关系，我特意为她们取了同一个姓氏。

续表

	年轻子女						逝世父母				哀伤状态	访谈状况	
	姓名	性别	访谈时年龄	丧亲时年龄	学历	婚姻	逝者	死亡方式	忌日/离世时长		哀伤程度	次数	时长
32	陶女士	女性	34	33	本科	已婚	父亲	预期自然死亡恶性肿瘤合并血液病	2017年6月27日/1年		比较能接受偶尔很痛苦	3	5小时
33	姜先生	男性	29	23	硕士	未婚	双亲	预期自然死亡肺病	未提供/6年		完全能接受基本不痛苦	1	1.5小时
34	戚先生	男性	24	12	硕士	未婚	父亲	非预期暴力死亡被杀	2003年6月1日/12年		比较能接受偶尔很痛苦	2	3.5小时
35	谢先生	男性	26	24	博士在读	未婚	母亲	预期自然死亡乳腺癌	未提供/1.5年		比较能接受偶尔很痛苦	1	3小时
36	邹女士	女性	30	18	本科	已婚	父亲	预期自然死亡肝癌	未提供/12年		比较能接受偶尔很痛苦	1	2小时
37	喻小姐	女性	24	23	硕士	未婚	母亲	抑郁症自杀	2017年农历大年初二/1年		其他(请说明):可以接受,但很痛苦	2	4小时

续表

		年轻子女					逝世父母			哀伤状态		访谈状况	
	姓名	性别	访谈时年龄	丧亲时年龄	学历	婚姻	逝者	死亡方式	忌日/离世时长	哀伤程度	哀伤状态	次数	时长
38	柏先生	男性	29	28	本科	未婚	父亲	预期自然死亡 结肠癌	未提供/ 1年	比较能接受	偶尔很痛苦	1	1.5小时
39	水小姐	女性	31	17	博士	未婚	父亲	预期自然死亡 癌症	未提供/ 14年	比较能接受	很少会痛苦	1	2小时
40	窦女士	女性	30	29	本科	已婚	父亲	预期自然死亡 怀疑癌症	未提供/ 1年	比较能接受	偶尔很痛苦	1	2小时
41	章女士	女性	27	23	硕士	已婚	母亲	预期自然死亡 淋巴癌	2013年10月27日/ 4年	部分能接受	依然很痛苦	1	2.2小时
42	云小姐	女性	24	23	本科	未婚	母亲	预期自然死亡 肺癌	2017年9月9日/ 10个月	比较能接受	偶尔很痛苦	2	3小时
43	苏小姐	女性	22	10	本科	未婚	父亲	非预期暴力死亡 车祸	未提供/ 10年	比较能接受	偶尔很痛苦	1	1.5小时
44	潘先生	男性	27	24	本科	未婚	母亲	预期自然死亡 胰腺癌	2016年1月31日/ 1.5年	比较能接受	偶尔很痛苦	2	4小时

附录二 年轻子女的叙说：关于我们哀伤的 28 个真相 [①]

1. 你们不会看见我们的哀伤，因为我们不会轻易在你们面前情绪崩溃，而会把哀伤锁在柜子里，除非你得到了我们的信任，或是你是一个没有交集的陌生人（这让你成为我们的一个安全树洞）；又或者我们已经情绪崩溃到无法自救……

2. 我们的哀伤不会"节哀顺变"（这个词语对我们来说，实在太过于轻巧了）。恰恰相反，我们的哀伤深入每一寸骨髓，它就像心里的八级地震，而且余震一直都有。每一个夜深人静的时候、每一个生命的低谷、每一个新春佳节／过世父母的忌日……甚至是每一个我们独处的时刻或取得每一个人生成就的时候，都是余震被触发的时刻，哀伤从心底的裂缝里跑了出来，抓住我们。而我们却什么也做不了，只能无力地等它自己"过去"。不过，这样的余震通常来得快、去得也快。所以让我们更不知道该怎么找朋友倾诉。（可是话说回来，又有谁能帮得了我们呢？）

3. 我们亲爱的家人啊，我们在葬礼上没有哭，看起来不是很伤心；那不是因为我们不难过，不是因为我们不爱她／他；事实上，我们的哀伤要等到葬礼结束一段时间后才会出现（可是我们也不知道为什么）。葬礼上，我们想的只是好好把过世父母送走，好好保护崩溃的你们，只想让外人不会以为"这家少了一个人，从

---

① 谨以这一总结献给既坚强又让我心疼的 44 位研究参与者，这也是最重要的。

此就可以欺负他们了"。我们不想让外人看出我们的不坚强，更不想让过世父母因为担心我们，就走得不安心。

4. 我们亲爱的家人啊，葬礼结束很久很久之后，你们也不会知道，我们其实一直在难过（这就是我们隐秘的哀悼）。那是我们装出来的不伤心啊，因为看到了你在葬礼上的难过，因为害怕又把你拉回那个黑暗的时候，因为想要代替过世父母好好照顾这个家，更因为害怕你会问："你为什么还在难过？都过去这么久了。"我们不知道该怎么开口跟你聊，有些时候我们自己也不想聊，所以就只敢在家里把这个话题轻轻带过，假装这些年过得挺好。

5. 我们亲爱的家人啊，我们多么希望你们最开始没有对我们隐瞒消息，而是一开始就告知了她／他生病（去世）的消息。我们知道，当时还在读书的我们其实什么忙也帮不上，但我们有权利知道她／他的真实情况，至少知道我们在一起的时光进入了死亡的倒计时。

6. 我们亲爱的家人啊，我们多么希望有一天能找到一个时机，想出一个方法，可以敞开心扉聊聊这些年对过世父母的想念，不要假装什么事情都没有发生过，不要把她／他的遗物藏起来，不要假装这些年我们都过得很好；我们失去了同一个深爱的人啊。

7. 我们亲爱的朋友啊，当你们聊到自己的父母时（甚至每一次当着我们的面给父母打电话时），都是在我们的心上捅了一刀。我们不知道那时应该作何反应，只能用含糊的话语或过去的记忆来粉饰太平，甚至假装她／他还在。所以我们的哀伤至多只会告诉和我们有相同经历的人，只有经历过这份伤痛的人才明白，这份哀伤有多么锥心刺骨。

8. 我们亲爱的朋友啊，当我们向你坦承心底抹不去的哀伤时，请你不要表现出不耐烦，我们知道这是一个不开心的话题，但你的冷淡（冷漠）只会让哀伤的我们更孤单。如果你不知道该说什么，也可以问问我们关于她／他的记忆（如果我们因此哭了，不要害怕，那不是因为感到被冒犯。我们的确在因思念而痛苦，但同时也因公开谈论她／他而喜悦）。

9. 让我们又爱又恨的这个世界啊，我们不敢告诉你，我们失去的是什么；因为我们害怕，当我们说出心底最大的秘密之后，你不仅不懂我们的痛苦，还管我们叫"单亲家庭的孩子"，将我们家称为"孤儿寡母"；你们的话语和眼神里透露着高高在上的怜悯。不！我们不是！即使离开了这个世界，她／他永远是我们的妈妈／爸爸，我们永远骄傲是她／他的孩子！

10. 我们的哀伤有点像抑郁症。最开始，当它出现时，我们会很难入睡，也不想吃东西；我们没有力气继续之前能够轻而易举完成的工作，也没有兴趣吃喝玩乐；我们的心很痛很痛，好像心口破了一个再也补不回来的洞。要一个人活在没有她／他的世界，对我们来说真的太难了，我们不知道该怎么办，甚至会有结束生命的念头。

11. 我们的哀伤里还会有强烈的愧疚，责怪自己以前为什么没能多做些什么，好让她／他现在还活着，或许假如我们没有去千里之外读大学，她／他后来的结局就会发生变化了（不要和我们争辩这个想法有多不理性，我们的哀伤是没来得及付出的爱）；责怪自己怎么没陪她／他好好走过临终最后的一段，没能好好照顾她／他（可是也有人提醒我，其实真相是我们永远不会觉得这份想要

对她 / 他的好有"够了"的时刻。是啊，怎么可能会够）；甚至为自己为什么现在还活着、还能开心地笑、还能感受到世界的温暖而感到深深的愧疚。

12. 我们的哀伤里还有孤独，好像掉进了一个伸手不见五指的黑洞，但是周围人看到的我们，却依然是在明媚的阳光下；而那个原本懂我们、会陪伴我们走过黑暗的她 / 他再也不在了（这也让我们更加孤独）。还有些时候，我们的哀伤甚至会是头疼、头晕、连续的噩梦，一些我们也不明白的表现。

13. 在很长的一段时间里，我们会受到这样强烈哀伤的"搅扰"。我们很无助，因为没有一个特别好的方法来处理这些复杂的痛苦情绪。我们不知道能够做些什么，也不会告诉其他人，只能自己一个人被动地承受着，简直度秒如年，甚至有些时候会厌倦自己那些无助软弱、没完没了的哭泣。

14. 而当那些强烈哀伤仿佛真的"被时间治愈"后，我们的哀伤其实并没有结束。每当我们的生命里出现需要她 / 他的时刻（比如每一年的生日时，我们是多么期待她 / 他能出现），每当我们在生活里遇到特别委屈的事情时，总是忍不住想起离开的父母。还有些时候，我们没有那么"功利"地需要她 / 他为我们做些什么。我们只是忍不住用哀伤来想念着她 / 他，害怕她 / 他真的不再被人想起，而是被人遗忘，然后就完全地从这个世界上消失了（就像电影《寻梦环游记》里说的，死亡不是生命真正的终点，遗忘才是……）。

15. 我们真的没有想到，过世父母会这么早就离开我们，真的不明白为什么……不是说好人有好报吗？她 / 他是一个那么好的人……不是说现在人口老龄化吗？为什么她／他这么年轻就去世了？我们以为她／他至少能够活到七八十岁，我们以为至少还有几十年的时间……为什么她／他还没看到我们成家立业、结婚生子就走了呢？我们真的不明白为什么是她／他？为什么是我们？为什么别人都有家庭的温暖，有爸爸妈妈的关爱，为什么偏偏我们要经历这么悲惨的命运？为什么我们就不能做个平平凡凡的普通人？

16. 我们不明白为什么，也真的没有办法放下或者"想开点"（这些也是你们不停跟我们说的，我们就是做不到啊）……于是我们拼了命地在找，想找出一个理由，来解释为什么离开的人是她／他。有些时候，我们发现其他人（包括亲戚朋友）是可能的导火索；有些时候，意识到过世父母生前的生活习惯是可能的原因；有些时候，会努力还原整件事情发生的经过，尽可能明白来龙去脉；甚至有些时候，不得不承认以父母当时的社会经济地位，这个结局是必然的结果。但更多时候，我们只能无可奈何地承认，我们不知道为什么。这或许就是命吧，命运的一粒灰尘就这么重重地砸在了我们的身上。而面对我们的追问，上天好像一直在沉默。

17. 面对这个解答不了的"为什么"，我们还能怎么办呢？我们真的没有办法放下，只能继续寻找，寻找一个新角度，能够让自己重新理解她／他的死亡。有些时候我们意识到，她／他对我们的爱有着死亡无法掩盖的力量，她／他在我们生命中留下的印记还在继续，是死亡无法夺去的存在；有些时候我们意识到，或许这份丧亲之痛没有想象中那么可怕，跟其他正在深渊里的人相比，我们不是最惨的那一个，又或许如果命运的拐点出现得更早，现在的我们只会更痛苦。这样的"比较"方式有时会让我们心里好受一些，但我们还是忍不住时不时拿出我们的哀伤，在心里反复咀嚼。

18. 我们很反感那些知道内情的人念叨说，你们要多多看到这个过程里自己的成长，要学会心存感激。不，绝不！我们拒绝用所谓的"好处"来与她/他的死亡和解，我们宁愿她/他现在还活着，而不是仅仅活在我们的心里。能够让我们稍微接受一点的说法是，至少她/他现在不用插着管在医院继续遭罪了，或者至少活着的另一位父母不用成为辛苦的照顾者，又或者至少她/他的死亡推进了一点医学的进步，挽救了一些人的生命。

19. 即便如此，我们很多时候还是接受不了，所以只能反复告诉自己"命运啊，休论公道"，没准我们就是会倒霉一辈子（而有些人就是会幸运一辈子），有些问题的答案注定就是无解本身。有些时候，又不得不提醒自己要去接受这种"我命由天不由我"的失控感，而且我们无法代替过世的父母来判断，就这样结束的一生究竟值不值得。有些时候我们也会跟自己说，其实说到底每个人都会经历父母的离世，只是我们稍微早了一点。

20. 在这样"想不通"的挣扎中，我们好像掉进了一个黑洞，越想越痛苦，越想越头疼。甚至每当遇到人生的不顺利或低谷，我们又会把"为什么"这个问题从心里拉出来，咀嚼了一遍又一遍。最后为了活下去，我们不得不强行命令自己停止，不允许自己再去想"为什么"，不允许再去钻牛角尖，不允许再去想那个可怕的"如果……"。我们必须对自己接下来的人生负责（而不是让这份伤痛成为失败的替罪羊！），需要做出选择，"是继续沉浸在哀伤里，还是走出来建立自己的幸福"；我们也不能再让她／他的死在我们的生命里推倒更多的多米诺骨牌了。

21. 可是，"没有父／母的孩子"这个身份也真的让我们痛苦！我们怎么就变成了"单亲家庭的孩子""半个孤儿"了呢？我们的心被划出了一道非常非常深的伤口，像被生生挖出了一个洞，没有办法愈合，也无法被医治。甚至我们一下子迷茫了，不知道自己是谁了，再也不会有任何人会像她／他那样来爱我们了吧。如果有一天我们消失了，会有人发现吗？整个世界仿佛只剩下我们自己一个人，像浮萍一样在大海里漂荡，看不到岸，也看不到其他人。

22. "没有父／母的孩子"这个身份会让我们感到低人一等。我们不愿意告诉你们，因为你们听到之后的尴尬响应（甚至一些人还带着怜悯的眼神）让我们意识到，你们不仅不明白我们究竟经历了什么，而且会看不起我们，认为我们无依无靠，很好欺负，觉得你们的人生在我们的悲惨人生映照下，简直优越极了。当你们说不要和任何单亲家庭的孩子做朋友时，当你们说介绍对象的要求是"父母双全"时，我们深深感受到了来自这个世界的恶意，原来这个残忍的世界甚至容纳不下我们的"残缺"。

23. 父母的去世会强烈冲击我们的世界观。当我们看到最亲近的人变成了一小盒骨灰，说实在的，我们觉得人生真的没什么意义，反正最后的一切都是带不走的。你们说，现在挣钱是拿来孝敬父母的，可是我们都没有她／他可孝敬了，那我们这么努力工作／学习又是为了什么？类似的这种虚无感时不时闯进生活间隙，让我们不想再努力了，不想再生活了，一切就这么着吧。

24. 父母的死亡还会把我们推向巨大的不安。和你们不一样，失去了她／他的我们仿佛站在悬崖峭壁处，我们的背后没有依靠，只能靠自己。每当发生一些事情时，我们总是往最坏的方向想。完成每一份工作、维系每一段关系，都会让我们焦虑；因为我们害怕，害怕如果做得不好，就会失去，就会经历新的不安。而且就在一个人承受着父母过世后所有的痛苦和哀伤之时，我们也开始意识到，事实上不再有别人，只有我们自己。真的，"人，生而孤独。"

25. 尽管我们厌恶要用"感恩"的口吻来审视这一份丧失，但或许是因为写在基因里的"要活下去"的本能，我们不得不在伤口里寻找光。如果说从前的我们是为父母而活，那么接下来的生命，我们尝试着为自己而活，更加自主地做人生决定；当不再有父母的庇护时，我们开始学会独立，坚强地独自面对外面的风风雨雨。我们不承认这是所谓的"益处"，只是在被命运狠狠碾压之后，我们开始学会了珍惜，学会了欣赏太阳、花、草和身边的人，明白了它们的存在并非"理所当然"；我们开始更能够感同身受朋友的苦难，明白陪伴的意义；我们开始能够放下对其他人的期待，包容和欣赏他人与我们之间的差异。甚至，现在回过头来看看所经历的这一切，我们连这样一个死局都扛下来了，还有什么事情比生死更难呢？那没有杀死我们的，会让我们更强大。

26. 当最亲近的人死去时，我们才开始明白死亡是生命的一部分，意外随时可能会夺去每一个人的生命（包括我们自己）。于是我们努力向死而生，开始真正思考自己想要的是什么。或许越来越看重身体健康，在意能否掌握自己的命运；或许愈发看重与他人的连接，希望照顾好另一位父母，渴望建立自己的家庭，更多地向往着爱和温暖；或许想在死亡来临之前真正体验过人生，不留有遗憾，尝试过不同的可能性，让自己尽量过得好一点（做人最重要的是开心）；或许只有真正活过，才能够让我们不那么恐惧未来某一天自己要面对的死亡。

27. 我们也常常想，如果真的有平行世界，如果父 / 母没有过世，现在我们的人生会不会不一样？或许我们就可以继续在家里扮演一个孩子的角色，而不需要承担那么多的家庭责任（譬如母亲现在事无巨细，都要来问我们）；或许我们就不会因为要顾虑到家庭经济状况而放弃继续读研的计划，提前工作；或许我们就不会因为生活中实在没有人可以坦承这一份哀伤，而寄希望于未来的另一半能够接纳我们的"不完美"（只有天知道，这有多难）；或许我们就不需要面对另一位父母开始相亲（甚至再婚）的挣扎，而对所谓的海誓山盟抱着最大的恶意（原来她 / 他过世不到三个月，你就需要找到新的替代！）。但即便是发生了这么多变故，唯一不变的是我们始终记挂着她 / 他。当面对重要的人生选择时，我们总是忍不住想："如果换作是她 / 他，会希望我们怎么做？"或者说，不管父母现在在哪里，我们都希望继续成为她 / 他的骄傲吧。

28. 你知道吗？我们也不知道为什么会哀伤这么久，为什么过了这么久还是放不下她 / 他。其实我们也很恐惧，害怕自己是不是真的不正常。我们甚至不知道能够告诉谁，也不知道该怎么办。世界这么大，每个人都在社交媒体上不停说话，但却没有一个人知道我们正在哀悼着我们最爱的人的死亡。有时候，我们唯有抱紧自己，才能抵御那刺骨的孤独。后来我们听说了一句话："哀伤就是爱，你爱一个人多久，就会哀伤多久。"嗯，这句话有点让我们释然。我们当然很确定会爱她 / 他一辈子，那我们就一定会哀伤一辈子。所以我们现在需要想想，究竟该怎样和这份哀伤共处。希望有一天，我们可以无所顾忌地和这个世界说："其实这些年我真的过得一点都不好，我真的很想她 / 他。"

附录三　针对年轻子女自助的实践建议

一、写在开始之前

以下是特别为在青少年期和成年初期经历父母离世，此时仍然处于成人初显期的年轻子女而写的。它并不是希望帮助你们疗愈丧亲，不再感受到哀伤。请记住，**哀伤不是病，它不需要被疗愈；哀伤是爱，是我们想要继续爱她 / 他，即使她 / 他已经离开了这个世界。所以请不要因为读到这篇建议而感到愧疚，你并没有背叛她 / 他。**它只是希望帮助你更了解你的哀伤，了解你和逝去亲人的感情，学会如何与哀伤共处，以及学会在一个没有她 / 他的世界里继续活下去。

经历父母的死亡会强烈冲击我们生命的方方面面，造成全方位的失序，包括影响我们在日常生活里情绪的稳定，影响我们如何看待这个世界、如何审视和身边人的关系，以及影响我们如何理解生命的意义。

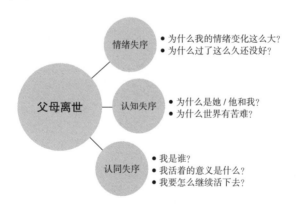

年轻子女的哀伤可能和其他类型的哀伤不一样（譬如配偶离世的哀伤、子女离世的哀伤），不过如果你经历了亲友的离世（也包括宠物的离世），也可以阅读。因为经历他者的死亡，所受到的冲击有其共通之处。

选择开始了解死亡、丧亲与哀伤需要勇气。谢谢你的信任，愿意让我们陪你走一段路。请根据自己的节奏来阅读，不需要勉强自己一下子经历太多。也请记住，**你不是一个人，即使我们可能并没有见过面，但我们都在孤独地爱着一个人，并执着地为她/他哀伤着。**

二、我们的哀伤在情绪上会有什么反应？

父母离世会强烈冲击着我们，分崩离析地拆毁着我们的内/外在世界，不论我们的父母是因长期生病，还是因突发性疾病而离世，不论是因暴力而意外离世，还是选择了自杀。我们的哀伤因此是"事出有因"的，并不是病态、奇怪，甚至疯狂的个人反应。所以，请记住：

1. 你所感觉到的都是正常的，你的哀伤是对失去至亲的正常反应，因为她/他对你来说是不可替代的，失去了她/他让你很痛苦。

2. 如果你所体验到的哀伤与以下内容不同时，请不要怀疑自己是否"正常"。每一个人的哀伤都是独一无二的。

3. 我们的哀伤是隐藏的，几乎所有人在很多年里都不曾将这份哀伤告诉过任何人。

如果用比喻来说明的话，我们的哀伤就像计算器运算中的循环代码，虽然只出现一次，但会连续运行，大致包括以下三个时期：

| 哀伤初显期 | ➡ | 强烈哀伤期 | ➡ | 后哀伤时期 |

我们的哀伤有着延迟开始的特征。从父母临终到葬礼结束的**哀伤初显期**，类似于崩溃的反应并不会立刻出现，我们更多是在消化父母过世的消息并进行葬礼。哀伤初始循环的开始，也就是**强烈哀伤期**，可能要等到葬礼结束过了一个多月后。这一时期，哀伤反应集中爆发，我们开始体验情绪失控，其中既包括与抑郁症类似的反应，也包括与丧亲有关的特定反应。当初始循环结束后，我们会进入哀伤的连续循环，也就是**后哀伤时期**，这一时期的哀伤强度可能更加平缓，出现频率也没有那么密集。然而因为我们不可能放下她/他，也因各种环境的刺激，这份哀伤不会结束，而会无限循环。以下是一些我们常见的哀伤反应：

哀伤初显期	强烈哀伤期和后哀伤时期	
长期生病时：否认（没想过）和麻木	▲与抑郁症类似的反应	▲与丧亲有关的特定反应
突然死亡时：否认（不相信）和震惊	失眠和食欲减退	假装坚强/假装开心
情绪上感到无助	丧失精力	自责或责怪他人
不想哭/哭不出来	自残或自杀念头	始终无法接受她/他已过世
想要留住她/他	失去兴趣	孤独
情绪上感到恐惧	强烈的悲伤	感到自卑/不自信
对逝者和其他人感到愤怒		困惑（为什么我的反应这么大？）
完成任务的心情（举行葬礼）		无助（没有人能帮我）
寻找刺激（酒精、性等）		躯体症状（头晕等）
		社交退缩
		无心学业/工作
		寻找刺激（酒精、性等）

在情绪上，你可以尝试的与哀伤共处的技巧可以有：

1. 如果情况允许，当这些哀伤情绪出现时，可以用清晰的概念称呼它，譬如"我感到自责"，而不是宽泛地说"我很难过"，让大脑去认识这份哀伤，并尝试**了解**它会出现的原因。

2. 再次提醒自己，无论此刻的哀伤情绪是怎样的，这都是正常的。请**允许**自己哀伤，尽可能慢慢地学会**接纳**它成为接下来生命的一部分。

3. 不知道（也不愿意）将丧亲和哀伤告诉别人，是再正常不过的现象。许多人在很多年里都从未和别人说起过。如果有一天你想要和别人倾诉了，请记住，**什么时候开始都不算晚**，而且你可以不用一个人面对哀伤，你能够获得支持。

三、我们的哀伤在认知上会有什么反应？

经历了父母离世时，无论导致父母离开的死因具体为何，是疾病、意外，还是自杀，我们都想不通这件事情怎么就发生在她／他和我们自己身上了，不明白为什么上天这么不公平，对我们这么残忍。因此，我们会花费大量的时间和精力思考为什么她／他会过世，为什么人世间会有苦难。所以，请记住：

你脑子里所有的想法都是正常的，它们是你哀伤的一部分，是你对失去至亲的正常反应。

为什么我们会如此执着地试图想通？因为父母的离世是我们第一次真正经历的死亡体验，会给我们造成认知上的强烈失序。在此之前，我们在潜意识里相信这个世界是安全、公正、可预测的，和她／他还会有更多时间相处（尤其是还有很多机会尽孝）。我们还很年轻，本不应该这么早经历父母离世；对于她 / 他来说，这亦是英年早逝。因此，这个出乎预料的、压倒性的丧亲经验撕裂了我们的内在世界，动摇了我们对于世界最基本的假设。我们体验到了走投无路的恐惧，我们对于世界的基本信任已经被撕裂了，内在和外在世界突然间同时变得陌生并充满威胁。以下是一些我们试图应对认知上的失序时会有的经历。

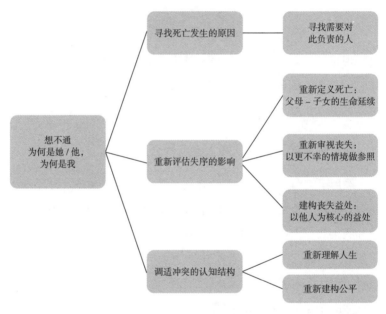

然而不论我们再怎么努力，**很多苦难之所以"苦"，正是因为"无解"**。当我们经历过重构失败，却始终无法找到那个"为什么"的答案。为了继续活下去（可能是多年后），我们可以尝试以下方式，将这些想不通（暂时）**封存**起来。

有意识地命令自己停止

"因为我觉得，如果你要去怪谁，**其实还是在转嫁自己的难过**，你不想自己太难过，因为我可以怪这个人。我觉得这可能算是一种逃避吧。因为就算你（的父母）自杀、遭遇车祸，你可以怪别人，但后果都是要你自己来承担，以后要怎么办，要怎么处理这件事情，都是你自己要做的，而你要怪的那个人并不能帮你承担这些责任。要承担责任的还是你自己。对，我是这么觉得。"（曹先生）

有意识地要求为自己活

"你的父母有你父母的生活状态，你虽然是他们的孩子，但你是单独的个体，**你可以选择过得幸福，也可以选择活在过去的悲哀里**……现在想想，我应该尽早从悲伤里面出来，然后（有）更好的可能。复读的时候，我（可以）考好一点，到一个更好的学校里去学习，接受更好的教育，接触更好的同学、更好的老师，我的那种忧伤也好，悲痛也好，可能就会有更好的人来帮我开解。"（冯小姐）

分割开丧失和现在人生

"我觉得，一个事情就是它这个事情本身，而不是每次我遇到一个什么矛盾，就把过去我所有受过的苦难再拉出来，再把自己给压住。而且怎么说呢，我可能会把自己的生活剥离开之后，再去看妈妈去世这件事情给我带来的影响……我以前经常会哭，然后每次一哭都会想妈妈，就会想你为什么离开。**不要每次一有什么困难，就把以前受过的苦都拿出来再打自己**，太痛苦了；不要每次一苦的时候就把所有的苦都拿出来，太难承受。"（施小姐）

在认知上，你可以尝试与哀伤共处的技巧可以有：

1. 再次提醒自己，无论此刻脑子里有什么样的想法，这都是正常的。

2. 请允许自己想不通、不接受。你有权利去寻找一个解释，尽可能慢慢地学会**接纳**这些想法和疑问成为接下来生命的一部分。

3. 请记住，所经历的一切既不是因为你犯了错，也不是你的父母犯了错。也请记住，所经历的一切对你来说很不公平，对于你的父母来说也是不公平的。

4. 但是"为什么"这一关于苦难的问题对于人类来说，是奥秘。可被验证的答案几乎都不能说服我们，可能具有说服力的答案几乎都不可验证，几乎都会指向宗教信仰。

5. 当你觉察到自己陷入钻牛角尖的死循环时，可以试试前面提到的暂时封存想不通的方法。虽然这么说很不公平，但的确只有我们自己需要对接下来的人生负责了。

6. 不知道（也不愿意）将内心疑问告诉别人，是再正常不过的现象，尤其我们从来没有被教导过如何与别人讨论死亡、苦难这类话题。如果有一天你想要和别人聊聊了，请记住，什么时候开始都不算晚，而且你可以不用一个人面对苦难，你能够获得支持。

四、我们的哀伤在认同上会有什么改变？

父母过世所造成的影响从来不是圈定在一段时间范围之内的，而是会带来永久性的影响。尤其是对于我们来说，寻找生命的意义和目的本就是我们青少年期和成年初期核心的身份发展任务。但此时我们却不得不经历她／他的死亡、痛苦而隐秘的哀伤情绪、孤独而挣扎的认知重建，这些因素的交织混合真实地翻转着我们的身份认同和人生走向。不过，请记住：

1. 所发生的一切既不是因为你犯了错，也不是你的父母犯了错。

2. 你所感觉到的情绪、脑子里的所有想法都是正常的，是失去至亲的正常反应。

3. 丧亲可能会给我们带来永久且不可逆的改变。

为什么我们的身份认同会受到父母离世的影响？身份形成的核心其实在于我们试图寻找到"我是谁"这一问题的回答。而她/他的死亡直接、毫不留情地让我们变成了"**没有父/母的孩子**"。同时，她/他的死也是我们有生以来第一次那么近距离地经历死亡，开始觉察到自己的死亡，强烈冲击着我们原本相信的生命意义。同时这些认同上的转变亦会改变我们真实的人生选择，甚至直接扭转了我们的成长轨迹。以下是一些我们曾经经历过的认同上的改变：

没有父/母的孩子	被冲击的自我结构：危－机		被修订的生命意义
破碎的自我	▲危险	▲转机	自己很重要
迷失的自我	发现人生无意义	★"分离－个体化"	关系很重要
污名的自我	失去人生的目标	自我开始觉醒	体验人生很重要
	丧失生活安全感	决策更加自主	意义感本身很重要
	体验存在性孤独	性格更加独立	
		★丧亲后成长	
		生命被增能	
		学会了珍惜	
		更能够共情	
		更加能包容	

在认同上，你可以尝试的与哀伤共处的技巧有：

1. 你所感觉到的情绪、脑子里的所有想法都是正常的，是失去至亲的正常反应，尽可能慢慢地学会**接纳**它们成为接下来生命的一部分。

2. 请记住，你正在经历的一切既不是因为你犯了错，也不是你的父母犯了错。它对你和父母来说都是不公平的。

3. 但也请记住，只有你才能照顾好你自己。也只有你能找到记住她/他并尽可能幸福地继续生活下去的方法。

4. 要适应这段被翻转的人生历程是很辛苦的。请允许自己停下来休息，也允许自己崩溃。

5. 不知道（也不愿意）将丧亲和哀伤告诉别人，是再正常不过的现象。许多人在很多年里都从未和别人说起过。如果有一天你想要和别人倾诉了，请记住，什么时候开始都不算晚，而且你可以不用一个人面对哀伤，你能够获得支持。

五、总的来说，我们可以怎么做？

总的来说，我们如何与哀伤共处，并不是由她／他的死亡这一件事情单独地、永久地决定：葬礼上发生的糟心事、家人假装这件事情从来没有发生过的表现、朋友在我们倾诉哀伤时的尴尬反应、后来另一位父母的再婚，以及我们不断被看作"单亲家庭的孩子"，等等，**之后这一系列实际生活中发生的事情，会把我们的哀伤推向一个更加难以承受的境况**。因此概括来说，以下是我们在与哀伤共处时可以关注的要点：

时期	任务	危险情境因素	危险个人因素
哀伤初显期	觉察到"父母离世" 认识－接纳自己的哀伤 识别可陪伴处理葬礼的对象	"坏死"情境 难以哀悼的葬礼	正常哀伤的非正常诠释（如为什么我哭不出来） 污名内化（如丧亲是晦气的）
强烈哀伤期	认识－接纳自己的哀伤 理解为何是她／他和我 觉察被翻转的人生 识别可倾诉对象 培育家庭支持氛围 觉察－接纳逝者的不可替代性	"坏死"情境 哀伤被隔离 他者的疏离 不可替代的逝者	正常哀伤的非正常诠释（如为何这么久了还在难过） 污名内化（如像"祥林嫂"一样的哀伤污名）

时期	任务	危险情境因素	危险个人因素
后哀伤时期	认识－接纳自己的哀伤 重构失序的认知秩序 接纳－适应被翻转的人生 肯定自我并寻找新的人生方向、意义 学会与哀伤共处 培育可倾诉对象 培育家庭沟通／讨论氛围 寻找记住她／他，并继续生活下去的方法	"坏死"情境 哀伤被隔离 他者的疏离 父母再婚 增加的家庭责任 不可替代的逝者	正常哀伤的非正常诠释（如忘记她／他了，强烈的愧疚） 死亡原因的超执着追寻（如钻牛角尖） 人生被翻转的适应障碍（如难以适应被迫长大） 污名内化（如没有父／母的孩子）

六、来自同路人的建议

以下的自助建议，来自参与本研究的 44 位年轻子女中的一些人，希望能让你真正感受到在学习与哀伤共处的这条路上，你并不是一个人（即使我们此刻未必彼此相识）。

> Hi，亲爱的 ×××（参加本研究的年轻子女的名字）：
>
> 疫情暴发之后，我们习以为常的世界好像又一次被"攻破"了：口罩仿佛变成了我们的第二层皮肤，与人保持距离成为礼貌且必要，而丧亲与哀伤大规模入侵到更多人的生活里。我最近在看很多类似性侵犯幸存者自助手册之类的东西，也读到过一些有关丧亲者的建议，但是读起来却觉得很有距离。如果将这些手册送到当时的我手上，我应该不会打开吧（或者也可能读完后会觉得愤怒）。所以我在思考，真正能够让丧亲者得到安慰的话究竟是什么？
>
> 或许最根本的是，写的人真的懂我经历了什么；也或许比

起自助手册，互助手册更能带来安慰吧。

所以拜托你一件事情，如果你愿意的话，能否为跟我们经历了类似丧失的年轻人写一段话呢？可以从你的感受出发，告诉他们这份哀伤是什么样子的；也可以是有哪些方法你觉得可能是有效的，能够让他们舒服一点，能够找到一个和哀伤很好相处的方法（？）。总之任何内容都可以。

愿你平安，与你拥抱！

来自昀鋆

孙小姐，我的第 3 位研究参与者，父亲 12 年前因意外而离世

曾经的你（孙父）阳光、顾家又爱运动，足球、漂流、攀岩、散打、骑行样样在行，照顾好父母和妻儿，守着我写作业，陪着我踢球骑独轮车，在家族里也是能拍板、让人安心的男人。但从你离世的那一刻起，你变成了一个坏人，给所有人带去的是痛苦。所有人为了你撕心裂肺、痛苦不已。你成了一个痛苦的符号，所有人提起你都是痛苦又同情。这样的你，不很令人厌烦吗？

所以，我选择不去想你。可是，亲爱的你，三十九年给世界带来的快乐和幸福，因为你非自愿地离开人世而被全盘否定或消失殆尽，这样真的公平吗？没有人不想好好活着，幸福生活。如果能跳出"我永远失去这个你"的痛苦死循环，会发现其实快乐和鲜活的回忆太多。死亡的力量太强大，黑暗笼罩过，但爱的力量可以让我有能力选择记住和你在一起的快乐时光，历久弥新。

我们不能因为最亲爱的人离开，就让他们变成痛苦的符号。

我们要有勇气去想起他们，想起他们真的给我们带来过很多幸福和快乐。

如果因为他们的离世就让他们成为完全痛苦的符号，对于他们来说也是很不公平的，因为他们根本就不想给人带来痛苦。

我们不能因为失去的悲伤而否认他们曾给过我们巨大的幸福，这种幸福感是真实的，而且会一直陪伴着我们。

李女士，我的第 4 位研究参与者，母亲 3 年前因担心自己身患重病，给家庭带来重大经济负担而选择自杀

我觉得倾诉是必需的，如果全部都压在心里，真的会受不了的。找最亲近、最善解人意的朋友去诉说。你的朋友也许会张开双臂拥抱你，给你力量。如果你不想说，或者有其他顾虑，也可以试着写下自己的感受，说给自己听。相信我，写下来真的有用。

后来我有朋友丧父，他发短信跟我说：我现在明白了你那时候的感受。看吧，悲伤是黑暗中的点点荧光，我们照见了彼此。

《年轻子女的叙说》中的 28 个真相，看到泪流。我重温了自己的感受，似乎也终于能理解其他亲人那时的感受。葬礼时我弟弟全程"扑克脸"；后来妈妈去世三周年那天，他哭得很惨，有人欣慰地说：他对他妈妈还是有感情的。外人自以为是地揣度我们的感受，甚至评价说"这太不善良了"，我当时听到的时候心想：可快闭嘴吧你！

郑小姐，我的第 7 位研究参与者，母亲 3 年前因海难去世

今年是妈妈去世的第六年 ①，我已经不再害怕去回忆与她相处的时光，也不会一想起她就崩溃痛哭。我可以笑着翻看她的照片，听我保存在手机里的微信语音条，仿佛她就在身边。但是，我时常会做一个梦，梦里我不停地跑，穿过形形色色的建筑和嘈杂的人群，追逐一个若隐若现的影子。我永远都追不上那个影子。就在前几天，我看清了，那个影子，是妈妈。

王先生，我的第 8 位研究参与者，父亲 4 年前心源性猝死

很高兴收到你的信息，知你安好，甚是开心。

哀伤也是一种体验，能更好地探知自己，万物皆有裂痕，那是光进来的地方，大成若缺亦是如此。的确是哀伤让我思考去探究自己，哀伤更像是个转换点。是的，并不是学术的文字，还是体会过后才知道，有些看似缥缈的确实是真知灼见。可以说，没有哀伤作为转换的动力，就不会让我继续前进到现在，而且以后会持续前进，内心的力量源于哀伤的转换，在不断探知自己的过程中不断供能。

陈小姐，我的第 10 位研究参与者，父亲 2 年前因肺癌去世

你好，和我有一样经历的朋友。

我想了一天多，要怎么挑起这个关于哀伤的话题，因为"主动谈论爸爸离开的事"在我身上几乎是没有发生过的，起初是刻

---

① 郑小姐写下这段话的时间是 2020 年，而由于本书所有的时间记载均以我与年轻子女开始哀伤对话的时间为基准，譬如我和郑小姐进行第一次对话的时间是 2017 年 11 月 8 日，因此当时她的母亲过世时间为 3 年（全文同）。

意逃避，后来是逐渐习惯，再后来是我以为自己恢复正常生活节奏，应该没什么机会再因为这件事有强烈反应了。

事实如此吗？也不是。在地铁上，在街边，在火车站……看到身形或者气质像爸爸的人，我都会忍不住鼻酸。我想，即使爸爸依旧不会赚钱不爱攒钱，头发花白，被岁月摧残成了小老头……但只要他人还在，我还有机会被他爱，也能爱他，我该多幸福啊，我什么都愿意付出。

是的，我很想他，想念一不小心就会爆发，不知道什么时候就突然"开闸泄洪"。我一边提防着在人前失态，一边期盼着这样的"强烈反应"，因为它告诉我自己，我仍然记着爸爸，我没有遗失关于他的这点记忆。我甚至还想把关于爸爸的事在遥远的将来讲给我的孩子听，企图把"这个世界上来过一个瘦瘦高高、脾气超好的帅气爸爸"这件事，"冷冻保鲜"几十年，甚至一百年。

我知道这没有什么实际意义，也无意用这样的方式表现我的孝顺，我不想让任何人看见或知道，而是单纯地想让心里这个假象多逗留一点时间。我不太需要旁人的安慰（因为我也不知道什么样的安慰对我有用），我想要保持哀伤，心里的痛楚让我感受到"爸爸好像还在"。我不知道你是不是也这么想，请原谅我以己度人，所以我不打算给你什么安慰的话。

希望你能拥有强大的记忆力，不会让时光带走你心里的那个人影。

希望你内心柔软，不必时刻坚强，有可以倾诉可以陪伴的家人，带着逝去亲人的影子平和度日。

祝好！

朱小姐，我的第 17 位研究参与者，父亲 5 年前在打篮球时突
然倒地离世

Hi ～不好意思这么久才回复你，只是真的没有想出来怎么写
会比较好，可能最近语言匮乏不知道如何表达，又或者是其他原
因……那我就简单说一下自己的感受吧，有几个感受我就分开写
了，感觉连不到一起。

年轻子女的哀伤是什么样的呢？这份哀伤发生得太早，后来
我意识到，我的青春期和妈妈的更年期一起崩塌了，然后我们就
在那片废墟里哭喊，但废墟里空无一人。这样哭了很久很久以后，
带着那样的感受和回忆，去"好好地"认识了这个世界，在废墟
上重建自己。所以哀伤没有消失，它就是在那里，后来被我们在
上面堆积了很多东西，所以它抽不掉，也消失不了。

我后来想起来，丧亲那年的记忆竟然消失了。当我回忆那一年
我是怎么度过的，竟然没有一点印象，感觉记忆里只是一段黑色，
没有其他的感受和体会；但是第二年的记忆和痛苦都完好无损，
丧亲时的每一件事也历历在目，只是单纯地忘记了那一年的自己
如何去上学，上课的时候状态怎么样之类，就是跳过了那一年，
只有第二年的记忆。这一点也不奇怪，因为太痛了，所以我的大
脑把它用黑色的胶带遮住了。但在那之后，我还是很痛苦很绝望，
所以根本想不出到底有什么好的办法来应对它。我的感受只有：
没有办法应对它。在绝望、崩溃了太久之后，生活中的其他事情
慢慢占据了主导位置，我才缓缓放开了痛苦，但没有放开回忆。

还有，你写的这个，我并不想修改，我们的故事是你看到了
所有的我们才写的，如果我改了，我觉得有点不合适。所以，你

写得已经很好啦，祝论文顺利～

秦小姐，我的第 18 位研究参与者，父亲 14 年前因为肺癌脑转移去世

如果你选择不想活下去，我理解你并尊重你的决定，但是请做好足够的准备。

如果你选择痛苦地活下去，我愿意随时给你一个拥抱。

如果你选择与这个世界冷漠相待，我也不会批判你。

总之，My love for you is totally unconditional！

何小姐，我的第 21 位研究参与者，母亲 3 年前因为突发心梗去世

我害怕"天堂""另一个世界""有神论"这些概念，它们只是人类用来自我安慰而凭空捏造的"词汇"。因为如果这个世界真的只是这个世界，人死了就会消失，那么我的心就有如凌迟般痛苦。痛苦于我永远无法见到我的母亲，永别这个词会真真切切地发生在我和我此生最爱的人之间；痛苦于人生竟然如此没有意义，都会死，都会消失，都会被遗忘，那活着是为了什么？

孔小姐，我的第 25 位研究参与者，父亲 6 年前突发心梗去世

你好，抱歉因为工作太忙，现在才有心情安安静静写点东西。以下内容是看了你的分享后引发的一些感触，可能有些杂乱无章，但是能体现我的很多真实想法。

关于能够与哀伤相处的好方法，我想了很久，感到很难用一两句话来描述。但我可以与你分享一个我觉得被治愈的时刻，尽管这种治愈中可能仍然弥漫着哀伤：在经历丧亲后不久，我父亲的一位同事热心帮忙，开车带我和母亲去办理各种杂事。这家人与我们早已相熟，特别是他们的女儿，从儿时起就一直和我玩在一起，只是后来我去了外地上学，两人的联系就渐渐淡了。再次见面，没想到是在这样的情境下，那时候我还处在大脑空白的状态，没有太多"悲伤"的感情，直到见到这位女孩，听说她得知我父亲去世后竟突然流下了眼泪，说："××（孔小姐的名字）没有爸爸了。"那一瞬间我非常震动，多年不见，在大多数人都对此事讳莫如深或是婉言开解的时候，只有她把我的悲伤当作自己的悲伤——尽管很多人都说"没有人能体会我那时的悲伤"，但那一刻我觉得她确实体会到了，甚至比我更加悲伤，而且不加掩饰地说了出来，这是我第一次有了被治愈的感觉。可能就是这种单纯又直率的善意，让我觉得人间值得吧。

关于哀伤的真相，我想只要是经历过的人，大概从未停止过思考，譬如：为什么是我？这对我来说意味着什么？我从此之后会永远生活在这种痛彻心扉或是哀伤弥漫的状态中吗？我该以何种姿态面对这段经历？是感激还是怨恨，还是装作坚强或平静，让自己学着与它共处？直到现在，我还会经常被这些问题缠绕，有些问题我已经思考出了结果，有些也许永远没有答案，但思考是一种原动力，它让我们在任何境遇中都可以带着未解的疑惑和探索的愿望继续生活。

为什么是我？也许这个问题可以从宗教中找到一些答案。作为一个唯物主义者，尽管情感上难以平静地接受，但我思前想后，觉得或许这终究是一种概率性事件。有时候人们容易自我感动，用苦难或幸运的经历来说服自己是"特别的"，可这在现实中似乎缺乏证据，就我的经验而言，生老病死不会因为你是什么人而故意打击或是避开你。之前看过张楚的一个采访，他说自己有一个很天才的朋友去世了，大家听后很唏嘘，还推测他突然死亡的种种可能，例如天妒英才或者给他的死赋予一些其他意义，总之就是认为一个有才华之人的死不应该是那么偶然。但他觉得，一个人为什么不能偶然地死去呢？为什么连死亡都必须有一个正确性？当然，在内心深处我们明白，那个人对我们而言是独一无二的存在，我们不愿意就此忘记一个如此重要的人，所以赋予死亡以深刻的意义，希望他/她能够永远留存在我们心里——当然，这是个人的视角，从命运的角度来看，死亡就那样发生了，每个人都有一定概率在某个时期遭遇一些事，有些人没有遭遇，有些人恰好遭遇了，就像周云蓬说的："我和命运是朋友，君子之交淡如水，我们形影相吊又若即若离，它干它的，我干我的，不过是相逢一笑泯恩仇罢了。"现在的我似乎也更倾向于这种结论。

　　亲人的死亡对我们而言意味着什么？毫无疑问，这是一件影响人生甚至是毁灭性的大事，因为那个人和那个位置永久地丧失了，我们永远失去了一个最重要的人，而且没有任何人可以替代或弥补这个位置，就像心口上永远地缺了一个洞。当然，死亡这件事早晚会发生，但如果发生得太早，就会使我们过早感受到一些本不必要的悲伤，丧失掉一些本不该失去的快乐。所以，我不认为自己会感激这样一种经历，也觉得这显然不是一件好事，但这段经历确实给我带来一些直击灵魂的拷问。欧文·亚隆曾说过，咨询者所有的问题和焦虑，在逐步深入讨论后，最终都会落在生与死的问题上，这和哈姆雷特的台词竟然不谋而合了，可见生存与死亡大概真的是人类最根本的问题吧。我从前不是很理解，但经历丧亲后，的确会经常拷问自己，比如从死亡反推自己活着的意义、身边每个人和我的关系、哪些事是我真正在意的、哪些事其实没有那么重要之类的。这种拷问很严肃、不快乐，但未必没有价值，因为拷问后的经验梳理可能会帮助你更从容地面对今后人生中的不幸事件，也可能让你放下顾虑，重新去面对和追求生命中最重要的东西——当然，我用了"可能"二字，毕竟人生可能会因为某些逆境而变得更好，也可能会因此变得更糟，这在一定程度上取决于我们看待和处理它的方式。

这就又回到了最初的问题：我们该如何与哀伤相处？大多数时候，人们早晚会接受哀伤这一事实，但我们难以评估它对今后的人生会产生怎样的影响，这才是问题所在——有的人可能逐渐化解了这种哀伤，以倍加珍惜的态度面对余下的人生；有的人可能最初还很平静，却在未来的某天遭遇重大挫折后彻底崩溃。这就是生命的真相，不是"变好"或"变坏"，而是永恒的"未知"。但有一点是可以确认的，那就是我们的心境不再与从前相同了，心仿佛会永远沉浸在一种淡淡的哀伤里，那是一种无法愈合的情绪，即便今后再开心快乐，你也永远不会忘记这种感受。有的人可以为自己寻到一个合理化的自洽逻辑，譬如我曾见过一个十几岁时失去母亲的女孩，她因一直信仰基督教，觉得母亲去世后一定去了天国，去了更好的地方，所以并没表现出太多悲伤，甚至没有在人前掉过眼泪。听起来可能有点令人怀疑，但她看上去是发自内心地对此坚信不疑，因而并不感到很悲伤，也许这是一种还算不错的应对方式。但我似乎对每一种自洽逻辑都充满怀疑，我怀疑这些逻辑在刻意忽略一些事实或感受，以达到使自己不那么悲伤的目的；这或许有效，但我并不想抹去那些特定的事实或感受——说到这里，我又想起了欧文·亚隆另一本书的书名：《直视骄阳》，我想我和哀伤相处的方式只剩下正视它、直面它（听上去像是某种正念疗法），它可能是始终伴随的失落、突如其来的难过，也可能是温暖的回忆、童年的快乐。不论如何，我希望能够最大限度保留这些记忆最原本的样子，而不惧怕哀伤给我带来的负面情绪或是困惑负担，因为我觉得人的内心深处自会生长出力量，直面丧亲的哀伤、诚实对待自己的经历和感受的过程，就是我们不断澄清"我"是谁，真正接纳真实自我的过程。只要生命不停止，我们的生长就不会停止，而这是一件有点令人期待的事，毕竟现代社会里的生活压力很多，对普通人来讲，工作、健康、房价、恋爱、婚姻、生育中的任何一件都随时可能让人陷入焦虑，我也不例外。有天翻起中学读物，看到孔子说颜回"一箪食，一瓢饮，在陋巷，人不堪其忧，回也不改其乐"，我简直要为这种纯粹的豁达流下泪来。或许儒家文化在揭示人与社会的关系上其实无比深奥，只是我小时候总是用太浅薄的方式去理解它。我相信我们也会一点一点理解自己的哀伤，就像你的这项研究，记住曾经那种"走不通"的感受，或许等到峰回路转的那天，你会以另一种形式收获新生。

就说到这里啦，希望你不会觉得我思维太跳脱～如有帮助，你可以将其中的任何内容用于你的研究中，或者也可以只把它当作一次普通的交流，希望你的论文进展顺利！

严先生，我的第 27 位研究参与者，父亲 6 年前因脑梗突然去世

下面是我对年轻人说的话。

父亲去世已经 8 年了，我经历了大学入学至毕业，工作，以及去美国读博士。虽然已经走出悲伤，但也意识到它对自己精神世界的深刻影响。我一直在努力为学业奋斗，从中寻找安全感。但周边人的承诺——"等你大学 / 博士毕业，一切都会变好的"在很大程度上是个谎言，因为把自己隔离 / 压抑在学业中，不发掘生活，其实只会加深不安全感。

如何去发掘生活？

第一，人是感情生物，需要表达。我尝试过写日记、写诗、独自流泪、找心理医生等。

第二，体验生活，找寻自己的爱好。我尝试过爵士乐、健身、玻璃手工艺等。这些的确是很常见的做法，但是在极度悲伤 / 抑郁的精神状态下能够走出阴霾，尝试并坚持下去是一件不容易的事情，尤其是在保证学业 / 事业发展处于正轨的前提下。做这一切的努力，很大程度上是为了让自己在将来成为一个优秀的父亲。

七、写在最后的话

回到起初的问题：怎么样才算是很好地与哀伤共处呢？

这个问题的答案，或许和为什么我们要经历这些苦难一样，是无解的。所以我们并没有为你提供具体的实践建议（譬如感到哀伤的时候，就给她/他写信），这类技巧或许是有效的，但某种程度上却是把哀伤当成了一个病症，需要被缓解或治愈。不！哀伤就是爱，你爱一个人多久，就会哀伤多久。所以就像上文反复提到的，如何与哀伤共处，其实是认识哀伤的过程，认识并逐渐学会接纳你的哀伤在情绪上、认知上、认同上会产生什么样的变化；同时，我们也在这一过程中真正地认识自己、世界和人生。

总结来看，在与哀伤共处的过程中，请记住：

1. 你所感觉到的都是正常的，你的哀伤是对失去至亲的正常反应，因为她/他对你来说是不可替代的，失去了她/他让你很痛苦。

2. 请允许自己哀伤，逐渐学习接纳它成为接下来生命的一部分。

3. 学习与哀伤共处很辛苦！请允许自己停下来休息，也允许自己崩溃。一定要照顾好自己！

4. 不知道（也不愿意）将丧亲和哀伤告诉别人，是再正常不过的现象。许多人在很多年里都从未和别人说起过。如果有一天你想要和别人倾诉了，请记住，什么时候开始都不算晚，而且你可以不用一个人面对哀伤，你能够获得支持。

无论你和你的哀伤相处得怎么样，我们都爱你！！！（这里真的是我们）